红旗
让理想飞扬

本文库由"中国一汽　红旗品牌"支持出版
With Support of Hongqi, FAW Group

故宫博物院博士后文库

王旭东　赵国英／主编

张剑虹／著

康乾时期物质文化遗产法律保护研究

文物出版社

图书在版编目（CIP）数据

康乾时期物质文化遗产法律保护研究／张剑虹著
. —北京：文物出版社，2022.10
（故宫博物院博士后文库／王旭东，赵国英主编）
ISBN 978 - 7 - 5010 - 7339 - 9

Ⅰ.①康… Ⅱ.①张… Ⅲ.①文化遗产—法律保护—
研究—中国—清代 Ⅳ.①D922.164

中国版本图书馆 CIP 数据核字（2021）第 267407 号

康乾时期物质文化遗产法律保护研究

丛书主编：王旭东 赵国英
著 者：张剑虹

责任编辑：张冬妮
助理编辑：卢可可
封面设计：特木热
责任印制：王 芳

出版发行：文物出版社
社 址：北京市东城区东直门内北小街 2 号楼
邮 编：100007
网 址：http：//www. wenwu. com
经 销：新华书店
印 刷：宝蕾元仁浩（天津）印刷有限公司
开 本：710mm×1000mm 1/16
印 张：14.5
版 次：2022 年 10 月第 1 版
印 次：2022 年 10 月第 1 次印刷
书 号：ISBN 978 - 7 - 5010 - 7339 - 9
定 价：105.00 元

《故宫博物院博士后文库》第一辑

作者名录

进站时间	合作导师	博士后
2014 年	朱诚如	多丽梅
	李 季	徐华烽
	宋纪蓉	张 蕊
2015 年	朱诚如	张剑虹
	王连起　赵国英	段 莹
	单霁翔	徐 斌
	张 荣	刘净贤
	王跃工　孙 萍	张 帆
2016 年	蒋 威	李艳梅
	陈连营	王敬雅
2017 年	朱赛虹	王文欣

《故宫博物院博士后文库》总序

2013 年 8 月，故宫博物院正式设立博士后科研工作站，成为我国首批文博机构博士后工作站。截至 2021 年底，已有博士后合作导师 40 人，累计招收博士后 65 人，已出站 26 人，在站 39 人。博士后合作导师主要为院内专家，长期从事与故宫有关的考古学、古书画、古陶瓷、古籍档案、出土墓志、甲骨文、古建筑保护、馆藏文物保护、明清宫廷史、藏传佛教美术、宫廷戏曲、明清工艺美术、故宫博物院史等多个领域的研究，也涉及我国文博领域相关学术问题的探索。博士后工作站的建立，一方面为故宫博物院高端学术人才培养和引进搭建了平台，另一方面也促进文博业务人员深入学科前沿开展创新性研究，为今后文博系统科研人才的培养提供可借鉴案例。2020 年，故宫博物院博士后工作站荣获全国优秀博士后工作站称号。

故宫博物院的博士后来自海内外不同高校，在站期间与导师合作开展研究，取得可喜成绩。累计发表各类期刊论文、会议论文 190 余篇，出版著作 26 部；参与各类科研项目 80 余项，其中国家社科基金和自然科学基金 11 项。在站期间，通过与合作导师共同进行科研工作，与故宫的专家进行学术交流与思想碰撞，不但丰富了个人的学术研究经验，而且为故宫的学术发展带来了创新与活力。为展示故宫博物院博士后工作站成立以来的学术成果，推进"学术故宫"建设，院里决定出版《故宫博物院博士后文库》丛书。

此次出版的丛书第一辑是故宫博物院博士后科研工作站的首批学术成果。本辑共 11 种，均是在博士后出站报告基础上修改完成的学术著作，大体可分为四类。一是围绕文物和艺术史的研究，包括段莹《周密与宋元易代之际的书画鉴藏》、李艳梅《故宫博物院藏〈秋郊饮马图〉的研究》、王敬雅《绘画中的乾隆宫廷》、张蕊《唐卡预防性保护研究初探》等。二是故宫宫廷历史文化研究，包括张帆《明代宫廷祭祀与演剧》、张剑虹《康乾时期物质文化遗产法律保护研究》、刘净贤《清代嘉庆、道光、咸丰三朝如意馆研究》、王文欣《〈御定历代题画诗类〉研究》、多丽梅《清代中俄宫廷物质文化交流研究》。三是故宫的建筑研究，为徐斌《元大内规划复原研究》。四是故宫相关领域的学术史研究，为徐华烽《故宫的古窑址调查研究（1949～1999）》。

故宫博物院23万余平方米的明清建筑和186万余件文物具有丰富的历史价值、审美价值、文化价值、科学价值和时代价值，不论在人类文明发展史上，还是在中国当代社会主义文化建设中，都有不可替代的重要作用。从1925年成立以来，故宫博物院一直以学术立命。建院之初，故宫博物院就明确提出"多延揽学者专家，为学术公开张本"和"学术之发展，当与北平各文化机关协力进行"的理念。党的十八大以来，故宫博物院以习近平新时代中国特色社会主义思想为指导，深入落实"保护为主、抢救第一、合理利用、加强管理"的文物工作方针，切实履行文化使命，真实完整地保护并负责任地传承弘扬故宫承载的中华优秀传统文化，提出以平安故宫、学术故宫、数字故宫、活力故宫为核心内容的"四个故宫"建设和覆盖各方面事业发展的九大体系，明确了新时期办院指导思想，推动博物馆事业的高质量发展，努力将故宫博物院建成国际一流博物馆、世界文化遗产保护的典范、文化和旅游融合的引领者、文明交流互鉴的中华文化会客厅。

习近平总书记强调，"一个博物院就是一所大学校。要把凝结着中华民族传统文化的文物保护好、管理好，同时加强研究和利用，让历史说话，让文物说话，在传承祖先的成就和光荣、增强民族自尊和自信的同时，谨记历史的挫折和教训，以少走弯路、更好前进。"学术研究工作是文化遗产保护和博物馆事业可持续发展的重要支撑和强大驱动。丰硕的学术研究成果是以时代精神激活中华优秀传统文化生命力的基石。故宫博士后科研工作站广大合作导师和博士后认真学习、深入领会、切实贯彻习近平总书记关于文化文物和文化遗产保护的重要论述和指示精神，站在中华文明的高度审视与研究故宫，按照故宫博物院发展规划的目标开展研究工作，全面深入挖掘故宫古建筑群和馆藏文物蕴含的人文精神和多元价值，进一步推动故宫学术科研体系建设与完善，充分发挥好文化传承创新与智库作用，努力成为我国文博领域学术研究的重要力量。博士后研究报告要立足重大问题、前沿课题和关键难题，要以扎实的研究根基和丰厚的学术成果，为故宫博物院肩负的历史使命提供学术支撑。

我们期待故宫博物院博士后工作站不断推出新成果，《故宫博物院博士后文库》也将继续分辑出版，使之成为展示故宫学术成果的一个新平台，在新时代书写故宫学术新篇章。

感谢一汽红旗集团对故宫学术的支持，资助出版该辑文库；感谢文物出版社和文库编辑委员会同志的辛勤工作。

是为序。

王旭东

2022 年 7 月

序　言

　　物质文化遗产、物质遗产保护法律等是近代以来的术语与制度，在中国古代不曾有，但并非意味着中国古代没有物质文化遗产。前代、前朝遗留下来的历史建筑与各类典籍、收藏均构成了物质文化遗产的重要内容，而这些也为历朝历代从法律层面予以保护。从西周的"盗器为奸"、圭璋璧琮不鬻于市，到唐律、大明律中对毁损天尊佛像、碑碣、发冢、埋藏物的系列规定，物质文化遗产保护的法律在不断完善，而清代作为中国最后一个封建王朝，不但继承了几千年来的物质文化遗产，也继承并不断完善物质文化遗产保护法律，特别是康乾盛世，皇帝热爱中华传统文化，且有较高的审美情趣，重视物质文化遗产的保护，内府收藏、相关法律制度建设等均在此时期达到顶峰。作者结合专业优势，以故宫博物院馆藏珍贵文物和中国第一历史档案馆藏清代稀见档案为基础，对这一时期的有关物质文化遗产的法律保护进行了细致而精彩的分析与研究。

　　康乾时期对物质文化遗产、历史遗迹的法律保护散见于会典、律例、谕旨等各类文献的各部分中，这一情况并未引起学界的关注，没有形成综合性的研究成果，而本书将这些内容逐一检视、汇集，并予以系统研究，提炼出康乾时期从国家层面对物质文化遗产保护的各项制度及其内容、特点。

　　不唯如此，作者还推陈出新，在查阅中国第一历史档案馆藏六部题本、军机处录副奏折、内务府奏折等稀见档案的过程中，发现了更多的关于物质文化遗产保护的记载，这些内容或佐证了法律的规定，或弥补了法律的空白。本书将其有价值、代表性的内容加以整理与分析。值得一提的是内务府慎刑司档案，作者首次将其

"激活"并"解锁",开展了系列研究,揭示了清代司法在宫廷中的运行机制,勾勒出了清代内务府审判的面貌。

　　基于新材料和新发现,作者认为在康乾时期,朝廷把物质文化遗产的保护纳入国家立法层面,并与国家典制、礼制较好地融合在一起。特事特办、针对个别事项的谕旨因其执行力强、数量大等特点在客观上起了重要作用,某种程度上这类谕旨的保护力度往往大于常规制度。地方官也发挥了一定作用,对本辖区物质文化遗产进行了大量的调查,并提出了切实可行的保护建议,有些建议甚至成为样板,推行全国。另一方面,盐商,特别是扬州盐商,作为对朝廷的回报,为物质文化遗产的日常维护提供了资金支持。在破坏、毁损物质文化遗产案件的审判方面,成案是重要的审判依据,这在一定程度上修正了断罪依律例的司法传统。

　　本书注重将文物和文献结合,历史学和法学结合,在新的领域进行了探索。研究内容翔实丰富,有历史感与实践感。同时,也希望广大读者多关注、思考古代社会对物质文化遗产的保护,以期对当今有所借鉴。

朱诚如

2021 年 10 月 30 日

目 录

缘　起

一　选题背景与意义

2015 年 12 月，《中华人民共和国文物保护法修订草案（送审稿）》，向社会各界征求意见，这是我国物质文化遗产法律建设的又一次努力。加强法治建设是好事，但同时也说明了物质文化遗产破坏现象严重。故宫博物院三百年的铜缸屡遭刻划，清东陵景陵妃园寝被盗……近年来破坏物质文化遗产的事件频频发生，面对这些有着特殊价值，又极其脆弱的遗产，社会各界呼吁完善立法，加强保护。的确，从1982 年《中华人民共和国文物保护法》颁布施行以来，我国从未间断物质文化遗产法律建设，经过多年的探索和实践，目前已经形成了以《中华人民共和国文物保护法》为核心，由法律、行政法规、地方性法规、条例、管理办法等构成的物质文化遗产保护法律体系，对于提高全民族的物质文化遗产保护意识、文物事业发展提供了强有力的法治保障。

然而，社会生活是发展变化的，新形势、新问题、新挑战一直存在，为了更好地适应新形势、解决新问题，物质文化遗产法律建设不能停止。法律制度的产生与发展不是瞬间、凭空实现的，是长期积累的结果，有着深厚的历史传统因素，特别是我们这样一个有着悠久历史的国家。诚然，物质文化遗产法律建设中有吸收其他国家的立法经验，但传统因素、法律本土资源亦无法忽略，它构成了法律的底蕴，影响着外来法律作用的发挥，塑造着法律的发展模式。历史上的法律制度在今天看来也许不是很完善，但它毕竟存在过，并发挥过作用，也在一定程度上影响着今天。

（一）实践意义

三百多年前的康乾时期创造了高度的物质文明，对历史上物质文化遗产的保护不遗余力，全国各地现存之古代桥梁、寺庙、道观，绝大部分在这个时期进行过修葺。古器物收藏和整理，也在这个时代取得了前无古人的成绩。这个时期法律也日臻完善，就物质文化遗产保护而言，康乾时期的立法继承了前代立法成果，并在此基础上进一步完善，不仅为清末文物保护法规的诞生奠定了基础，对当今物质文化法律的完善也有借鉴意义。从保护方式上看，从皇帝的谕令到《大清律例》，无不体现了从国家层面对物质文化遗产进行保护，与今天的物质文化遗产保护模式是一致的，可以说，康乾时期保护物质文化遗产的法律及其司法实践为当今物质文化遗产法律建设提供了历史基础，我们研究它，是完善当今物质文化遗产法律的需要，这正是本研究的实践意义。以史为鉴，尽管历史的经验仅能说明昨天，但它也可以促进我们完善今天的制度与做法。

（二）理论意义

长期以来，学术界对于物质文化遗产法律保护的研究集中于近现代时期，对于中国古代，包括康乾时期，如何用法律保护物质文化遗产的研究较少。作为盛世的康乾时期，国家法制完备，有关物质文化遗产保护的律、例、谕旨、成案等数量众多，而理论界对此的研究成果却鲜见。实务层面有立法实践和司法判例，理论层面却缺乏系统性的研究，这种鲜明的对比为本书的研究提供了空间，同时也使得本书的研究具备了一定的独创性和学术价值。

二　国内外研究现状综述

物质文化遗产保护的研究涉及史学、考古学、社会学、艺术学、法学等诸多学科与领域，研究方法也各异，给人们不同的启迪，这一切都为本研究提供了很好的基础。同时也要看到，现存的研究也具有一定的局限性，比如，研究多集中于当今社会如何保护物质文化遗产，而对于古代社会如何保护的涉及甚少。单就物质文化遗产法律保护来说，成果基本上产生于专门性的物质文化遗产保护法律诞生以后，而在这之前很少涉及，即便有，也是概括式研究。没有专门性的物质文化遗产保护法律并不代表没有通过法律对物质文化遗产进行保护。从世界范围来看，专门性物质文化遗产保护法律基本诞生于19世纪以后，而在这之前的漫长历史时期中，依然有通过法律来保护物质文化遗产的记载，尤其是对于我们这样一个文明古国。

（一）历史文献

1. 正史

各朝正史中有保护物质文化遗产的记载，这些记载内容涉及保护具体做法、保护诏令等各方面。比如，《史记》中记载了司马迁调查历史文化遗产的系列活动；《汉书》中记载了刘邦发布诏令，保护前代历史人物的墓葬；《魏书》中记载了北魏文成帝发布"穿毁坟垅者斩之"的诏令；《宋史》中记载了对古代文化典籍的编辑与古书画器物的收藏。

2. 律文典籍

对物质文化遗产的保护不仅在正史这类综合性历史文献中有所记载，在法律类专门性文献中也能找到痕迹。这点也说明了我国具有较早地利用法律保护物质文化遗产的历史。西周时期法律规定"窃贿为盗，盗器为奸"。汉代法律规定"发墓者诛"。《唐律疏议》规定了盗大祀神御宝、盗毁天尊佛像、伪造御宝、弃毁神御之物、弃毁官私财物、毁人碑碣石兽、毁大祀丘坛等一系列不同的罪名，这些规定为宋、元、明、清等各朝继承并进一步细化、补充。

3. 学术著作

我国古代对物质文化遗产的研究主要集中于地理、金石、考古等领域，这些领域的学者在走访调查、收藏、考证等过程中，对于古器物、古建筑、古墓葬、古遗址等历史遗迹的发现、鉴别、分类、保护等事项进行了研究。东汉袁康的《越绝书》是较早地系统考察古代冢墓和宫室的著作。到了宋代，金石学发展迅速，刘敞绘刻了《先秦古器图碑》，而欧阳修《集古录》和赵明诚《金石录》则是当时金石学著作的代表。元代，骆天骧《类编长安志》是一本关于古都遗址研究的专著，朱德润《古玉图》和周密《云烟过眼录》是我国最早著录玉器和私家藏画的著作。

除了地理、金石、考古等领域的著作，法律类学术著作中也有涉及物质文化遗产保护内容的。由于古代法律著作多为当朝律文条款的适用性解释，因此所涉及的物质文化遗产保护的内容也是针对法律条款的规定而展开的。清代律学家薛允升在其著作《唐明律合编》中对《唐律疏议》《大明律》关于盗墓、发现埋藏物等破坏物质文化遗产条款进行了比较研究。沈家本在《历代刑法考》中对发冢罪进行了考证，比较了历代律文对发冢的规定。

（二）对中国古代物质文化遗产保护的研究

关于中国古代对物质文化遗产保护的研究，既有通史式概括性研究，也有断代史研究，以及针对特定行为的研究。

1. 通史式研究成果

通史式研究成果多以朝代为纲，逐步梳理每个朝代对物质文化遗产保护的情况。喻学才对古代遗产保护的思想与实践追根溯源，对上自商周下迄晚清各个时代的遗产保护史料进行了钩稽，梳理了历朝历代如何保护遗产。赵杰认为中国古代社会对文物的涵义、内容、性质等问题的认识不可能像现在这样清楚，统治阶级通过法律对其财产、财物进行严格保护，这在客观上对文物起到了保护作用。

2. 断代史研究成果

断代史研究集中于唐、宋、明、清、民国等历史时期，其中以宋代、民国时期研究成果最为丰富。郑胜明研究了宋代保护名胜的各种政策与具体措施以及保护资金的来源，分析了这些政策与措施的特点以及保护的原因。鹿军研究了宋人的文物保护意识。关于民国时期的研究，马树华从政策法令、文物工作的开展、文物保护机构的设置等方面，论述了北洋政府、南京国民政府、抗日战争和抗战胜利后等时期的文物保护状况，认为中国古代虽有保护收藏物质文化遗产的传统，但总体上看，收藏多于保护，崇古重于研究，国家一直没有严格系统的文物保护措施。张伟明从黄宗智"实践历史"理论的角度研究中国近代以来文物保护的制度演变和实践过程，试图探寻具有中国特色的文物保护的历史逻辑及其对实施效果的影响，并以此求得对中国文物保护的特殊性或特色的理解。郑滨以自清代晚期以来的文物保护历程为主要研究对象，运用了历史学、考古学、博物馆学和文化遗产学等知识，对中国近代以来文物破坏和流失的历史，文物保护意识的启蒙和发展，以及不同时期政府在文物保护中的角色和作用等内容进行了研究。

3. 特定行为的研究成果

关于特定行为的研究主要是对盗墓行为的研究。与本书相关的研究成果可以分为从历史学角度的研究和从法学角度的研究两大类。

（1）从历史学角度研究盗墓的历史。

殷啸虎、姚子明研究了盗墓在中国传统社会的情况，针对盗墓这一犯罪在各个朝代的具体法律规定作了梳理。对盗墓的历史进行分门别类，将墓葬的源流定位于灵魂不死观念及视死如生葬制。

（2）从法学角度研究如何惩治盗墓。

田亮研究中国古代反盗墓法，分析了各朝代对于惩治盗墓犯罪的法律规定，比较了不同朝代关于盗墓规定的特点、异同与承继关系，认为在近代"文物"观念产生以前，有关反盗墓法律保护了大多数古墓葬免受侵害，这是中国成为世界上独一无二的文物大国的历史原因。王子今从尊崇先祖、凝聚宗族情感的角度解释了为什么盗墓行为屡屡不绝，为什么要严惩盗墓行为，结合案例、民间传说，从国家法规、民间舆论两个角度分析了中国古代对盗墓行为的否定与惩治。

4. 对清代特别是康乾时期物质文化遗产保护的研究

关于这个时期物质文化遗产保护的研究成果集中于某个特定行为的研究，例如帝王陵寝保护、宫廷建筑修缮、寺庙保护、书画艺术品收藏、编纂文化典籍、宫廷造作等。研究也多从历史学、艺术学、传播学等角度开展，从法学角度进行的研究较少，基本上集中于前述的盗墓行为，其他文物犯罪行为比如盗窃、毁弃、走私等研究成果甚少。

（1）帝王陵寝保护

白洪希对关外三陵的管理和保护进行了研究，分析了总管衙门、掌关防衙门维护陵寝安全方面的职责以及陵寝赏罚制度、定期督察制度。徐广源研究了《大清律例增修统纂集成》有关皇陵保护的 10 条规定。胡汉生研究了乾隆年间对明十三陵进行的两次较大规模的修葺。黄爱萍通过研究康雍乾三代的帝王庙祭，说明了清统治者对远古以来代代相传的中华统绪的认同，对渊源有自、薪火相传的中华文明的归属。

（2）宫廷建筑修缮

秦国经、高换婷对乾隆时期对紫禁城、西苑三海、三山五园、避暑山庄修建、扩建的具体情况，分析了原因。对紫禁城宫殿楼阁、苑囿行宫、陵寝、坛庙寺观、盛京皇宫及与宫殿建筑有关的河道、沟渠、园林、道路等的兴建和维修状况方面的档案内容进行了研究。

（3）寺庙保护

王运良对始建于清代乾隆时期的武梁祠保管所（室）进行了研究，认为该组织是我国历史上最早的多属性的不可移动文物保管机构，体现了当地先贤、民众所具有的超前的物质文化遗产保护意识。颜章炮研究了乾隆时期台湾民间寺庙的管理制度和管理系统，在维护寺庙安全、保护寺庙方面，通过公众订立民间条规或协约，官府发布告示或规章等方式实现管理和制裁。

（4）书画艺术品收藏

杨丹霞研究了《石渠宝笈》的主要作品以及收录的清代皇帝的书画作品、殿座印、内服鉴藏印等内容。董建中利用《宫中进单》《乾隆朝惩办贪污案选编》等文献资料，参照《石渠宝笈》考察了乾隆时期进贡、抄家中的书画作品基本情况。郭福祥利用清宫档案，从钟表收藏的扩展途径与方式、运输与保存方式、陈设方式、使用和毁变等细节方面考察乾隆时期宫廷钟表收藏的基本面貌，并对形成乾隆时期钟表收藏鼎盛局面的政治、经济、文化以及历史意义进行了评价。

（5）宫廷文物保护措施

孙晓松对康雍乾时期宫廷藏品的保管、管理措施进行了研究。秦国经研究了清代宫廷警卫机构与官兵的职责、宿卫雇从制度、稽查制度、门卫制度、传筹制度、消防制度等内容，分析了清宫警卫制度的特点。王树卿研究了紫禁城保管文物的机构和人员。余林研究了《宫殿监处分则例》《各处首领太监处分则例》《钦定宫中现行则例》等针对太监的惩罚制度。

（6）破坏物质文化遗产行为

主要集中在对盗墓行为的研究。李玮对清代发冢罪的律文特点及其律文本身进行了的研究，结合案例，梳理出清代在发冢案件处理上的特殊之处。王小丹以《刑案汇览》中43个发冢案例为研究对象，梳理出发冢这类行为的犯罪类型，并探寻重刑惩治发冢的文化内涵。美国学者布迪与莫里斯合著，朱勇译的《中华帝国的法律》，运用现代刑法学的理论对清代"发冢"案件进行了分析。

另外，关于盗窃、非法贩卖的研究也有一些成果，但为数不多。杨春君从盗贼的来源、作案的具体环节、赃物、案件审理等方面论述了康熙时期强盗案件的基本情况，对研究这个时期文物盗窃案件有所启发。美国学者钟威廉《〈大清律例〉中的贼盗篇研究》一文从法典体例结构、犯罪构成要件、量刑标准的角度分析了《大清律例》贼盗篇的规定，提到了盗大祀神御物、盗内府财物等与盗窃宫廷文物相关罪行的定罪与量刑标准。江珊《乾隆帝惩处高朴私贩玉石述略》一文讲述高朴私鬻玉石案的原委以及案后乾隆发布的禁止开采新疆玉石以及对偷玉者的惩罚。齐玫《乾隆朝玉器简论》（上）一文中提到乾隆严禁民间买卖新疆玉石。

（三）物质文化遗产法律

除了针对中国古代保护物质文化遗产的法律进行研究之外，当代关于物质文化遗产法律的研究成果对于本研究有着一定的启发意义。

这类研究成果可以分为两类，一类是以国外特定国家或地区的物质文化遗产法律为研究对象，探讨其性质、特征、历史、作用等，进一步总结、提炼可以借鉴之处，为中国物质文化遗产法律建设服务。选取的研究对象国多为具有较长文化遗产保护历史的发达国家，比如英国、法国、意大利、希腊、日本等。杨丽霞研究了1882～2010年英国文化遗产保护管理制度发展历史。叶秋华等研究了法国文化遗产法律保护的主要特征，总结了其立法经验。廖晓欧研究了意大利文物保护法律的发展历史、主要内容以及存在的问题。

一类是以中国物质文化遗产法律为研究对象，研究文化遗产权、文化遗产法律价值理念、立法理论以及如何构建中国物质文化遗产法律体系等。王云霞解释了文化遗产权的性质，并从学科建设的角度呼吁加强文化遗产法学的研究。叶秋华等研究了文化遗产法律保护的价值理念，认为正确理解文化遗产法律保护的价值理念应处理好文化遗产的地域性价值与普适性价值之间的关系。李明凤认为要加强授权性立法的规定，科学、合理分配立法权，减少规章和规范性文件对法律权利义务的设置，完善立法体系。刘先辉以总分结构作为体系化的方法构建了我国文化遗产保护法律体系。

三 主要内容

故宫博物院的典藏是明清两代宫廷典藏的精华，康乾时期的宫廷典藏是其重要部分，这些典藏能够流传至今，本身就是当时物质文化遗产保护的例证。因此，本书以故宫博物院康乾时期典藏和建筑遗产的保护为开篇，讲述康乾时期物质文化遗产保护概况。

《大清会典》以清光绪二十五年（1899 年）之前的谕旨、奏准、议准、定例为资料来源，对清代各类规章制度进行汇总、编辑，是清代覆盖面最广、最全的规范性文件集合，能够集中、系统地找到关于物质文化遗产的规定，从它入手，能够梳理康乾时期对各类物质文化遗产保护的法律规定。《大清会典》中对物质文化遗产的法律规定作为独立一章内容。

与《大清会典》的其他构成部分相比《大清律例》具有一定的独特性，这个独特性在于它具备司法性质，是判案的主要依据。另一方面，《大清律例》适用范围广，适用程序严格，对刑部以及其他各级衙门审判权限有着详细规定。《大清律例》中关于物质文化遗产的规定作为独立一章内容。

还有一类保护物质文化遗产的谕旨，内容明确，执行力很强，皇帝非常关注，但却未收录进《大清会典》。这类谕旨数量较多，某种情况下超过《大清会典》收录的类似内容谕旨的数量，在研究物质文化遗产的法律保护时，无法回避这类谕旨。本书把这类谕旨作为单独一章内容。

法律保护是个动态的、持续性的系统，仅有律典的规定不足以自行，必须有强有力的实施者。清代的各级官吏是物质文化遗产保护法律的实施者，没有他们的配合和执行，谕旨、规定无法落实，或大打折扣。商人，尤其是与朝廷有着密切联系的盐商，对物质文化遗产的保护出资出力，也作出了重要贡献。因此，从执法的角度，把官员和商人作为单独一章内容。

康乾时期对物质文化遗产的法律保护，不是凭空产生的，也不是独创出来的，既是中国古代物质文化遗产法律保护的传统结晶，也是清入关前保护物质文化传统的延续与升华，并对后世有着影响。在中国物质文化遗产保护发展史上，康乾时期是一个环节，承前启后，因此，回顾传统、总结特点、展望未来，是最后一章内容。

总体来看，本研究在前人研究的基础上，从故宫博物院康乾时期文物典藏出发，依托中国第一历史档案馆馆藏相关档案、国家清史编纂委员会最新整理出的文献，对康乾时期保护物质文化遗产法律进行法律文本和司法实践研究，考察其在物质文化遗产法律建设方面的成果，探求促进物质文化遗产法律发展的主要因素，为当今物质文化遗产法律建设提供参考。

四　研究方法

第一，历史文献研究的方法。康乾时期的物质文化遗产保护法律有相当一部分体现在皇帝的谕旨、命令中。目前没有此项专门性的谕旨汇编，因此要从综合性的满汉文谕旨与奏折汇编、起居注、六部题本、宫中档案等历史文献中查找、互证、总结，提炼出物质文化遗产保护法律内容。

第二，法律文本分析的方法。在专门性的物质文化遗产保护法律诞生之前，国家综合性法典是研究物质文化遗产保护法律的主要法律文本。康乾时期生效的国家综合性法典有三部，分别是顺治三年（1646 年）《大清律集解附例》、雍正三年（1725 年）《大清律集解》和乾隆五年（1740 年）《大清律例》，这些法典对物质文化遗产的保护均有规定，这些规定的立法意义以及彼此之间的异同，皆是需要研究的重点内容。本书在分析法律文本时，着重从立法宗旨、意义的角度来阐释。

第三，案例分析的方法。法律保护实际效果如何不仅仅在于立法层面，司法也很关键，因此分析相关案例是本书的重点。本书以刑部案例和内务府案例为基础资料，研究康乾时期相关案件的定罪量刑标准，以及其他朝代类似案件的处理情况。在处理案件时，司法者考量的因素有哪些，特别是法律规定之外的因素，这点对于有礼治传统的封建社会的司法有着特殊的意义。

第四，实物分析的方法。故宫典藏文物很多是康乾时期的收藏之作，它们至今完好无损本身就是物质文化遗产保护的最好例子。

第五，比较研究的方法。研究康乾时期与前代的物质文化遗产保护法律之间的区别与联系，考察哪些制度系继承前朝的，哪些是创新的，分析创新之处产生的重要因素。

第一章　我国物质文化遗产法律保护传统

第一节　关键词界定

一　物质文化遗产

本书采用 1972 年《保护世界文化和自然遗产公约》确立的定义，物质文化遗产主要包括历史文物、历史建筑（群）和人类文化遗址。具体到本书题目，康乾时期物质文化遗产，指的是康乾时期前代遗留的历史文物、历史建筑等。比如，明代的青花瓷器。当然，对康熙时期来说，比如，清入关前或顺治朝的寺庙也属于历史建筑，以此类推。

另，这里涉及一个问题，即康乾时期的"文物"的观念，是否存在现在的"文物"概念？解释这个问题，要先梳理一下中国古代"文物"的含义。刘毅教授对此进行了系统性的研究[①]。依据他的考证结论，在中国古代，"文物"一词的含义包括典章制度、物质属性、文化文明这三层含义。

第一，作为典章制度的文物，这是"文物"的原始含义。最早的"文物"二字连用可能始于东周时期。《左传·桓公二年》记载："夫德，俭而有度，登降有数，文物以纪之，声明以发之，以临照百官，百官于是乎戒惧而不敢易纪律。"[②] 此处"文物"并用，可以理解为以图案、颜色等来表现或象征非物质性的礼乐典章制度，与现在"文物"概念没有直接的关系。以典章制度为基本内涵的"文物"在古代是

---

① 刘毅：《"文物"变迁》，《东南文化》2016 年第 1 期。
② ［清］阮元：《十三经注疏》本之《春秋左传正义》卷五，北京：中华书局，1980 年，第 1743 页。

常用名词，比如"典章文物""衣冠文物"。乾隆三十七年（1772年），因三通馆进呈《嘉礼考》涉及辽金元衣冠改制，清高宗谕曰："揆其所以议改者，不过云衮冕仪章文物足观耳，殊不知润色章身，即取其文，亦何必仅沿其式？如本朝所定朝祀之服，山、龙、藻、火，粲然具列，悉皆义本礼经，更何通天、绛纱之足云耶?!"① 可见，作为典章制度涵义的"文物"名词，到康乾时期一直都在使用，其意义和现代意义上的"文物"概念基本没有关系。

第二，带有一定物质属性的文物。在汉唐以后的典籍中，"文物"的涵义除了非物质性的典章制度外，也包含了反映这些典章礼仪或相应礼制活动中的实物，特别是其中的衣冠、仪仗等，有些甚至仅指称其实物部分。比如，武周垂拱四年（688年）十二月，武则天设坛于洛水之北，亲拜洛而受图，"文物卤簿，自有唐已来，未有如此之盛者也"②。清乾隆四十一年（1776年）奏准："热河地方，每岁夏秋为圣驾巡幸之所，今兴设簧序，文物声明宜从美备，所有大成殿龛案陈设，俱照京师太学款式成做。"③

第三，作为"文明""文化"的文物。在有些情况下，"文物"也有文化、文明或文治等意义。如《旧唐书·经籍志》记载："赟等四部目及释道目，并有小序及注撰人姓氏，卷轴繁多，今并略之，但纪篇部，以表我朝文物之大。"④

很明显，古代"文物"含义与现在"文物"含义不同，但并不代表现在"文物"所代表的对象在古代不存在。史料表明，现在"文物"所代表的对象在古代不但存在，而且用其他名词来表述。比如，青铜礼乐器一般称为"彝器"，它们和以石质为主的碑志（主要是碑志拓片）等合称为"金石"；其他古物则一般各以类名。南朝、唐、宋以来主要有"古器物""古物""骨董""古玩"等几种表述方式，比如，

---

① ［清］昆冈等：《（光绪）钦定大清会典事例》卷三二八，影印清光绪二十七年外务部石印本，北京：中华书局，1991年，第893页。

② ［五代晋］刘昫：《旧唐书》卷二四《礼仪志四》，复旦大学点校本，北京：中华书局，1975年，第925页。

③ ［清］昆冈等：《（光绪）钦定大清会典事例》卷四三八，影印清光绪二十七年外务部石印本，第974~975页。

④ ［五代晋］刘昫：《旧唐书》卷四六经籍志上，第1966页。

《啸亭杂录》曾记载，清乾隆时期，有"工部侍郎三和者，善博古物"①。

这几种表述方式虽然内涵不尽相同，但其表达的对象皆属于可移动文物。因此，可以说，"文物"一词虽然古今含义不同，但今天意义上的"文物"在古代已有替代词，这说明了古人已有文物保护的意识与概念，所以，康乾时期文物保护意识的存在是毋庸置疑的。

二　法律

本文中的"法律"指具有强制执行力的规范性文件，康乾时期法律的表现方式有多种，包括《大清律例》、各部院衙门则例、成案、谕旨等多种形式，因此，保护物质文化遗产法律指的是大清律例、则例（图 1.1）、成案、谕旨中保护物质文化遗产的相关内容。

图 1.1　钦定总管内务府现行则例

第二节　物质文化遗产法律保护的历史传统与做法

用法律的形式保护历史文化遗产古已有之，而且呈现出继承性，前代的经验和

---

① ［清］昭梿：《啸亭杂录》卷九《玉瓮》，北京：中华书局，1980 年，第 271 页。

做法为后代所承袭。在继承的同时也不乏特性，不同历史时期有着不同的做法，各具特色。所有的这些都构成了清代，特别是康乾时期物质文化遗产法律的历史基础，康乾时期的很多做法来源于这些历史传统。

一　先秦时期

夏商周三代时期，我国已有历史文化遗产保护的萌芽。早期的保护以收藏为主。《史记·封禅书》记载："禹收九牧之金，铸九鼎，皆尝亨鬺上帝鬼神。遭圣则兴，鼎迁于夏商。周德衰，宋之社亡，鼎乃沦没，伏而不见。"相传为大禹所铸的九鼎，夏商周都视之为国家象征予以珍藏。皇室、贵族宗庙中"多名器重宝"，保存着青铜器、玉器以及其他前代的遗物。周代设立专门的收藏与保管机构。王宫珍品收藏之处名曰"玉府""天府"，由专职官员——藏室史负责管理。

除了收藏，西周时确立的祀典制度，起到了现代的遗产登录制度的作用。《周礼》中的《祭法》提到了祀典。其内容为，天上的日月星辰因为能为人们提供明与热所以被列入祀典；地上的山林川谷丘陵，因为能为百姓提供生活资料而被列入祀典；各个时代的杰出人物因为能够为人民谋福祉，为国家安全尽忠效力，所以被列入祀典。离开这些原则的人和神都不在祀典范围内，不在祀典范围之内的淫祀建筑往往为历代地方官拆毁。

另一方面，对盗窃、毁坏珠宝玉器与盗墓有着严厉的处罚。《左传》记载周公"作誓命曰：'毁则为贼、掩贼为藏、窃贿为盗、盗器为奸，主藏之民，赖奸之用，为大凶德，有常，无赦。'"其中的"器"指国家宝器、宝物、重器，"盗器为奸"意即盗用国家宝器是奸诈的行为和别的一些罪行一样都是重大的恶行，是不能赦免的。对损坏宝器者，也要处以刑罚。例如《周易·鼎》记载："鼎折足……其刑渥。"渥专指古代贵族在户内受刑，严重的处死于屋下，属于大刑。这句话就是说，无论是谁，只要折断了宗庙的鼎足，就要受到渥刑。这实质上是保护文物的防范措施。此外，珠玉宝器是绝对不能流入民间的，更不允许买卖。《孔子家语》记录："硅璋璧琮不鬻于市，宗庙之器不鬻于市……文锦珠玉之器雕饰靡丽不鬻于市。"《吕氏春秋》中记载："国弥大，家弥富，葬弥厚。含珠鳞施，玩好货宝，钟鼎壶滥，舆马衣被戈剑，不可胜其数。诸养生之具无不从者，题凑之室，棺椁数袭，积石积炭，以环其外。奸人闻之，传以相告。上虽以严威重罪禁之，犹不可止。"据此推断，先秦时代已经有惩治盗墓的成文法典了。

中国传统文化的奠基人孔子就是历史文化遗产保护的先行者。孔子以继承古代遗产为己任，一生都在为保护古代遗产奋斗。子贡受鲁君特许，随同孔子到鲁国太庙的北堂游览，走出庙门后，问孔子说："刚才蒙鲁君所赐，让我跟您一块参观太庙北堂，我也没有停下脚步，当回过头再看那北堂的窗户时，我发现那窗棂是一段段拼接起来的。那是不是有什么说法啊？是不是木匠锯错了木料，才搞成那样子的呢？"① 孔子回答说："太庙北堂过去是有些说道，当年官府招聘了一些能干的木匠，木匠们把窗棂做成一节节的拼接的样子，不是下错了料，而是为了窗棂造型的美观。"② 鲁哀公和孔子在一次对话中，有两句涉及名城保护哲学。鲁哀公说："寡人生于深宫之中，长于妇人之手，未尝知哀，未尝知忧，未尝知劳，未尝知惧，未尝知危。"孔子便开导他说："您登上台阶步入太庙，仰望橡子梁架，俯看几案和祭器，那祭器和灵位还在，而人已经亡故，您由此想下去，难道还不会产生悲哀情绪吗？……您经常出入鲁国四境国门，远望鲁国四邻，亡国的废墟必定还有些凄然挺立，君王您由此想开去，能不产生恐惧的情绪吗？"③ 联系孔子"兴灭国、继绝世，举逸民"的遗产保护思想，很显然，对于城市中的历史遗存应该保留保护，因为它除了保存政治上消失的政权的文化形态外，还可以为城市保存记忆，为后人提供殷鉴。

二　秦汉时期

汉代皇室收藏十分丰富，《汉书·艺文志》记载，汉武帝"建藏书之策，置写书之官，下及诸子传说，皆充秘府"。命刘向、刘歆等典校藏书。经过20多年的努力，完成了大规模的图书整理编目工作。东汉明帝刘庄更是"雅好丹青，别开画室"，创立鸿都学，以集奇艺之士。那时对经史、古文字的研究也进入新阶段。

---

① 喻学才：《论孔子遗产思想与中国名城保护》，《中国名城》2010 年第 8 期。

② 喻学才：《论孔子遗产思想与中国名城保护》。

③ 喻学才：《论孔子遗产思想与中国名城保护》。

许慎收进不少出土的鼎彝等文物，根据这些鼎彝上记录的前代古文，编撰了中国第一部字典《说文解字》。东汉"碑碣云起"，灵帝熹平至光和年间并刊刻石经，南北朝时又发明了拓墨技术，石刻文字可借拓片流传。

法律对帝王陵寝、普通坟墓予以保护，严厉惩罚盗掘行为。将毁坏皇家的宗庙、陵墓及宫殿的行为，称作"大逆不道"。这是以后各朝"十恶"之罪的最早形式。《九章律》中有"盗园陵物"的条款。触犯该规定，要受到极重的刑罚。例如《汉书·张释之传》记载："其后人有盗高庙座前玉环，得，文帝怒，下廷尉治案盗宗庙服御物者为奏，当弃市。上大怒曰：'人亡道，乃盗先帝器！吾属廷尉者，欲致之族，而君以法奏之，非吾所以共承宗庙意也。'释之免冠顿首谢曰：'法如是足也，且罪等，然以逆顺为基。今盗宗庙器而族之，有如万分一，假今愚民取长陵一抔土，陛下且何以加其法乎？'"可见，依汉律的规定，不仅盗宗庙服御物，即使窃取了长陵的一抔土都会遭受到严重的刑罚。又如，汉武帝时，有人盗取了文帝陵园内埋藏的钱财，丞相严青翟因为对先帝的陵墓保护不力而引咎自杀。对盗普通人坟墓者，也处以重刑。《淮南子·汜论训》记载："天下县官法曰：'发墓者诛，窃盗者刑。'"《后汉书·朱穆传》记载，永兴元年，朱穆任冀州刺史，"有宦者赵忠丧父，归葬安平，僭为玙璠、玉匣、偶人。穆闻之，下郡案验。吏畏其严明，遂发墓剖棺，陈尸出之，而收其家属。帝闻大怒，征穆诣廷尉，输作左校。"后来因为太学生刘陶等数千人上书为朱穆讲情，桓帝方才赦免朱穆。另一方面，并非所有的盗墓行为都会受到处罚，也有因盗墓减轻处罚的。汉代上洛男子张卢假死，后有盗贼发掘他的坟墓，使张卢得以苏醒，并对盗贼表示感谢。郡县发觉此案后，将盗贼逮捕，但以犯人原意为奸不轨，而张卢由此复生，不知如何定罪，遂上报州部。豫州牧呼延谟又将案情上报朝廷，皇帝下诏，认为该犯意图行恶而后果为善，减罪处罚，判处笞三百①。

三　隋唐时期

隋唐之际皇室收藏崇尚法书名画，贵族豪富也竞相收藏书画名迹或古籍珍物，

---

① 郭成伟、肖金泉：《中华法案大辞典》，北京：中国国际广播出版社，1992年，第95页。

并开始出现鉴藏印记。一个典型的例子是石鼓的发现以及韩愈所作的《石鼓文》。

唐代初年，石鼓发现于陕西凤翔县城南二十里，共十座。上刻籀文诗章，记述周宣王畋猎之事。韩愈为此写了一首《石鼓文》，通篇以下平声险韵《五歌》独用韵成诗，叙事议论，铺张扬厉，宏伟恣肆，气势激昂，字里行间洋溢着尊重古代文明、珍惜历史文物的炽热激烈之情。韩愈以他特有的文学家、史学家的敏感，看到它对研究我国古代文学和历史学的重要意义，认为它是难得的"至宝"，应该从那荒郊野地运回，留在太学，以供"诸生讲解得切磋"，免遭日晒雨淋，日销月铄，就此埋没。其奔走呼号，希望朝廷予以重视。

从法律方面来看，《唐律疏议》中有关于物质文化遗产保护的系列规定。

（一）谋大逆、大不敬条款

谋大逆与大不敬均为《唐律疏议》中的"十恶"内容，属于性质最为严重的犯罪行为。谋大逆，指的是谋毁宗庙、山陵及宫阙，其刑罚极其严酷：

> 诸谋反及大逆者，皆斩；父子年十六以上皆绞，十五以下及母女妻妾祖孙兄弟姊妹，若部曲、资材、田宅并没官，男夫年八十及笃疾、妇人年六十及废疾者并免。伯叔父、兄弟之子皆流三千里，不限籍之同异。

大不敬指的是盗大祀神御之物、乘舆服御物，盗及伪造御宝，合和御药误，不依本方及封题错误等。其惩罚如下：

> 诸盗大祀神御之物者，流二千五百里。其拟供神御，及供而废缺，若馔荐之具已撰呈者，徒二年。未撰呈者，徒一年半。已缺者，杖一百。若盗釜、甑、刀、匕之属，并从常盗之法。
>
> 诸盗御宝者，绞，乘舆服御物者，流二千五百里，其拟供服御及供而废缺，若食将御者，徒二年，拟供食御及非服而御者，徒一年半。
>
> 诸弃毁大祀神御之物，若御宝、乘舆服御物及非服而御者，各以盗论，亡失及误毁者，准盗论减二等。
>
> 诸大祀丘坛将行事，有守卫而毁者，流二千里；非行事日，徒一年。门，各减二等。

（二）毁损天尊佛像、碑碣条款

诸盗毁天尊像、佛像者，徒三年。即道士、女官盗毁天尊像，僧、尼盗毁佛像者，加役流。真人、菩萨，各减等。盗而供养者，杖一百。

诸毁人碑碣及石兽者，徒一年，即毁人庙主者，加一等。其有用功修造之物，而故损毁者，计庸，坐赃论。各令修立。误损毁者，但令修立，不坐。

（三）盗墓条款

诸发冢者加役流，已开棺椁者绞，发而未彻者，徒三年。其冢先穿及未殡而盗尸枢者，徒二年半，盗衣服者减一等。盗器物砖版者以凡盗论。

诸盗园陵内草木者，徒二年半，若盗他人墓茔内树者，杖一百。

襄中盗墓案[①]

唐僖宗光启至昭宗大顺年间，襄中县有人盗墓，官府很久不能捕获盗墓之人，县官屡次催促破案。忽然有一天捕获了一人，该人被认为是盗墓者，关押拷问了近一年，此人始终不肯承认有罪，官府于是更加严刑逼供，此人终于承认是盗墓者，并交出了所盗之物，经过检验，果然为墓中所失之物，根据发冢条款当绞，行刑之际，围观者中有一人伸臂大呼："王法岂容枉杀平民？盗墓者是我，与此人无关，请速将他释放。"然后交出从墓中所获之物，官府验看之后，与所失物一样，而法司出示前一囚犯所交之物，竟与后者所交一模一样。山南西道节度使亲自提审前囚，问他是否有冤枉，前囚答道："虽自知不是盗墓者，但受刑不过，乃自诬有罪，并让家人仿造墓中失盗之物，上交官府，希望一死了之，以脱其苦。"节度使闻听大惊，上奏朝廷。朝廷惩罚了有关狱吏，释放了受冤者，而将自首者补为节度使幕府吏员并予以奖赏。

（四）埋藏物条款

诸于他人地内得宿藏物，隐而不送者，计合还主之分，坐赃论减三等。

由于唐代"令行不止"的情况，开元二十五年（737 年），唐玄宗下诏令重申：

---

① 郭成伟、肖金泉：《中华法案大辞典》，第 371 页。

"诸官地内，得宿藏物者听收。他人地内得者，与地主中分之，即古器形制异者，悉送官酬直。"

综上，唐代的法制完备，对保护文物的法律规定也很完善，除对惩罚"谋大逆""大不敬"的规定外，还制定了对地上、地下文物保护的条令。所有这些都为宋元以至明清的法律所沿袭。

四 宋元时期

这个时期是中国古代文物保护和研究的鼎盛时期。

（一）金石学的兴起，为文物的法律保护奠定了理论基础

北宋时期，以青铜器、石刻为主要研究对象的金石学兴起，以后又逐渐扩大到研究其他各种古代器物，当时的文人墨客把这些器物统称之为"古器物"或"古物"。刘敞在《先秦古器记》中说研究古器的方法是"礼家明其制度，小学正其文字，谱牒次其世谥"；吕大临在《考古图》中说，要"探制作之原始，补经传之阙亡，正诸儒之谬误"。强调文物作为史料所起的功能，注重研究文物本身的发展与演变。《考古图》中不仅摹录出所收器物的图像、铭文，且大都标明其尺度、容量、重量与出土地点，并以相当严谨的态度进行考证、定名和分类等方面的研究。此书与宋代其他金石学著作所取得的成果，有不少为后世所遵循，青铜器中若干器形与花纹之通用名称，就是在这时考定的。

元代金石学领域扩大，不仅注意文献与实物的结合，而且重视以实地勘查之所见，核检历史记载。比如，葛逻禄乃贤的《河朔访古记》对中国北方各地的古城、古建筑以及陵墓、碑刻等，在调查的基础上参据文献作出记述，较翔实可信。

（二）收藏规模较大

金石学的研究提高了对古文物的认识水平，同时也促进了收藏古物之风。《宣和博古图》著录的皇室在宣和殿一处所藏青铜器就达839件；《宣和画谱》著录收藏魏晋以来的名画凡231人，计达6396轴；《宣和书谱》著录有190多名书法家作品1198件；欧阳修收集的金石铭文真迹拓本，皆装裱成轴，多达千卷。

除了古玩字画，典籍的收藏也受到重视。宋代宗室好藏书。万卷以上的大藏家

不在少数，宋太宗的儿子赵元杰是当时有名的万卷藏家。英宗的弟弟荣王宗绰，藏书达七万卷之多，且多为孤珍之本。具体见表1.1。

表1.1 万卷以上宗室藏书家列表①

藏书家	藏书卷数记载	资料出处
赵元杰	"建楼贮书二万卷"	《宋史》卷二四五
赵宗绰	"蓄书七万卷"	洪迈《容斋四笔》卷一三
赵宗晟	"藏书数万卷"	《宋史》卷二四五
赵宗颜	"藏书数万卷"	欧阳修《文忠集》卷三七
赵宗制	"藏书万卷"	范祖禹《范太史集》卷五〇
赵从贽	"聚古今书万余卷"	王珪《华阳集》卷五二
赵叔充	"藏书至万卷"	《宋史》卷二四四
赵令教	"蓄书数万卷"	范祖禹《范太史集》卷五〇
赵令金	"藏书三万卷"	程俱《北山小集》卷三三
赵子昼	"蓄书近万卷"	陶宗仪《书史会要》卷六
赵汝愚	"所藏五万卷"	范凤书《中国私家藏书史》
赵彦远	"所藏至三万卷"	朱熹《晦庵集》卷九二
赵不迁	"所储凡数万卷"	范祖禹《范太史集》卷四六

古文物既为藏家所珍爱，自然加意保护。北宋时期开始对城市历史遗迹、散落郊野的碑刻进行调查。宋敏求《长安志》将唐长安城的布局和遗迹叙述颇详；吕大防将勘查的结果制成地图上石；游师雄且将唐凌烟阁功臣图与昭陵六骏摹绘刻石。北宋元祐五年（1090年），为保存唐开成石经及石台孝经，宋哲宗创立了长安碑林，存储汉魏以来历代碑石。南宋时王象之《舆地碑记目》、陈思《宝刻丛编》等书，将各地碑刻按行政区划和年代顺序列出，编成大型的碑刻目录。这些都为古文物的研究与保护作出了贡献。

（三）加强对历代帝王陵寝的保护

1. 《宋大诏令集》中的相关规定

宋代皇帝发布诏令，要求各地在历代帝王陵寝处设置守陵户，严禁在帝王陵寝

---

① 祁琛云：《宋代宗室藏书与习文活动述略》，《四川图书馆学报》2011年第6期。

附近樵采。北宋神宗熙宁元年（1068 年），《宋会要辑稿》载："知濮州韩铎言，尧陵在本州岛雷泽县东谷林，山陵南有尧母庆都灵台庙，请敕本州春秋致祭，置守陵户，免其租，俾奉洒扫，诏给守陵五户。"

更多的保护陵寝的措施见之于《宋大诏令集》：

（1）前代圣后贤臣置守陵户诏

> 前代圣帝明王，陵域咸在，忠臣贤士，邱垄尚存，或樵采不禁，或风雨不庇，永言旧典，阙孰甚焉。宜令郡国置守陵户，坟墓有隳坏者，量加修葺，务令严洁，以称朕意。

（2）前代帝王置守陵户祭享禁樵采诏

> 自古帝王，受天眷命，功侔造化，道庇生民，咸载简编，宜崇典礼，或庙貌犹在，久废牲牷，或陵寝虽存，不禁樵采。朕顺考古道，咸秩无文，方怀景慕之心，敢怠寅恭之意。其太皞葬宛邱，炎帝葬长沙，黄帝葬乔山，颛顼葬临河，高辛葬濮阳，唐尧葬城阳，虞舜葬零陵，女娲葬赵城，夏禹葬会稽，商汤葬宝鼎县，周文王、武王葬咸阳县，汉高祖葬长陵，在长安北，后汉世祖葬洛阳界，唐高祖葬三原县东，太宗葬醴泉县北。凡已上一十六帝，各置守陵五户，每岁春秋二时，委所在长吏，各设一祭。商中宗太戊葬内黄县东南，高宗武丁葬西华县北，周成王、康王葬毕原，汉文帝葬霸陵，在长安东，宣帝葬杜陵，在长安南，魏太祖葬于邺，晋武帝葬洛阳，后周太祖文帝及隋高祖文帝并葬富平县。已上一十帝，各置守陵三户，每岁一享。秦始皇帝葬昭应县，汉景帝葬阳陵，在长安东北，武帝葬茂陵，在长安西，后汉明帝章帝并葬洛阳，魏文帝葬晋阳山，后魏孝文帝葬富平县，唐元宗葬奉先县，肃宗葬醴泉县，宪宗葬奉先县，宣宗葬云阳县，梁太祖葬伊阙县，后唐庄宗葬新安县，明宗葬洛阳东北，晋高祖葬寿安县。已上一十五帝，各置守陵两户，每三年一祭，仍并委所在长吏，祀以太牢，以羊代。周桓王葬渑池县，灵王葬河南柏亭西，景王葬洛阳太仓中，威烈王葬洛阳城西隅，前汉元帝葬渭陵，在长安县，成帝葬延陵，在咸阳县，哀帝葬义陵，在扶风，平帝葬慎陵，在洛阳东南，殇帝葬康陵，在慎陵茔中，安帝葬恭陵，在洛阳北，顺帝葬洛阳西，质帝葬洛阳东南，献帝葬渭城西，魏明帝

葬河清县大石山，高贵乡公葬洛阳瀍涧之滨，陈留王葬平原，晋惠帝葬太阳陵，在洛阳，怀帝愍帝并葬平阳，西魏文帝葬富平县，东魏孝静帝葬邺郡，唐高宗葬奉天县，中宗葬富平县，睿宗葬奉先县，代宗葬富平县，德宗葬云阳县，顺宗葬富平县，穆宗葬奉天县，恭宗葬三原县，文宗葬富平县，武宗葬三原县，懿宗葬富平县，僖宗葬奉天县，昭宗葬缑氏县，梁末帝葬伊阙县，后唐清泰帝葬明宗陵南。已上三十八帝陵寝，常禁樵采，应已上帝王寝庙，委逐处长吏及本县令佐，常切检校，罢任日，具有无废阙批书历子，其祠祭仪注，仍令有司颁下。

（3）圣帝贤臣陵墓禁樵采诏

历代圣贤，名标简策，咸有封树，载于图经。至于严禁樵苏，盖邦家之令典，盗发冢墓，有律格之明文，如闻奸凶，颇恣穿掘，特申约束，用警群伦。其诸路管内帝王陵寝、名臣贤士义夫节妇坟垄，并禁樵采，毁者官为修筑，无主坟墓碑碣石兽之类，敢坏者论如律，每岁首所在举行此令。

（4）申禁历代陵寝樵采诏

眷惟前代，崇建寝园，凡在部封，宜增严卫，屡屡颁于条诏，俾申禁于樵苏，尚或因循，致兹侵暴，特加告谕，用示轸怀。应有历代帝王陵寝之所，依元诏禁止樵采，违者特收捕严断。

2.《宋刑统》对发冢的规定

《宋刑统》卷十八、十九分别对此作了规定：[1]

诸穿地得死人，不更埋，及于冢墓熏狐狸而烧棺椁者，徒二年。

诸发冢者，加役流。已开棺者，绞。发而未彻者，徒三年。其冢先穿及未殡，而盗尸柩者，徒两年半。盗衣服者，减一等。器物、砖、版者，以凡盗论。

（四）祠庙、名胜古迹的保护

祠庙、名胜古迹的保护规定见之于《宋大诏令集》。

---

① ［宋］窦仪等详定，岳纯之校证：《宋刑统校证》，北京：北京大学出版社，2015年，第248、257页。

1. 泰山樵采诏

朕将陟介邱，祗答鸿贶，方遣先置，已谕至怀。而岳镇之宗，神灵攸处，尤宜安静，以表寅恭。虑草木之有伤，在斧斤之不入，庶致吉蠲之愿，式符茂育之仁，应公私不得于泰山樵采，违者具以名闻，重行科断。

2. 先有发掘前代石检隳坏古之坛埠修完诏

瞻彼泰岳，奠乎鲁郊，升中告成，历代之仪斯在，泥金检玉，前圣之迹犹存，所宜肃恭，常加营护，先有发掘前代石检，隳壤古之坛埠，并令修完如故，州县常谨视之。

3. 五岳四渎庙长吏每月点检令兼庙令尉兼庙丞诏

五岳四渎，典礼斯在，庙貌祭器，胎蟹是依，向以主者不恭，民祠罔禁。至使屠宰于阶圮之侧，庖氲于廊庑之间，黩彼明神，汨于常祀，屡经损秽，几致倾颓。昨已特命修崇，咸臻显焕，宜申告诚，俾务精虔，自今逐处长吏每月亲自检视，仍各以本县令兼庙令，尉兼庙丞，祀事一以委之，常须洒扫，务从蠲洁，无纵士庶辄有损败，其东海庙等亦准此。

元代也对名山大川进行保护。至元十三年（1276 年）朝廷给江南下的诏书中提到："名山大川，寺观庙宇，并前代名人遗迹，不许毁［拆］。"

五 明时期

洪武元年（1368 年），徐达率军攻入北京后，即下令封闭元朝宫廷府库图籍宝物，严守宫门，禁止士卒侵暴，并将 2000 余部古籍运往南京内府收藏①。洪武三年（1370 年），明太祖遣使访查先代陵寝，命各行省绘图上报。经过筛选，从各地上报的 79 位帝王中选出 36 位，对其陵寝加以保护。洪武九年（1376 年），朝廷又派一批

---

① 张升：《明清宫廷藏书研究》，北京：商务印书馆，2006 年，第 3 页。

国子监监生分赴各地，视察历代帝王陵寝保护情况，采取了"百步之内不得樵牧"，"设守陵户二人"等保护措施，同时还令地方官员督促陵墓附近百姓按时封培已损毁的陵墓，每三年遣使致祭一次。明成祖曾赐碑于甘肃崆峒山，通令保护全山古刹①。永乐年间，先后两次颁布修志条例，确定志书内容共 21 类，寺观、祠庙、桥梁、古迹等亦名列其中②。为后世保存了大量珍贵的文物资料。《大明律》中大逆、历代帝王陵寝、发冢、盗园陵树木等条款，用以惩罚破坏、盗窃历史古迹、文物的犯罪行为。《永乐大典》对历代文化典籍进行了首次大总结，为清代修《四库全书》提供了基本思想和方法。曹昭《格古要论》则是当时研究古文物的集大成之作，此书除金、石、漆、玉、陶瓷外，且涉及书画、法帖、象牙、犀角、珠宝、锦绮、异木、异石等多种门类，其中提出的辨伪标准，要言不烦，灼具真知，至今仍有重要的参考价值。

六　清初

康熙之前的清初几位皇帝均重视对物质文化遗产的法律保护。

（一）入关之前

努尔哈赤、皇太极在清政权的初创时期不忘对历史遗产的保护。1621 年，努尔哈赤发布汗谕："不准任何人毁坏庙宇，不要在庙里拴马牛，不要在庙里出恭。发现违背指示，或毁庙，或拴牛马的人，逮捕治罪。"③ 天聪五年（1631 年）六月，皇太极率大军过归化城，特以谕旨悬于格根汗庙："归化城格根汗庙宇，理宜虔奉，毋许拆毁。如有擅敢拆毁，并擅取器物者，我兵既已经此，岂有不再至之理，察出决不轻贷。"④ 天聪六年（1632 年）三月，皇太极强调军队纪律时提到"勿毁庙宇，勿取庙中一切器皿，违者死……不许屯住庙中，违者治罪。"⑤ 崇德元年（1636 年）征朝鲜时，谕诸将士："……大军所过，不许毁拆寺庙，逆命者诛之，不逆命者勿杀，以

---

① 仇非：《新修崆峒山志》，兰州：甘肃人民出版社，1996 年，第 306 页。
② 曹之：《中国古籍编纂史》，武汉：武汉大学出版社，1999 年，第 273 页。
③ 张晋藩、郭成康：《清入关前国家法律制度史》，沈阳：辽宁人民出版社，1988 年，第 466 页。
④ 张晋藩、郭成康：《清入关前国家法律制度史》，第 466～467 页。
⑤ 《清太宗实录》卷十一，天聪六年三月乙未。

城降者，勿侵其城，以堡归者，勿扰其堡。"① 崇德三年（1638 年）出征明朝时，宣布军队纪律，其中提到"勿毁寺庙"②。崇德八年（1643 年）二月，皇太极谕礼部："前有禁令，除部册纪载有名寺庙外，不许另行修建，如不遵从前禁约，擅行创建修整者，或经部中察出，或被傍人及奴仆首告，治以重罪。其该管牛录章京拨什库，亦罪之。"③ 规范了对现有庙宇的管理，规定庙宇必须在礼部注册，不得私自建庙宇。

（二）顺治时期

顺治皇帝乃清入关后第一位皇帝，这位饱读儒家经典的年轻皇帝对于华夏大地历史遗迹的保护做了一定的工作。

1. 即位、收复各地时恩诏中的规定

顺治元年（1644 年），在皇极门颁即位诏，其中一条内容为："所在神祇坛庙不系淫祠者，有司务竭诚敬，毋致亵慢，明国诸陵仍用内员及陵户看守，拨给香火地土，仍春秋致祭，各处帝王陵寝及名臣贤士坟墓，被人毁发者，即与修理，禁止樵牧。"④

顺治二年（1645 年），颁发恩诏于陕西，其中一条内容为："历代帝王陵寝，在秦中者，有司照例以时致祭，及名臣贤士坟墓，俱严禁奸民掘毁。"⑤

顺治四年（1647 年）七月，广东刚平定，颁发恩诏，其中有一条为："所在应祭坛庙，有司务竭诚致祭，毋致亵慢历代帝王陵寝及名臣贤士坟墓，被人毁发者，即与修理，禁止樵牧。"⑥

2. 加强金、明陵的保护

乾隆皇帝曾在自己颁发的一道谕旨中提及顺治皇帝对金陵的保护："金朝陵寝，近在房山，岁久榛芜，未经修葺，朕维金太祖金世宗，功德载在史书，景仰传之奕禩，我世祖章皇帝、圣祖仁皇帝隆礼有加，并御制碑文，勒诸贞珉，以垂不朽。"⑦

---

① 《清太宗实录》卷三十二，崇德元年十一月己巳。

② 《清太宗实录》卷四十三，崇德三年八月癸丑。

③ 《清太宗实录》卷六十四，崇德八年二月庚寅。

④ 《清世祖实录》卷九，顺治元年十月甲子。

⑤ 《清世祖实录》卷十五，顺治二年四月丁卯。

⑥ 《清世祖实录》卷三十三，顺治四年七月甲子。

⑦ 《清会典事例》（第五册下），北京：中华书局，1991 年，第 935 页。

顺治十七年（1660 年）给礼部的一道谕旨中提及要每年春秋二次去金陵致祭。

关于明陵，多次强调给予保护。顺治元年（1644 年）即制定如何看守、致祭明朝皇帝陵墓，当时把明神宗万历皇帝的陵寝排除在外。顺治六年（1649 年），下令禁伐昌平明代陵寝树木。顺治八年（1651 年），恢复了对明神宗陵墓的祭祀，设立太监陵户看守。顺治十六年（1659 年），谕工部："前代陵寝，神灵所栖，理应严为防护。朕巡幸畿辅，道经昌平，见明代诸陵，殿宇墙垣，倾圮已甚，近陵树木多被砍伐，向来守护未周，殊不合理。尔部即将残毁诸处，尽行修葺，见存树木，永禁樵采，添设陵户，令其小心看守。责令昌平道官不时严加巡察，尔部仍酌量每年或一次或二次，差官察阅，勿致疏虞。"①

第三节　康乾时期清宫物质文化遗产保护概况

一　建筑遗产

本书建筑遗产指的是清朝之前的建筑，主要有紫禁城，各地的城池、衙署、陵墓、寺庙、道观等。也包括清朝皇帝登极之前就已经存在的建筑，比如对乾隆朝而言，顺治、康熙、雍正等朝新建的建筑属于建筑遗产。

（一）皇城、皇家苑囿

1. 紫禁城

清入关以后，全面继承了明朝的皇宫，彼时紫禁城已历经了二百多年，加之明末战火的破坏，清帝面对的是千疮百孔的紫禁城，因此，从顺治皇帝开始，几乎每位皇帝都对紫禁城进行了各种形式的维护，有岁（碎）修，也有大修，甚至还有宫殿的重建、改建。有清一代，对紫禁城大规模的维护，基本是在康雍乾三朝完成的，尤其是乾隆朝。

关于康雍乾三朝对紫禁城的维护修缮情况，详见下表②。

---

① 《清世祖实录》卷一百三十，顺治十六年十一月甲申。
② 万依：《故宫词典》（增订本），北京：故宫出版社，2016 年。

表 1.2 康乾时期紫禁城修缮一览表

区　域	建筑名称	重修、重建、新建时间
外朝中路	贞度门	乾隆二十三年（1758 年）四月毁于火，同年十二月按旧式重修
	太和殿熙和门	康熙八年（1669 年）重修，康熙十八年（1679 年）毁于火，三十四年（1695 年）重建，乾隆三十年（1765 年）重修
	保和殿	康熙二十九年（1690 年）、康熙三十年（1691 年）重修
	体仁阁	乾隆四十八年（1783 年）毁于火，当年重建
外朝东路	文华殿正门	康熙二十二年（1683 年）建
	文华殿	康熙二十二年（1683 年）重建
	主敬殿	康熙二十二年（1683 年）重建
	文渊阁	乾隆三十九年（1774 年）建，在圣济殿基础上建
	传心殿	康熙二十四年（1685 年）建
	国史馆址	乾隆三十一年（1766 年）重修
	撷芳殿	乾隆十一年（1746 年）改建为三所殿宇，亦称南三所
	箭亭	雍正八年（1730 年）建
外朝西路	方略馆址	乾隆十四年（1749 年）建
内廷中路	保和殿后陛大石雕	乾隆时期重雕
	乾清宫	康熙八年（1669 年）、十九年（1680 年）重修
	交泰殿	康熙八年（1669 年）重修
	坤宁宫西暖殿	康熙三十六年（1697 年）建
	养性斋	乾隆十九年（1754 年）改建为转角楼
	景山官学址	乾隆年间大修
内廷东路	斋宫	雍正九年（1731 年）建
	惇本殿	康熙十八年（1679 年）建，乾隆五十九年（1794 年）为殿座前移而拆建
	毓庆宫	康熙十八年（1679 年）建，乾隆五十九年（1794 年）添建并重修
	奉先殿	康熙十八年（1679 年）、二十年（1681 年）、乾隆二年（1737 年）重修
	延禧宫	康熙二十五年（1686 年）重修
	永和宫	康熙二十五年（1686 年）重修、乾隆三十年（1765 年）修缮
	景阳宫	康熙二十五年（1686 年）重修
	乾东五所	乾隆三十九年（1774 年）重修

续表 1.2

区　域	建筑名称	重修、重建、新建时间
内廷外东路	九龙壁	乾隆三十六年（1771 年）烧造
	皇极殿	乾隆四十一年（1776 年）建
	宁寿宫	康熙二十八年（1689 年）在明仁寿殿、哕鸾宫基址上改建，乾隆三十七年（1772 年）改建宁寿宫区时，将其修葺后改为皇极殿，移宁寿宫匾于后殿
	养性门	乾隆三十七年（1772 年）建
	养性殿	乾隆三十七年（1772 年）建
	乐寿堂	乾隆三十七年（1772 年）建
	三友轩	乾隆三十九年（1774 年）建
	颐和轩	乾隆三十七年（1772 年）建
	景祺阁	乾隆三十七年（1772 年）建
	翠环亭	乾隆三十七年（1772 年）添建
	畅音阁	乾隆三十七年（1772 年）建
	阅是楼	乾隆三十七年（1772 年）建
	庆寿堂	乾隆三十七年（1772 年）建
	寻沿书屋	乾隆三十七年（1772 年）建
	景福门	乾隆三十七年（1772 年）建
	景福宫	康熙二十八年（1689 年）建，乾隆三十七年（1772 年）重建
	梵华楼	乾隆三十七年（1772 年）建
	佛日楼	乾隆三十七年（1772 年）建
	宁寿宫花园	乾隆三十七年（1772 年）添建
	贞顺门	乾隆三十七年（1772 年）添建
内廷西路	梅坞	乾隆三十九年（1774 年）添建
	体顺堂	雍正后稍有修葺
	永寿宫	康熙三十六年（1697 年）重修
	太极殿	康熙二十二年（1683 年）重修
	长春宫	康熙二十二年（1683 年）重修
	咸福宫	康熙二十二年（1683 年）重修
	重华宫	雍正五年（1727 年）弘历成婚居于此，登基后升为宫，屡经修葺、扩建、添建

续表 1.2

区　域	建筑名称	重修、重建、新建时间
内廷西路	翠云馆	乾隆三十六年（1771 年）重修
	建福门	乾隆初年随建福宫而建
	抚辰殿	乾隆七年（1742 年）建
	建福宫	乾隆七年（1742 年）建成
	建福宫花园	乾隆七年至二十三年（1742～1748 年）建
	雨花阁	乾隆十四年（1749 年）建
	雨花阁东西配楼	乾隆二十四年（1759 年）添建
	梵宗楼	乾隆三十三年（1768 年）建
	香云亭	乾隆十五年（1750 年）后添建
	淡远楼	乾隆三十六年（1771 年）改建
内廷外西路	慈宁宫	乾隆三十四年（1769 年）改建
	慈宁宫花园	乾隆三十四年（1769 年）改建
	咸若馆	乾隆九年（1744 年）大修，三十四年（1769 年）改建
	慈荫楼	乾隆三十年（1765 年）建
	含清斋	乾隆三十年（1765 年）建
	延寿堂	乾隆三十年（1765 年）建
	寿康宫	雍正十三年（1735 年）建，乾隆元年（1736 年）建成
	寿安宫	乾隆十六年（1751 年）修葺，二十六年（1761 年）重修
	寿安宫东西配楼	乾隆年间建
	英华殿碑亭	乾隆年间添建
	英华殿	乾隆三十六年（1771 年）重修
	城隍庙	雍正四年（1726 年）敕建

　　姜舜源在《论北京元明清三朝宫殿的继承与发展》一文中对顺康雍乾时期紫禁城的重修做了分析。根据他的分析，顺治、康熙两朝在修缮、修复原宫殿方面做了大量工作，尤以太和殿工程最多，顺治三年（1646 年）重建，康熙八年（1669 年）再建，十八年（1679 年）毁于火灾，二十八年（1689 年）重修。康熙二十二年（1683 年）、二十五年（1685 年）对东西六宫进行了一些庭院的改建。清代宫中大型工程首推外东路宁寿全宫的建设。康熙二十八年（1689 年），重建宁寿宫成，彼时新建的宁寿宫分前后殿，前殿悬匾，到乾隆三十六年（1771 年），未再大动。从乾隆三

十六年至四十一年（1771～1776 年），在宁寿宫区进行了大规模营建工程。在宁寿宫旧址建造了皇极殿，规制仿中路太和殿和乾清宫，而将原宁寿宫后殿改作宁寿宫，打乱了原先的格局，而分中、东、西路。中路以养性殿为正寝，向北依次为乐寿堂、颐和轩和景祺阁，东路以畅音阁、阅是楼打头，依次分别为寻沿书屋、庆寿堂建筑群、景福宫、梵华楼、佛日楼，西路为花园。①

另外，紫禁城的日常修补主要依靠岁修制度实现。每年雨季过后，内务府大臣组织相关人员对宫中各处渗漏情况进行查勘、修补。尽管如此，每年依然有多处渗漏。例如，乾隆十五年（1750 年），内务府大臣给皇帝上了一道折子，汇报乾隆十三年时（1748 年）岁修过、又渗漏的地方："查得乾隆十三年岁修过，今又渗漏：翊坤宫西角门外板房渗漏一处，景仁宫前院东西板房共渗漏四处，永和宫前殿抱厦天沟渗漏七处，承乾宫前殿抱厦东西二间渗漏九处，钟粹宫前殿东配殿渗漏一处，东西板房渗漏六处，咸福宫前殿东北角渗漏一处，启祥宫后殿渗漏二处，东西配殿俱有渗漏，毓庆功东西围房共渗漏三十三处，懋勤殿北里间渗漏一处，弘德殿天沟渗漏八处，凤彩门渗漏二处，净房渗漏一处，库房北里间渗漏一处，昭仁殿天沟渗漏二处，东暖殿永祥门渗漏六处，端则门后坡渗漏二处，基化门中脊渗漏一处，板院正房渗漏七处，日精门前后坡俱渗漏，御茶房明间渗漏一处，北里间渗漏一处，东三所西厢房渗漏二处，东四所后院西厢房北里间渗漏一处，东板房渗漏二处，西板房渗漏一处，板片糟坏，西耳房渗漏一处，后照房明间渗漏二处，东次间渗漏二处，东五所二层正房渗漏二处，后院正房渗漏十处，西厢房渗漏三处，板房俱有渗漏，祭神房板房天沟渗漏一处，上书房前檐渗漏一处，南果房前库五间渗漏，中库一间渗漏，后库二间渗漏，前后东西厢房俱渗漏，东耳房四间俱渗漏，以上共二十二处。"②

2. 避暑山庄

避暑山庄是康熙北巡围猎时沿途修建的行宫之一，也是中国现存最大的离宫型苑囿，康熙四十二年（1703 年）动工，康熙五十年（1711 年）主殿竣工，康熙御赐

---

① 于倬云：《紫禁城建筑研究与保护》，北京：紫禁城出版社，1995 年，第 89～90 页。
② 中国第一历史档案馆藏内务府奏案，"内务府大臣呈为宫殿各处房间渗漏清单"，乾隆十五年八月十五日，档号：05 - 0108 - 014。

"避暑山庄"称号。此行宫后成为清帝避暑颐养和从事政事活动的重要场所，乾隆时期对其进行了大规模的修缮与扩建，具体情况见下表：

表1.3　乾隆时期避暑山庄（图1.2）修缮、扩建情况一览表①

时　间	修缮、扩建情况
乾隆三十一年（1766年）	修建普宁寺大雄宝殿、清音阁、长虹饮练、双湖夹镜牌楼
乾隆三十二年（1767年）	旃檀林修建殿宇楼房
乾隆三十三年（1768年）	丽正门、珠源寺、安远庙、普度殿，补砌布达拉庙都罡殿墙洞，修建布达拉庙大红台、白台、文殊圣境黄塔台、千佛阁台
乾隆三十四年（1769年）	清音阁戏台添安抱柱、挖河道，阿穆胡郎图行宫改安夹堂敁
乾隆三十六年（1771年）	修缮溥仁寺、溥善寺、清音阁戏台地井砖帮
乾隆三十七年（1772年）	修布达拉庙四方亭、六方亭、八方亭，粘修热河路八处行宫殿宇以及旃阁殿宇房间，大宫门换安匾额，丽正门添建下马牌，狮子园法林寺楼上檐，西山添平安平台踏跺喀喇
乾隆四十一年（1776年）	加镀都罡殿铜鱼鳞瓦片、脊料、大顶
乾隆四十二年（1777年）	镀饰六方亭，八方亭上铜瓦
乾隆四十三年（1778年）	热河文庙右侧添建考棚一座，计十二间
乾隆四十六年（1781年）	新建须弥福寿之庙
乾隆四十七年（1782年）	拆修普佑寺都罡殿头停

---

① 秦国经、高焕婷：《乾隆时期皇宫苑囿的修建》，《中国紫禁城学会论文集（第二辑）》，紫禁城出版社，1997年，第255～256页。

时　间	修缮、扩建情况
乾隆五十四年 （1789 年）	修理热河南北两路行宫
乾隆五十五年 （1790 年）	修理普乐寺、安远庙、关帝庙、药王庙、德汇门等庙殿宇房间头停
乾隆五十九年 （1794 年）	修缮热河南北两路行宫

图 1.2　冷枚避暑山庄图轴

（二）庙宇、道观

康乾时期敕修了大量的庙宇道观，基本上覆盖了名山大川的主要寺庙道观。以北京地区为例，北京现存的寺庙居全国城市之首，汇集了从晋代起历朝历代所建的寺庙。根据《北京寺庙历史资料》《旧都文物略》中的资料，笔者整理康乾时期北京寺庙修缮情况，具体见下表：

表 1.4　康乾时期北京寺庙重修一览表①

名　称	位　置	初建时间	重修时间
黄寺	安定门外西北四里	顺治初年	康熙年间
净因寺	法通寺胡同	元	康熙年间
兴国寺	西郊双榆树	明	康熙年间
慈善寺	西郊双泉寺	明	康熙年间
长椿寺	下斜街	明万历	康熙年间
三教庵关帝庙	秦老胡同	明	康熙年间
天仙庙	西郊北下关	明万历	康熙年间
玄圣观	西郊西直门北下关	—	康熙年间
关公庙	宣武门大街	明	康熙年间
关王庙	南郊楼梓庄	明末	康熙年间
二郎庙	灯市口	明嘉靖	康熙年间
双土地庙	庆丰闸前街	明	康熙元年（1662 年）、五十一年（1712 年）
三元庵	东郊三元庵	失考	康熙二年（1663 年）
古刹佑圣禅林	甘水桥大街	唐咸通	康熙六年（1667 年）
关帝庙	南郊左安	明天启	康熙八年（1669 年）
崇宁观	隆福寺孙家坑	明	康熙九年（1670 年）
长安寺	西郊四平台	明弘治十七年（1505 年）	康熙十年（1671 年）
真武庙	北郊安定门外安定门箭楼前	元	康熙十二年（1673 年）
大慈寺	前外草厂三条	失考	康熙十五年（1676 年）
嘉兴寺	地安门外以西皇城根	明	康熙十九年（1680 年）
弥勒庵	旋马上湾	明万历	康熙二十八年（1689 年）

---

① 北京市档案馆：《北京寺庙历史资料》，北京：中国档案出版社，1997 年；汤用彬、陈声聪、彭一卣编著，钟少华点校：《旧都文物略》，北京：华文出版社，2003 年。

名　称	位年置	初建时间	重修时间
关帝庙	留学路	失考	康熙三十年（1691年）
牛街清真寺	牛街	北宋	康熙三十五年（1696年）
玉皇阁	旧鼓楼大街	—	康熙四十年（1701年）
万寿关帝庙	西河沿	明	康熙四十一年（1702年）
三元寺	下头条	明	康熙四十八年（1709年）
关帝庙	西郊双关帝庙	明	康熙四十九年（1710年）
九天庙	南郊广安门外	明	康熙五十年（1711年）
大悲寺	西郊八里庄街	明万历	康熙五十五年（1716年）
五门庙	护国寺东廊巷	—	康熙六十一年（1722年）
关帝庙	花市中四条	明	雍正年间
关王庙	圣庙胡同	明	雍正年间
菩萨庙	东郊菩萨庙	明崇祯	雍正年间
鲁班庙	西郊海甸	失考	雍正年间
天缘寺	西郊三里河村	明嘉靖	雍正八年（1730年）
十方普觉寺	西郊北沟村	唐	雍正十二年（1734年）
敕建拈花寺	大石桥胡同	明万历九年（1581年）	雍正十二年（1734年）
广通寺	西郊北下关	明嘉靖三十九年（1560年）	雍正十三年（1735年）
都城隍庙	西城南闹市口成方街	元至元四年（1267年）	雍正乾隆年间屡次发帑金修建
观音将军庙	北郊骚子营村	失考	乾隆五年（1740年）
弥勒庵	弥勒庵	明万历三十八年（1610年）	乾隆十五年（1750年）
关帝鲁班庙	西郊西直门外高亮桥北下关	清康熙	乾隆十六年（1751年）
三藐庵	广安门外	失考	乾隆十七年（1752年）
报国慈仁寺	广安门内大街北	辽	乾隆十九年（1754年）
关帝庙	三眼井	明	乾隆二十一年（1756年）、四十二年（1777年）

名称	位置	初建时间	重修时间
雷音寺	前门外北芦草园	明	乾隆二十二年（1757 年）
菩萨殿	北郊德胜门外冰窖口	失考	乾隆二十二年（1757 年）
柏林寺	北新桥以北	元至正七年（1347）	乾隆二十三年（1758 年）
观音寺	西郊蔡公庄	明成化二十二年（1486 年）	乾隆二十三年（1758 年）
慈明寺	西郊阜成门外北礼士路	失考	乾隆二十四年（1759 年）
三山庵	西郊四平台	唐	乾隆二十八年（1763 年）
火神庙	西郊阜成门外	失考	乾隆二十九年（1764 年）
兴隆寺	北郊安和桥	—	乾隆二十九年（1764 年）
大保安寺	保安寺街	明嘉靖二年（1523 年）	乾隆三十年（1765 年）
关帝庙	骑河楼	明	乾隆三十四年（1769 年）
太平庵	西郊白家疃	明	乾隆三十七年（1772 年）
关帝庙	下头条	失考	乾隆三十九年（1774 年）
土地庙	土地庙胡同	明万历	乾隆四十年（1775 年）
关帝庙	沙滩	明代	乾隆四十二年（1777 年）
吉庆寺	西郊三贝子花园	明万历四十五年（1617 年）	乾隆四十三年（1778 年）
显应观	西斜街	明嘉靖四十二年（1563 年）	乾隆四十四年（1779 年）
护国紫竹禅林	菠萝仓	失考	乾隆四十六年（1781 年）
关帝庙	东郊东直门外驼房营村	失考	乾隆五十三年（1788 年）
普济寺	东郊石佛营村	明	乾隆五十四年（1789 年）
关帝庙	南郊小井村	明	乾隆五十六年（1791 年）
关帝庙	南郊羊房村	明正德九年（1499 年）	乾隆五十七年（1792 年）
关帝庙	西郊双关帝庙	明代	乾隆五十七年（1792 年）
关帝庙	东郊观音堂村	失考	乾隆五十九年（1794 年）
慧光寺	东郊六里屯中街	—	乾隆五十九年（1794 年）
崇惠寺	东郊观音堂村	失考	乾隆六十年（1795 年）

续表 1.4

名称	位置	初建时间	重修时间
真武庙	德胜门内德胜桥北河沿	唐	乾隆年间
香界寺	西郊四平台	唐　敕建	乾隆年间
宝珠洞	西郊四平台	唐　敕建	乾隆年间
善果寺	广安门内	唐　赐建	乾隆年间
佛光寺	北郊安定门外	明	乾隆年间
海会寺	东郊南营房东门	明永乐	乾隆年间
马灵官庙	羊房胡同	失考	乾隆年间
皂君庙	虎坊路	失考	乾隆年间
关帝庙	南郊马官营村	明弘治十三年 （1501 年）	乾隆年间
卧佛寺	广渠门内	明万历	乾隆年间
承恩寺	承恩寺胡同	明万历	乾隆年间
慈恩寺	北郊青龙桥	明	乾隆年间
五显财神庙	南郊六里桥	明	乾隆年间
天仙宫	东郊娘娘庙街	明万历	乾隆年间
太岁庙	九道湾	明	乾隆年间
通惠河神祠	东郊高碑店村	——	乾隆年间
古迹城隍庙	西郊阜成门外大街	清康熙	乾隆年间
太清观	北郊大屯村	失考	乾隆年间
东岳庙	朝阳门外二里	元	乾隆年间

注：表中"——"代表原文献中没有说明。

（三）陵　寝

康乾时期对全国各地古昔帝王陵寝及先贤、烈士坟墓进行了修葺。其中，修缮次数多、规模大的当属明十三陵。胡汉生先生认为，顺康雍三朝对明十三陵仅仅是进行了一般性的保护，修葺则没有真正落实。而乾隆朝则曾对明十三陵进行过较大规模的修葺。乾隆朝对明十三陵的修葺有两次，一次是乾隆十一年（1786 年）修葺明思陵，一次是乾隆五十年至五十二年（1785 ~ 1787 年）全面修葺十三陵。他根据清宫档案，整理出了乾隆五十年（1785 年），明十三陵的宫门（祾恩门）、享殿（祾恩殿）、明楼、神功圣德碑亭、永思二陵配殿、定思二陵宝城墙、神路大红门、龙凤门等多处被修葺。同时考察了档案中没有记载的修葺情况：

第一，献、景、裕、茂、泰、康、昭、庆、德等九陵方城下的券门全部用墙封堵，内填修陵遗弃的残废砖料等物。方城右侧则各增设了一道由宝城前上登方城的石僜擦。

第二，按原制修葺了长陵陵内碑亭（位于第一进院落）、思陵陵前碑亭，以及长陵陵门和永、定二陵的重门。

第三，修葺了献、景、裕、茂、泰、康、昭、庆、德等九陵享殿后的琉璃花门。

第四，修葺了各陵的神帛炉。

第五，修葺了长、献、景、裕、茂、泰、康、永、昭、定、庆、德等十二陵石几筵前的两柱牌楼门。

拆除清理了长、献、景、裕、茂、泰、康、昭、定、庆、德等十一陵配殿和各陵的宰牲亭、神厨、神库、朝房、祠祭署等陵园附属建筑的墙垣。[①]

二　清宫收藏

故宫博物院的《天府永藏》展览展示了故宫博物院收藏的清宫旧藏皇室文物和文化生活用品，在此基础上宫廷历史部许静撰文《清代宫廷对传世文物的整理概述》[②]，系统地介绍了故宫博物院关于康乾时期的典藏文物，本节内容采用了该文的分类与整理数据。

（一）传世书画

长期以来，书画作品在皇家收藏中占有重要地位，康雍乾三位皇帝均爱好书画收藏，以乾隆时期为最盛。不仅仅收藏，皇帝还组织大臣对这些收藏进行鉴赏与著录。康熙四十七年（1708 年），皇帝命礼部侍郎孙岳颂等人编撰《佩文斋书画谱》，包括论书论画 18 卷，历代帝王书画 3 卷，书家画家传 37 卷，无名氏书画 8 卷，御制书画跋 1 卷，历代帝王书画跋 2 卷，历代书画跋 18 卷，书画辨证 3 卷，历代鉴藏 10

① 胡汉生：《清乾隆年间修葺明十三陵遗址考证——兼论各陵明楼、殿房原有形制》，《建筑历史与理论》（第五辑），北京：中国建筑工业出版社，1997 年，第 42 页。
② 该文被收录于故宫博物院：《清宫收藏与鉴赏》，北京：故宫出版社，2012 年。

卷。"凡书画之源流、古今工于此者之姓氏、以至文人之题跋、历代之鉴藏悉备考而慎其择，亦可谓详尽矣。"①

乾隆八年（1743年），张照等人奉旨将内府所藏释典、道教方面的书画作品编录成书，名为《秘殿珠林》，共24卷，记载了三朝宸翰、皇上御笔、历代名人书画、臣工书画、石刻木刻经典语录科仪及供奉经像等内容。每件作品分别标注收藏处所。随着内府书画藏品的迅速增长，乾隆皇帝又命令编纂《秘殿珠林》续编，嘉庆时期又纂修了《秘殿珠林》三编。《秘殿珠林》前后三编，著录了清宫收藏自晋唐至清代书画中佛、道教题材的作品，内容详细，精于考证，为后世研究者提供了良好的资料。

与此同时，另一书画著录作品《石渠宝笈》诞生。《石渠宝笈》始编于乾隆九年（1744年），次年完成，共44卷，收录的是内府中《秘殿珠林》之外的书画作品，包括唐宋以来的历代书法、绘画、碑帖、缂丝等。以贮藏殿阁依次提纲，以书册、画册、书画合册、书卷、画卷、书画合卷、书轴、画轴、书画合轴分列条目，其箋素、尺寸、印记、姓名、赋咏、跋识与奉有御题、御玺者皆一一详列。

《秘殿珠林》与《石渠宝笈》整理、鉴定了清初至嘉庆年间内府所藏的上万件书画珍品，是清代宫廷收藏书画作品的总结，是中国书画收藏史上的巨观（图1.3）。

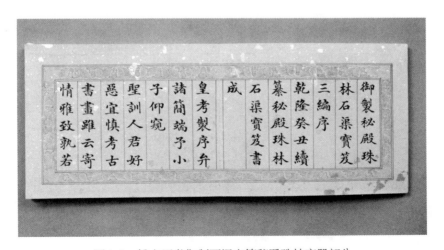

图1.3　姚文田书御制石渠宝笈秘殿珠林序册部分

---

① ［清］孙岳颂等：《佩文斋书画谱》御制序，乾隆内府刻本。

（二）历代法帖

康熙、乾隆年间，内廷镌刻了 70 多种古代法帖。康熙二十九年（1690 年），康熙皇帝下令刻《懋勤殿法帖》，该法帖收录的是内府所藏旧拓与名人墨迹，包括历代帝王与名人法书，以及康熙的御临、御笔法书等。乾隆皇帝命人将《石渠宝笈》中存于三希堂内及内府所藏魏晋以来至明末诸家真迹中优者编次、勾摹上石，命人镌刻而成《三希堂法帖》。继《三希堂法帖》之后，乾隆皇帝再次命人从《石渠宝笈》中选取名人墨迹优者，勾摹勒石，形成《墨妙轩法帖》，乾隆皇帝将其定为《三希堂法帖》之续。《淳化阁帖》（图 1.4）刻于北宋淳化三年（992 年），是宋太宗命人甄选了秘阁所藏历代名家书法而编刻，是我国流传至今摹刻最早的一部丛帖，主要收录了唐以前书法作品。有着嗜古情怀的乾隆皇帝下令重刻《淳化阁帖》，乾隆三十五年（1790 年）开始，三十七年（1792 年）告竣，"七百余年之名迹重复旧观，而精

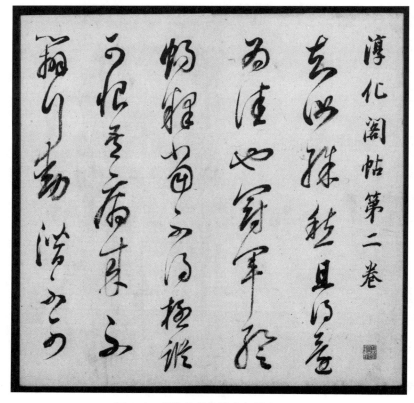

图 1.4　董其昌书临淳化阁帖册一页

核则盛于曩昔".①《快雪堂帖》由明清之际冯铨所辑、刘光旸摹刻，时任福建总督杨景素购得该石刻，于乾隆四十四年（1779 年）呈进内府。乾隆皇帝仿淳化轩之例在北海北岸建快雪堂，将石刻嵌于廊内，将其中数块木板重新勒石。同年，乾隆皇帝将王羲之《兰亭序》八个摹本真迹摹刻于八个石柱上，名曰《兰亭八柱帖》。

（三）金石著录

金石著录主要指的是对收藏的青铜器的考证与整理。青铜器代表了礼治的文化传统，对青铜器进行保护，不仅仅是个人爱好，更是对礼治的维护与传承。康乾三朝的金石著录最具代表性的是乾隆朝的"西清四鉴"，它由《西清古鉴》、《西清续鉴》甲编、乙编、《宁寿鉴古》等四个著录构成，收录了内府所藏的 4000 多件青铜器。乾隆十四年（1749 年），梁诗正等人奉旨编纂《西清古鉴》，共 40 卷，基本上是仿照宋代《宣和博古图》，将内府所藏的古鼎、尊、彝、罍等青铜器绘制器形、款识，援据经典，加以考证。乾隆五十八年（1793 年），王杰等奉敕撰《西清续鉴》甲编，随后又完成了《西清续鉴》乙编。除此之外，乾隆年间还编纂了《宁寿鉴古》，编纂体例仿照《西清古鉴》，收录了 700 余件青铜器。

除了青铜器，乾隆皇帝重视古钱币的收录整理工作，命人编撰《钱录》，共 16 卷，收录了内府所藏的历代古钱，上自伏羲氏昊钱，下至明崇祯通宝，还包括好多外域钱币。

砚台等瓦石也为皇帝所喜欢，乾隆皇帝命令于敏中等人编纂《西清砚谱》，24 卷，收录了汉代至清代瓦石之属砚 200 方，464 幅图，附了松花、紫金、驼基、红丝诸品及仿制澄泥各类砚 41 方，108 幅图。

（四）历史典籍

清宫典籍收藏非常丰富，主要完成于康乾时期，其中乾隆四十年（1775 年）前后达到顶峰，总数达十万部之多，成为中国历史上皇家藏书最多的时期。杨玉良将这个时期的藏书归纳为五个特点：一是囊括了自宋迄清五个朝代的传世善本，足以系统反映我国古籍图书发展的历史面貌；二是荟萃了许多极其罕见的宋元各代的孤本，其中不少是历史上流传有绪、著名收藏家所藏的珍品；三是集中了一大批精本和旧本书籍，成为当时校勘、考证各种版本的重要实物资料；四是这些古籍大都装

---

① 《钦定重刻淳化阁帖释文》跋，乾隆武英殿聚珍本。

潢考究，技艺精湛，华丽无比。有的保留着原有的风貌，有的则经过宫中重新装潢而具有宫廷特色，是研究我国古籍装潢艺术发展史的宝贵资料；五是这些图书到了清宫之后，经过多次鉴别后选出的善本，分别庋藏在紫禁城各处，供皇帝随时览赏，有的还留有皇帝的亲笔批校和题识。①

以"天禄琳琅"藏书为例，乾隆九年（1744 年），乾隆皇帝命内廷翰林检阅内府藏书，选取其中的宋元明善本置于昭仁殿，列架庋藏，亲题匾联"天禄琳琅"，悬于殿内。"天禄琳琅"藏书收录了许多世间珍宝的孤本、秘籍，还对这些善本进行审校与装潢，是清宫藏善本书中的精华。三十年后，因宫内所藏秘笈珍函日益繁多，又加上因编修《四库全书》而广求天下遗书，导致昭仁殿藏书颇具规模。乾隆四十年（1775 年），乾隆皇帝命于敏中等人将"天禄琳琅"典籍重加整比，以经史子集为纲，以宋金元明刊版朝代为次，编成《天禄琳琅书目》，共 10 卷，收书 429 部。该书目着重研究各书刊印流传的时代、学术鉴赏的源流、收藏家生平事略及藏书印记真伪等，是不同于前代的内府书目。后人对此给予很高评价，被誉为清代目录书中的典范。

（五）宫廷收藏途径

1. 进贡

进贡是皇帝获得文物的主要途径之一（图 1.5、1.6）。清代的进贡，根据进贡者的身份可以分为地方衙门进贡、臣工进贡以及藩国、属国、外国的朝贡。根据进贡的是否固定，可以分为例贡和非例贡。例贡就是按惯例进贡，比如年贡、端阳贡、万寿贡。非例贡就是超出常例的进贡，比如迎銮贡、谢恩贡、茶贡、果贡、灯贡等，它的一个特点是可以随时进贡。贡品有各种各样的，有各地区的土特产，即任土作贡，比如外藩蒙古进贡马匹，飞牙喀进贡貂皮，四川进贡扇柄，湖广进贡鱼鲊等等。有古玩字画、金银珠宝等，比如，康熙四十年（1701 年），皇太后六裹圣寿的礼物中有通天犀、珍珠、汉玉、玛瑙、雕漆、官窑等古玩珠宝以及宋元明画册卷②。

古董字画是官员进献皇帝的重要物品，特别是地方督抚、织造官员进献尤为多，康熙十七（1678 年），时任江宁织造理事官曹玺给康熙的一次进贡清单中的古玩字画为：宣德翎毛一轴、吕纪九思图一轴、王齐翰高闲图一轴、朱锐关山车马图一轴、

---

① 杨玉良：《武英殿修书处及内府修书各馆》，《故宫博物院院刊》1990 年第 1 期。

② 《清圣祖实录》卷二百零一，康熙三十九年九月辛酉。

赵修禄天闲图一轴、董其昌字一轴、赵伯驹仙山逸趣图一卷、李公麟周游图一卷、沈周山水一卷、归去来图一卷、黄庭坚字一卷、淳化合帖二套、汉垂环尊一座、汉茄袋瓶一座、秦镜一面、宋瓷菱花瓶一座、哥窑花插一座、定窑水注一个、汉玉笔架一座、汉玉镇纸一方。

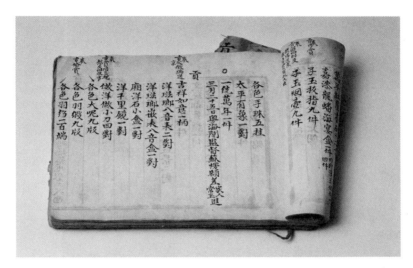

图1.5　宫中贡档乾隆五十九年三月的一份贡单

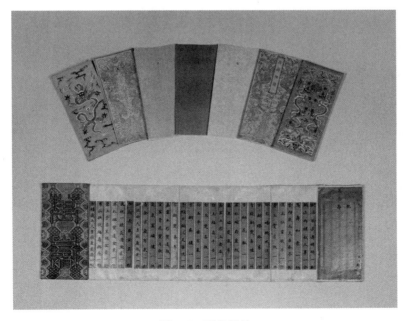

图1.6　万寿贡单

皇帝虽然对贡品喜出望外，但基于政治上的考量，也曾禁止过进贡。顺治八年（1651 年）下令不许进贡："进献礼物，出自民间，有司以此进奉，于理不合，今后永不许进。"① 康熙五十岁生日时，正好在南河巡视，诸王贝勒、官员进献鞍马缎疋等物，康熙皇帝发布上谕："朕之诞辰，尔等如此进献，在外督抚亦必效之，朕必不受。朕素嗜文学，尔诸臣有以诗文献者，朕当留览焉。"② 雍正皇帝登极后的最初三年禁止大臣进贡，并于整个在位期间屡次下诏不准诸王贝勒、地方官员进献方物。乾隆皇帝登极之初也是禁止大臣进贡，"其各省照例进朕之物，概行停止，虽食物果品，亦不许进。俟三年之后，候朕再降谕旨。"③ 乾隆三年（1738 年），停止督抚进贡。

对于为什么要禁止大臣进贡，或者进贡的危害，雍正皇帝、乾隆皇帝都说得非常明白，概括起来，不外乎以下三种原因：

一是加重民众负担。乾隆皇帝曾不止一次地说过地方督抚进贡必然加重民众负担：

> 朕多受一次贡献，即诸臣多费一次经营，诸臣多费一次经营，即百姓多费一次供应，朕实不忍以无益之方物，重烦吾民也。④

> 且朕现在谕令督抚等，毋得收受属员土仪，诚以督抚取之属吏，属吏未必不取之民间。目前所受虽微，久之必滋流弊，若进贡方物，虽云督抚自行制办，而辗转购买，岂能无累间阎。⑤

二是引发奢靡之风。雍正五年（1727 年）端午节，看到织造等衙门进献的物件过于华丽，雍正皇帝下旨禁止奢侈，要求进献物品不得过于奢华：

> 近因端阳令节，外间所进香囊宫扇中，有装饰华丽、雕刻精工者，此皆开风俗奢侈之端，朕所深恶而不取也……凡外臣进献，惟应量加工价，少异于市

---

① 《清世祖实录》卷五十六，顺治八年四月庚戌。
② 《清圣祖实录》卷二百一十一，康熙四十二年正月壬子。
③ 《清高宗实录》卷二，雍正十三年九月壬寅。
④ 《清高宗实录》卷四，雍正十三年十月丁卯。
⑤ 《清高宗实录》卷六十六，乾隆三年四月甲申。

肆之物，即可见恭敬之忱，何必过于工巧……盖治天下之道，莫要于厚风俗，而厚风俗之道，必当崇俭而去奢。若诸臣以奢为尚，又何以训民俭乎……朕深揆人情物理之源，知奢俭一端，关系民生风俗者至大，故欲中外臣民，黜奢贱末，专力于本，人人自厚其生，自正其德，则天下共享太平之乐矣。①

雍正十二年（1734 年），鉴于广东进献的象牙席过于奢侈，下旨禁止进献：

> 从前广东曾进象牙席，朕甚不取，以为不过偶然之进献，未降谕上日切戒。今则献者日多，大非朕意，夫以象牙编织为器，或如团扇之类，其体尚小，今制为座蓆，则取材甚多，倍费人工，开奢靡之端矣。著传谕广东督抚，若广东工匠为此，则禁其毋得再制，若从海洋而来，从此屏弃勿买，则制造之风，自然止息矣。②

乾隆五十二年（1787 年），两淮盐政征瑞于节贡内呈进雕漆镶嵌花卉壁屏二对，屏上皆嵌真珠。乾隆皇帝认为此物非常奢华，将其退还："此等壁屏，不过豫备令节陈设之用，何必过事奢华……除将壁屏掷还外，仍传旨严行申饬。"③

三是整顿吏治。禁止进贡，意在避免上行下效，竞相攀比，勒索属员。雍正五十岁生日时，各省督抚欲要进献珍奇宝物，被雍正皇帝拒绝，并以废太子搜刮珍宝之事为前车之鉴，强调"行一利民之政，胜于献希世之珍也。荐一可用之才，胜于贡连城之宝也。"④ 针对各省督抚在进献本地区特产之外，仍进献古玩的现象，雍正皇帝再下旨禁止进献古玩，尤其是不得借此向属员勒索：

> 今各省督抚中，尚有未能深体朕心，于土产之外，复以器玩进献者。朕思督抚职任封疆，用度繁多，特为筹画养廉之项，原以供其日用要务之需，安能尚有余资，购求古玩？傥在己不能购求，转向属员索取，尤为不可……傥或仍有进献古玩者，则并其方物土宜，亦行摈却。⑤

---

① 《清世宗实录》卷五十七，雍正五年五月乙未。
② 《清世宗实录》卷一百四十二，雍正十二年四月庚午。
③ 《清高宗实录》卷一千二百七十九，乾隆五十二年四月丙辰。
④ 《清世宗实录》卷五十五，雍正五年三月乙酉。
⑤ 《清世宗实录》卷七十五，雍正六年十一月己酉。

鉴于地方官员采办贡品中的低价强买、假公济私、贿赂等行为，雍正十三年（1735 年），雍正皇帝下令将各省进贡数量减半：

> 近朕访闻福建采买柑果，有短价累地方官民之处，则与君臣联接之本怀，大相违背，朕岂肯为此无益之仪文，而令承办之微员，贸易之百姓，或受扰累哉，以贡物而累及闾阎，万万不可，即或交与属员代办，而价值不敷，令其暗中赔补，是又假公济私，收受贿赂之巧术也，似此食用微物，朕发价市买，何所不得，岂肯丝毫累及地方，可通行晓谕督抚等，自接奉此上日为始，著将从前贡物之数，再减一半，倘仍蹈旧辙，朕必将各省贡献之例，全行禁止。①

需要注意的是，并非禁止所有官员的所有进贡。雍正四年（1726 年）颁发谕旨，京外的大臣可以进献，而且公开进献之物。京内的大臣则一概不准进献，并将当年的杨名时、李绂、何世璂、甘汝来等京外官员的进贡名单在大臣们中公开传阅、讨论。乾隆三年（1738 年），禁止地方督抚进贡，海关织造盐务等部门官员仍进贡。"惟织造、关差、盐差等官进贡物件，向系动用公项制买，以备赏赐之用，与百姓无涉，不在禁例。其督抚等有牧民之责者，概行停止贡献。"② 后来地方督抚虽然可以进贡，不得进镶金嵌珠的物品。比如，乾隆五十二年（1787 年），图萨布呈进的贡物内有镶金嵌珠等物，被退回。③

在皇帝禁止进贡的过程中，有个事件值得注意，即查嗣庭日记事件。查嗣庭在日记中记载了给皇帝的进献物品。雍正四年（1726 年）给内阁发布的谕旨中提到：

> 乃查嗣庭私编日记，讥讪朝政，而于赏赐进献之物，则以无为有，以少为多，将来散布流传，必致人议论……即如杨名时、李绂、何世璂、甘汝来等所进之物奏单，现在李绂、甘汝来又因不收，再三奏恳。观其所献，俱堪一笑，此亦非伊等今日所进，偶涉菲薄，乃向日之例，大率皆然。我圣祖仁皇帝六十余年，诸臣进献之物，不过如此，天下人所共知者。蒙圣祖宽大包涵之度，鉴

---

① 《清世宗实录》卷一百五十七，雍正十三年六月辛卯。

② 《清高宗实录》卷六十六，乾隆三年四月甲申。

③ 《清高宗实录》卷一千二百八十五，乾隆五十二年七月癸未。

其微忱，不遗葑菲，所收率多笔墨笺纸书册之类，恩谊可谓至矣。假若有悖逆狂妄如查嗣庭之诬妄记载者，六十余年之久，又不知如何讹言也，不几以圣祖临下之弘仁，而反启佥壬之訾议乎。朕事事率由旧章，祗因查嗣庭之妄行讪谤，是以有禁止汉官进献之旨。①

后来这一谕旨为乾隆皇帝所看到，对查嗣庭的行为也很愤怒："而逆犯查嗣庭日记，有进砚头瓶湖笔一事，形诸记载，可见人心险薄，何所不至。"② 联系到自己四十岁生日时，臣工们于方贡之外还进献了古玩书画，恐有人如查嗣庭那样记录下来，于是禁止臣工以后进献古玩字画等。

在皇室的收藏中，除了各级官吏的进贡，商人的进贡也是重要组成部分。

乾隆十年（1745 年），山西一位承办铸铜业务的商人通过山西巡抚阿里衮向乾隆皇帝进贡了十八件古玩玉器。"上年晋省议开鼓铸招商办铜处原任总河刘勷长子刘光晟具呈，情愿采办洋铜，经臣奏准充商在案，今于六月十八日据刘光晟禀称，光晟世受国恩，未由报效，即今承办洋铜，不过犬马微劳，而草莽葵忱，未尽涓埃，今欣逢皇上万寿圣节，谨备古玩玉器一十八件恭进，因无由上达，恳请代为转奏。"③

中国第一历史档案馆收藏了一件乾隆三十四年（1769 年）两淮盐商进贡玉器古玩恳请免开价值事的档案，该档案记载了乾隆三十四年（1769 年），两淮盐商除了例行的常贡之外，还进贡玉器古玩，乾隆皇帝要求他们列出价值，准备支付价钱，盐商们恳请皇帝免开价值："商等受皇上天高地厚之深恩，丝毫无由仰报，去年恭进些微之件，系属已办之事，若再开价具领，则是无有人心，跪求之次，至于感激涕零。"④ 面对如此之恳切陈情，乾隆皇帝依然坚持要开价报销。从该档案可以看出，商人给皇帝进贡古玩珍宝已是常事了。

清实录记载了乾隆五十六年（1791 年）的一道谕旨："本日江兰呈进贡件，向

① 《清世宗实录》卷五十一，雍正四年十二月癸未。

② 《清高宗实录》卷四百八十二，乾隆二十年二月丙午。

③ 中国第一历史档案馆藏宫中档案朱批奏折，"奏为欣逢万寿圣节刘光晟谨备古玩玉器恭进转奏事"，乾隆十年七月初三日，档号：04 - 01 - 14 - 0011 - 017。

④ 中国第一历史档案馆藏宫中档案朱批奏折，"奏为两淮众商恭进玉器古玩恳请免开价值事"，乾隆三十四年六月十七日，档号：04 - 01 - 14 - 0035 - 071。

来两司从无进贡之例，亦不准奏事处接收。江兰本系两淮商籍，伊父在日，曾备贡件，经军机处大臣代奏，酌量赏收，原不在两司之例。"① 从该谕旨中得知，两淮商人曾向乾隆皇帝进贡，并且这种进贡违背了条例的规定。

实际上，负有向皇帝进贡义务的官员经常把购买贡品所需费用摊派到商人，由商人支付。以广东省为例，乾隆二十四年（1759 年）设立总商以后，督抚公开派商人私捐公费。"历任总督，俱用银自三万余两，至五六万两不等。"② 杨景素任两广总督时摊派非常多，"在任未及一年，竟倍用至六万余两之多"③，以至于乾隆皇帝都认为其"借端勒索，侵贪入己，更出情理之外"④。

2. 抄没

抄没是皇帝获得珍惜古玩、字画的另一途径。康熙皇帝以罚没方式，收缴索额图、明珠藏品。雍正皇帝下令抄年羹尧家，得到大批珍贵书画。乾隆朝的抄家、收缴案例更多。雍正、乾隆年间的朝廷重臣、乾隆皇帝的师傅张廷玉也不能免于抄家。乾隆皇帝在位的前十余年的时间里，张廷玉与乾隆皇帝之间的关系总有些磕磕碰碰，张廷玉并未受到像雍正皇帝那样的倚重与信任，反而因在朝中势大而成为乾隆皇帝打击、猜忌的对象，特别是在他的同朝老臣鄂尔泰去世后，张廷玉成为乾隆皇帝的头号打击对象，这个一生谨慎、如履薄冰的老臣于乾隆十五年（1750 年）被抄家，当时抄家的名义是其儿女亲家——朱荃犯案，乾隆皇帝命令收回康熙皇帝、雍正皇帝以及自己对张廷玉的一切赏赐，收缴的物品中有古玩字画，具体见下表：

表 1.5　乾隆十五年（1750 年）抄没张廷玉古玩书画什物清册⑤

类　别	名　称	数　量
书籍	宋版汉书	20 套
	宋版唐书	20 套

① 《清高宗实录》卷一千三百七十四，乾隆五十六年三月甲申。

② 《清高宗实录》卷一千二百，乾隆四十九年三月戊子。

③ 《清高宗实录》卷一千二百，乾隆四十九年三月戊子。

④ 《清高宗实录》卷一千二百，乾隆四十九年三月戊子。

⑤ 中国第一历史档案馆藏内务府奏案，"江南分巡安徽宁池太广道造送大学士张廷玉恭缴古玩书画什物各件清册"，乾隆十五年一月，档号：05 - 0109 - 041。

续表 1.5

类　别	名　称	数　量
字画	唐庐楞迦罗汉	各 1 轴
	唐李成雪景	
	唐李仙山楼阁图	
	宋李伯时姑射仙人图	
	宋人平畴呼犊图	
	宋范宽帝城春树图	
	元赵孟𫖯竹石双喜图	
	元唐棣烟波渔乐图	
	元王若水桃花春禽图	
	元李衍竹石图	
	元倪瓒平林远岫图	
	明沈周临王蒙松阴高士图	
	明王问山水	
	明吕纪古木栖鸦图	
	明陈道复牡丹	
	明文徵明秋林霁景图	
	明文徵明行书	
	明董其昌颜书	
	明唐寅秋林读书图	
	王翚柳塘高士图	
	恽寿平雪蕉图	
	恽寿平岁寒三友图	
	恽向秋树苑亭图	
	元赵孟𫖯临王羲之帖手卷	
	王原祁画册	1 本
	王翚恽寿平画册	1 本
玉石	汉玉大圆章	2 方
	汉玉圆章	1 方
	汉玉小圆章	2 方
	汉玉圆章	2 方

类　别	名　　称	数　量
玉石	青田洞石圆章	1 方
	汉玉猴马笔床	1 架
	汉玉桐叶笔洗	1 具
	汉玉朝带全副	20 块
	汉玉海螺水盛	1 具
	汉玉玩器	八件
	汉玉小花插	1 枝
	汉玉莲花尊	1 枝
	汉玉犀牛镇纸	1 具
	汉玉笔搁	1 架
	汉玉小墨床	1 架
	汉玉水壶	1 具
	汉玉拂尘	2 个
	汉玉小花插	1 枝
	汉玉带圈	3 件
	汉玉绦环	1 对
	汉玉扇器	2 件
	脂玉莲叶笔洗	1 具
	旧玉花插	1 枝
	旧玉花瓶	1 座
	旧玉夔龙尊	1 枝
	白玉花尊	1 枝
	白玉提梁酉	1 具
	白玉荷叶笔洗	1 具
	白玉蟾蜍	1 具
	白玉小磬	1 座
	白玉小琴盒	1 个
	白玉带钩	1 副

续表 1.5

类　别	名　称	数　量
玉石	白玉墨床	1 具
	白玉连环	1 对
	白玉玩器	4 件
	白玉水盛	1 具
	宋玛瑙笔洗	1 具
	宋玛瑙笔洗	1 具
	大红宝石	1 颗
	大红次号宝石	1 颗
	碧牙犀素珠	1 盘
	碧玉素珠	1 盘
	端砚	1 方
瓷器	哥窑笔洗	1 具
	哥窑水盛	1 具
	宣窑葵花水盛	1 具
	嘉窑花插	1 枝
	嘉窑笔洗	1 具
铜器	古铜凤仪尊	1 座
	汉铜小彝炉	1 具
	古铜笔洗	1 具
	古铜釜鼎	1 座
	古铜花鼎	1 座

乾隆二十二年（1757 年），云贵总督恒文因贪腐被抄没财产，从其任所中抄得大量的珍宝古玩，其中古玩有：汉玉松鸾花插等项玩器五十一件，约估银一千九百四十三两，周壶商尊等类古玩铜器十四件，约估银六百四十八两，钧窑瓶等类古窑瓷器六件，约估银六十两，册页六副、手卷二匣、画一轴，石玉砚五块，约估银一百五十六两①。

---

① 中国第一历史档案馆藏军机处录附奏折，"奏为恒文任所财产变价事"，乾隆二十二年七月七日，档号：03-1293-018。

乾隆三十三年（1768 年），山西巡抚苏尔德奉旨在原任河东盐政达色的任所抄没了大量的古玩玉器，乾隆皇帝下旨将玉器古玩等收入内府，"其玉器古玩衣服等项，俱著留内"。① 清单中的古玩如下：

> 青花白瓷炉一件（系玻璃）、定窑水盛一件、官窑花尊一件（随乌木座花梨木匣）、定窑霁红瓶一件（随紫檀木座花梨木匣）、定窑盘一件（随楠木匣）、定窑盘一件（有璺随楠木匣）、小瓷瓶一件（随花梨木座楠木匣）、旧瓷鼎一件（随花梨木盖嵌玉花梨木座楠木匣）、新瓷人物盘一件（毛边）、汝窑碗一件（随花梨木座花梨木匣）、定窑太和鼎一件（盖嵌玉遂花梨木座花梨木匣）、定窑盘龙洗一件（随花梨木座楠木匣）、小葵花一件（随花梨木座花梨木匣）、双耳瓷瓶一件（随花梨木座花梨木匣）、定窑梅花插一件、定窑大盘一件（随花梨木座花梨木匣）、松花小瓶一件、青花瓷瓶一件（随花梨木座楠木匣）、大龙泉盘一件、双插瓷瓶一件（随花梨木座花梨木匣）、旧瓷盘一件（随花梨木座花梨木匣）、双耳瓷瓶一件（随花梨木座楠木匣）、铜鸡瓶一件（随花梨木座花梨木匣）、小铜鼎一件（盖嵌玉随花梨木座楠木匣）、旧铜瓶一件（随花梨木座）、旧铜壶一件（座嵌玉随花梨木座嵌玉破坏楠木匣）、旧铜花浇一件（随花梨木座）、珐琅铜瓶一件、霁红瓶一件（系粗瓷）、驴肝马肺瓶一件（系粗瓷）……旧玉夔龙玦一件、旧青玉圈一件、旧玉水盛一件（随花梨木座）。②

乾隆三十七年（1772 年），原任贵州藩司钱度因获罪抄没家产，抄出一大批珍宝古玩，包括瓷器、玉器、金银器、紫檀家具、字画、绫罗绸缎衣物等，奏折清单长达 52 页，其中古玩字画类有：

> 瓷器：碎纹瓷碗一件，白瓷炉一件（玉顶紫檀盖）、碎纹瓷瓶一件、白瓷洗二件、红瓷瓶一件（有胆）、旧瓷小碟一件、旧瓷洗一件、旧瓷小盘一件。

---

① 中国第一历史档案馆藏内务府奏案，"奏为原任河东盐政达色任所入官古玩玉器衣物分别呈览变价事"，乾隆三十三年五月初四日，档号：05 - 0253 - 003。

② 中国第一历史档案馆藏内务府奏案，"奏为原任河东盐政达色任所入官古玩玉器衣物分别呈览变价事"，乾隆三十三年五月初四日，档号：05 - 0253 - 003。

　　字画：张照字一轴、董其昌字一轴、王鸿绪字一卷、王虚舟尺素一卷、王虚舟字一卷、陈香泉字一轴、赵子昂字一轴、朱子字手卷一轴、董其昌字手卷一轴、王孟津字一轴、董其昌字一轴、黄山谷字一轴、方亨咸字一轴、杨大鹤字一轴、董其昌烟云万里图手卷一轴、董其昌观音一轴、白阳山人陈道复山水一轴、恽寿平万壑奔流图一轴、郭河阳山水手卷一轴、刘松年画卷一轴、唐寅耆英图一轴、唐寅山水一轴、文征明兰石一轴、文征明山水一轴、文五峰秋山鱼艇一轴、王石谷山水一轴、王原祁山水一轴、王原祁山水二轴、恽寿平花卉一轴、恽寿平竹石一轴、恽寿平秋香玉兔一轴、恽寿平柏树一轴、恽寿平牡丹一轴、薛辰令起蛟图一轴、薛楚芳草虫手卷一轴、赵子昂马一轴、王蒙山水一轴、恽寿平山水二轴、恽寿平花卉一轴、恽寿平石榴二轴、恽寿平桐菊一轴、恽寿平江帆图一轴、王霖芦渡图一轴、米友仁山水一轴、王原祁山水一轴、叶雨寒梅图一轴、唐寅山水耆英一轴、董其昌山水一轴、王翚山水一轴、恽寿平山水一轴、恽寿平松鹤一轴、恽寿平蒲塘花卉一轴、郭河阳山水一轴、吕纪松鹤一轴、文征明山水一轴、恽寿平花卉二轴、见齐八骏手卷一轴、关全山水手卷一轴、王原祁山水一轴、颜正谊画卷一轴、文征明花卉一轴、兰亭手卷一轴、仇十洲汉宫春晓手卷一轴、王武花卉一轴、恽寿平松石一轴、明人集锦扇面册一本、锦面集锦字画扇面册二本、集锦字画扇面册一本、王翚画册一本、恽寿平扇面花册一本、楠木面恽寿平扇面册二本、字画扇二匣（计二十把）、宋元画册一本、画册一本、明人画册一本、宋元明画册一本、沈周画册一本、唐宋画册一本、集锦画册二本、旧烂画册一本、赵子昂、邹文忠公碑一本、赵子昂尺牍一本、张宗苍画册一本、王翚画册一本、旧人画册一本、文征明真迹一本、楠木面假宋版陶诗册十本。①

　　乾隆皇帝对这些抄没物品的态度是："将金玉衣物等项着留内，其银两着交内务府。"②

　　以上只是试举几例，康乾时期抄家的案件屡见不鲜，或因贪腐，或因渎职，或因赔偿等等，原因有多种，抄没的物品也多种多样，文房四宝、古玩字画皆有。另

---

① 中国第一历史档案馆藏内务府奏案，"奏为抄没原任贵州藩司钱度家产金银首饰等物事"，乾隆三十七年八月十五日，档号：05 - 0299 - 069。
② 中国第一历史档案馆藏内务府奏案，"奏为抄没原任贵州藩司钱度家产金银首饰等物事"，乾隆三十七年八月十五日，档号：05 - 0299 - 071。

一方面，从这些物品中可以分析出当时皇帝与士大夫的欣赏水平与个人爱好，知晓彼时宫廷与民间的流行审美标准与风俗。

另外，若具体负责抄没的官员私自更换、截留抄没物品，则会被处罚。清实录中记载的陈辉祖抽换王亶望赀财案就是一个典型例子。

陈辉祖是乾隆朝军机大臣陈大受之子，乾隆十六年（1751 年）陈大受卒，陈辉祖获得荫生资格，自此，在各地历任知府、按察使、布政使、巡抚、总督等职务。乾隆四十七年（1782 年），在负责查抄王亶望家产时，抽换抵充。"解京及外估各册内，造入者八十九宗，名色不符者二宗。其为当时有心抽匿抵换，显而易见。"① "王站柱认出之玉蕉叶花觚等件，已在陈辉祖供认抽换物件之内……陈辉祖利欲熏心，于王亶望抄产内，将玉器字画等件，种种尚觍颜偷换佳者。"② 以字画为例，用自己所有的沈石田、黄庭坚字画抵充原来查抄的刘松年宫蚕图、苏轼墨迹佛经。乾隆对此案非常重视，据清实录记载，于乾隆四十七年（1782 年）、四十八年（1783 年）两年之内连发十多道谕旨，指示对该案的调查与相关官员的惩处。乾隆皇帝还仔细阅读办理此案官员上奏的关于审问、判决等具体内容，并指出其中不合常理之处，试举几例：

> ……又本日阅萨载询问国栋供词内有陈辉祖称王亶望查抄时，曾求过总督，说金子太多，恐怕碍眼，不如照依时价易银，将来办理顺易。国栋原曾劝阻，陈辉祖执意要换等语。此事大奇，王亶望黩法肆贪，罪恶已极，乃陈辉祖于查抄时尚敢听其嘱求，为之挪换掩饰，推此则何事不可为。陈辉祖受恩最深，乃竟如此昧良欺罔，朕将何以用人乎？况王亶望乃被抄有罪之人，岂有向承抄大臣讲话之理，此必当严问者。
>
> 又国栋称，陈辉祖曾说王亶望抄出朝珠，甚属平常，难以呈进，谕令委员购买数盘添入，又将自已朝珠，挑选添入，国栋亦曾劝过等语。此更不成话，亦断无此情理，必系陈辉祖将抄出朝珠之佳者，私自藏匿，反将平常不堪之物，当众人耳目挑选添入，以为抽换地步。

---

① 《清高总实录》卷一一六六，乾隆四十七年十月戊辰。
② 《清高宗实录》卷一一六八，乾隆四十七年十一月甲午。

又国栋供称，目击委员购买朝珠，也曾问过委员，价值系委员自备等语，更奇。是陈辉祖竟令委员垫银舞弊委员等隐匿偷换，又将何所不至乎？

又国栋称，陈辉祖向杨先仪要进金子五百两，过了数日，又经退出，或系总督听见国栋查问，不敢存留等语。此一节更属可笑，自系陈辉祖有心侵用，亦应详讯。

又国栋所称，陈辉祖将多宝橱内玉器取出后，止总开列玉器等语，是陈辉祖竟明目张胆，作此穿窬行径，其侵贪劣迹，较之王亶望更为不堪可鄙。

又国栋称，陈辉祖逐日将查抄之物，分类取进署内查看，陈辉祖匆遽无暇，何以日日取进查看，岂非自相矛盾乎？……①

乾隆皇帝心思机敏可见一斑，彼时的乾隆皇帝已是七十多岁的老人了，思维缜密到如此地步，令人起敬。

3. 全国各地征集

征集主要是针对民间书籍。康熙年间，为纂修明史而在全国征集相关资料。当时要求各衙门查送天启四年（1624 年）、七年（1627 年）的实录及崇祯元年（1628年）以后事迹，官民家中有记载明季时事之书也包括在内，并不治罪。

更大规模的征集民间书籍则发生于乾隆朝，始于乾隆六年（1741 年），盛于乾隆三十七年（1772 年）编纂《四库全书》时。乾隆六年（1741 年）正月下达征书谕旨："从古佑文之治，务访遗编。目今内库藏书，已称大备，但近世以来，著述日繁，如元明诸贤，以及国朝儒学，研究六经，阐明性理，潜心正学，纯粹无疵者，当不乏人，虽业在名山，而未登天府。着直省督抚学政，留心采访，不拘刻本钞本，随时进呈，以广石渠天禄之储。"② 该征书令下达后，并未引起大臣们的重视，乾隆皇帝并未就此罢手，一再地下征书令，并指出浙江、江苏等省份要多进呈。在地方各级官员、士绅的命令与动员下，乾隆三十九年（1774 年）时，各省征集进呈的书籍达几千种，其中，浙江省进书最多，福建、江西等省次之，云南、奉天最少。甘肃、四川、贵州等省没有进呈。这些在各地征集到的书籍，或为残缺不全，或为挖

---

① 《清高宗实录》卷一一六六，乾隆四十七年十月戊辰。

② 东华续录乾隆十三。

改，但很多被收入内府，成为四库全书的重要来源。

4. 命令官员在地方搜求

乾隆三十五年（1770 年），两淮盐政李质颖上奏乾隆："窃奴才仰蒙圣谕，密寻旧纸旧字，前将觅得藏经纸并瓷暨宣纸等件，及奴才家藏旧字二种，于五月二十六日恭摺进呈在案，兹又觅得藏经纸六十张、大宣纸十七帐、米芾大字手卷一轴、苏米合璧手卷一轴，恭呈御览，因装盛宣纸木匣颇长，牲口难以驮载，是以在运送淳化轩装修船上附带进京。"① 乾隆皇帝对此这样朱批："前次具系赝影，俱已退回，此次亦不必急忙搜求也，古字甚少，古画亦可并寻，但不可张显。"② 遂可见，乾隆皇帝命令亲近官员在各地暗地搜求古玩字画。

5. 巡幸途中偶得

乾隆皇帝偶然间在一间古刹中发现了一个玉瓮，当时玉瓮被用来腌酱菜，经鉴定，是金元时代遗留下来的，遂收入内府，在承光殿前为之建了一个小亭子，把玉瓮置于亭子中。后来再次经过承光殿时，赋诗一首。

《玉瓮为金元旧物，嗣沦没古刹中，以贮菜虀，后购得，仍于承光殿前为起一小亭置之，并命内廷翰林等各赋一诗，即刻于楹柱，偶幸承光殿，复成是篇。》③

几年萧寺伴寒虀，仍置承光焕彩霓，
梦觉金源成故迹，声胜玉署艳新题，
若为巧合延津畔，竟得天全露掌西，
松杪照来千载月，夜凉依旧景凄凄。

---

① 中国第一历史档案馆藏宫中档案朱批奏折，"奏为遵旨觅得米芾手卷等物于装修船上附带进京并请免开价值事"，乾隆三十五年闰五月初二日，档号：04 - 01 - 14 - 0036 - 038。
② 中国第一历史档案馆藏宫中档案朱批奏折，"奏为遵旨觅得米芾手卷等物于装修船上附带进京并请免开价值事"，乾隆三十五年闰五月初二日，档号：04 - 01 - 14 - 0036 - 038。
③ 《清高宗御制诗文全集三》，台北：台北故宫博物院印行，1976 年，第 293 页。

第二章　《大清会典》物质文化遗产保护规制

第一节　《大清会典》法律性质

一　《大清会典》概述

康熙二十三年（1684 年），康熙皇帝下诏效仿《明会典》的形式起草清朝会典，历时六年完成，随后，雍正、乾隆、嘉庆和光绪朝均在前代会典的基础上，结合本朝国家机构的变化，分别制定出雍正朝会典、乾隆朝会典、嘉庆朝会典和光绪朝会

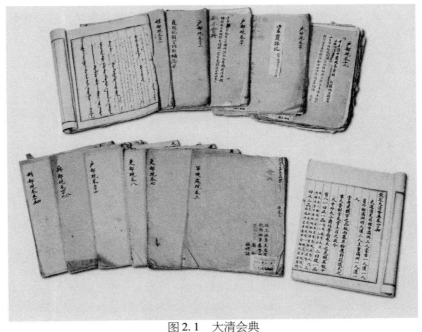

图 2.1　大清会典

典，后人统称这些会典为《大清会典》，或"五朝会典"（图 2.1）。该会典按照国家
机构的设置、各级官员的职掌范围及行政活动准则等进行安排，将历年事例汇编在
一起。康熙、雍正两朝采取以官统事、会典与则例合编的体例，乾隆、嘉庆、光绪
三朝，由于则例日益增多，改为会典与则例分编。具体如下：

（一）康熙朝会典

原名为《大清会典》，共一百六十二卷，是清入关以后正式颁行的第一部会典，
记录了从清初至康熙二十六年（1687 年）的国家典章制度："凡职方、官制、郡县、
营戍、屯堡、觐享、贡赋、钱币诸大政于六曹庶司之事，无所不隶。"①

（二）雍正朝会典

是继康熙朝会典之后修订颁布的第二部会典。雍正二年（1724 年）四月，雍正
皇帝下令纂修会典，接续康熙二十年（1681 年）至雍正五年（1727 年）的典章制
度，雍正十年（1732 年）完成，共二百五十卷。与康熙朝会典相比，体例结构相同，
只是增加了近四十年的谕旨、奏准等，具有续修性质。

（三）乾隆朝会典

始修于乾隆十二年（1747 年），告成于乾隆二十九年（1764 年），分为《清会
典》一百卷、《清会典则例》一百八十卷。对各部院衙门的职掌与工作程序做了详细
的规定，凡涉及庙坛、职方和地理的，均附有图表。

（四）嘉庆朝会典

始于嘉庆六年（1801 年），嘉庆二十三年（1818 年）完成，共计典八十卷，事
例九百二十卷，记录了乾隆二十九年（1764 年）至嘉庆十七年（1812 年）间的典章
制度。体例与乾隆朝会典基本一致。

与前朝会典相比，嘉庆朝会典有两个特点：一是则例改称事例，并增加内容。
将则例改成了事例，以有别于各部院衙门的则例。乾隆会典则例为一百八十卷，而
嘉庆会典事例增至九百二十卷。同时仿照唐宋会要的体例，按年编裁行政事例，一
事一例，把各部门的沿革损益以及制度变化情况，都予以详细比照。二是增修《大
清会典图卷》。嘉庆朝会典把礼部的五代礼仪、文物、制度以及部分科学、法律内

---

① 乾隆朝《大清会典》卷首，《御制序》。

容，用图表绘制解析，加以说明。这种会典增图卷的体例为光绪朝会典所继承。

（五）光绪朝会典

清代的会典，从康熙二十三年（1684 年）开始敕修，至光绪二十五年（1899
年）完成，历经二百多年，光绪朝总其大成，命名为《大清会典》，包括典一百卷、
事例一千二百二十卷、图二百七十卷，于光绪三十年（1904 年）正式颁行。规定了
从内阁总理衙门到各部院寺监的职官编制、行政职守、活动规范以及军队建置、军
官职责等军事法律。

二 《大清会典》的法律性质

关于《大清会典》的法律性质，学界观点不一，主要观点如下：

第一，认为《大清会典》属于备考备查的典籍史料。冯尔康认为清代会典、事
例、图说三者互相补充，会典为纲，事例、图说丰富内容，形成"会典"这类政书
的完整体裁。[①] 钱大群认为编纂《大清会典》的目的是备考、备查，始终是解决存案
备考的典籍问题。会典的内容是备考的史料，与编纂的"律典"和"则例"的意义
不同。[②]

第二，认为《大清会典》是清代最高效力的法典。杨一凡把规定国家根本制度、
在法律体系中居于最高层次的综合汇编性法典，称为"大法"或"大经大法"，而明
清两代的会典是大经大法。

第三，认为《大清会典》不具备法律最高效力。与杨一凡观点相反，刘广安认
为《大清会典》所载的只是"经久常行之制"，与最高效力并无直接关系。他以
《大清会典》御制序言、编纂凡例、编纂大臣的"表文"、《会典馆奏议》等历史文
献为依据，认为《大清会典》不仅仅是史料，而且具有更为直接的政治意义、法律
意义和教化意义，为清朝政权的合理性、稳定性和适应性提供系统的理论根据、历

---

① 冯尔康：《清史史料学初稿》，天津：南开大学出版社，1986 年，第 63、65 页。
② 钱大群：《明清"会典"性质论考》，《法律史论丛》（第 4 辑），南昌：江西高校出版社，1998 年，第
75 ~ 87 页。

史根据和法统根据。①

　　关于《大清会典》是否具备最高法律效力，不是本章讨论的重点。与本章有关的问题在于《大清会典》是否具备法律效力。在审判方面，鲜见直接援引会典断案的，至少从目前的档案看如此，但在其他领域未必如此。乾隆二十五年（1760年），礼部尚书伍龄安就选任太医院职官之事请示皇帝时，在奏折中提到："查会典内开，凡升转院使员缺，由左院判陞补，左院判员缺由右院判陞补，右院判员缺由医士陞补，遇有御医以下缺出，太医院堂官将内直勤劳者申送礼部，转咨吏部题授等语。今院使王炳病故，员缺应将左院判孙埏柱陞补，左院判员缺应将由院判施世琦陞补。"② 可以看出，官员选任时直接依据会典的规定。再看一例，道光九年（1829年），工部郎中王协梦在承修油饰先医庙神牌龛案工程时，看到神牌的安奉与会典规定不符而受到处罚，皇帝派大学士长龄查处此事，长龄的奏折中提到："查先医庙神位自应遵照会典供设，该司官王协梦照依会典次序更正，虽无错误，第正殿内东西配龛神位互错，未经查明，且东西两庑神位亦未按中左右位次，仅自北至南顺列安设，究属未协……"③ 由此可见，在礼制领域，会典也是有直接效力的，可以直接援引，用作处罚的依据。因此，关于《大清会典》的法律效力，要依内容具体分析，不能一概而论。审判时并不直接援引《大清会典》的规定，而是援引《大清律例》，部院衙门处理日常公务时则会援引《大清会典》，也会援引各自的则例或成案，尽管这些则例已为《大清会典》所收录。

　　那么，本章为什么从《大清会典》的角度来探讨对物质文化遗产的保护呢？一方面，在部院衙门中它的确发生效力，是办事的依据。更重要的是，它收录了清代每个时期主要的谕旨、奏准、议定等法律性规定，涵盖了各个方面的内容，是清代最全的法律性文件汇编，对保护物质文化遗产的各种规定收录得较为集中，便于研究。具体来说，集中于吏部、礼部、刑部、工部、太常寺、内务府、翰林院等部分。

---

① 刘广安：《大清会典三问》，《华东政法大学学报》2015年第6期。

② 中国第一历史档案馆藏军机处录副奏折，"奏请选任太医院职官事"，乾隆二十五年七月十四日，档号：03-0101-084。

③ 中国第一历史档案馆藏军机处录副奏折，"奏为遵旨查看先医庙牌位陈设情形事"，道光九年，档号：03-2803-072。

第二节 《大清会典》建筑遗产规制

一 建筑遗产修缮的一般性规定

（一）主管机构及职责

康乾时期建筑遗产修缮的主管机构主要有工部、太常寺和内务府。

1. 工部

根据《大清会典》的规定，工部的职能为掌天下百工营作、山泽采捕、窑冶、榷税、河渠、织造之政令。由营缮清吏司、虞衡清吏司、都水清吏司、屯田清吏司、制造库、节慎库、料估所等部门构成。其中与建筑遗产修缮密切相关的如下：

（1）营缮清吏司。掌稽京城及外省一切估销城垣、贡院、考棚、仓库、营房、监狱、碑亭、布城、棚座并各省坛庙、衙署等项工程暨估变官房、采办木植与砖块。

（2）都水清吏司。掌估销工程费用、制造诏册、官书等事。

（3）屯田清吏司。掌稽山陵、坟茔及古昔陵寝、先贤祠墓等工，料估所掌稽估销京城各坛庙大修工作，并宫殿皇城以及内外大城各部院衙署一切大小工程各事宜。

（4）节慎库。掌收帑藏，负责收发经费款项。

（5）料估所。掌估工料之数及稽核、供销京城各坛庙、宫殿、城垣、各部院衙署等工程。

即便是紫禁城宫殿的修缮，也由工部负责。康熙十年（1671年）题准："紫禁城及皇城内一应工程，工部确估，一千两以上者，具题修理。不及一千两者，工部酌定修理，开明物料及需用钱粮，行文内务府差官，会同工部监修。如钱粮有余，工部会同监修官具题，倘不敷用，原系具题者，工部题请给发，原系工部酌定者，工部查核添给。"①

---

① ［清］允禄等：《大清会典》（雍正朝），台北：文海出版社有限公司，1995年，第13272页。

2. 内务府

内务府是清代皇宫大管家，"奉天子之家事"，职责所涉及领域较广，管理事务较多，掌管三旗包衣以及宫禁事务，涉及吏、户、礼、兵、刑、工等各方面。下设广储司、都虞司、掌仪司、会计司、营造司、庆丰司、慎刑司、上驷院、武备院、奉宸院等七司三院。与建筑修缮相关的部门是营造司和奉宸苑。营造司的前身是惜薪司、内工部，康熙十六年（1677 年）改为营造司，分管缮修工作。奉宸院于康熙二十三年（1684 年）设立，掌景山、三海、南苑等处的管理与修缮，同时负责天坛斋宫的日常管理。

紫禁城、皇家苑囿的修缮，最初由工部负责，内务府只负责小型修缮工程。比如，顺治十八年（1661 年）曾规定："乾清门以外、紫禁城以内，有修理工程，物价在二百两以上，工价在五十缗以上者，奏交工部。不及此数者，呈堂转咨工部办理，仍会同本司官监修，其葺补小修，仍由内工部（营造司）办理。"① 从康熙时期开始，内务府负责的修缮工程范围逐步扩大，但仍保留了大事会同工部、小事自行负责的原则，比如康熙朝会典曾规定："凡遇宫殿内有应修理者，移文该衙门，选择吉期，本司官员、笔贴式率领拨什库库夫匠役人等修理。凡修理紫禁城内外各工，本司将应用钱粮及匠工算明启奏，钱粮多者，会同工部修造，少者，只内府官员督造。应用工料等项，由该衙门取用。至宫殿内有补葺之处，令太监匠役，进内修理。凡补葺宫殿、修理水沟，每年于春季举工。凡杂项修理，按佐领及浑托和下地亩，均派壮丁，佐领下一分，浑托和下二分。凡浑托和所分厩馆房屋等处，应修理者，令各浑托和下闲夫支应，其杂修各项匠役，不另给饭钱。若聚集夫役，派出监修官修理者，匠工及催工拨什库披甲人等，俱给饭钱。凡紫禁城内宫殿房屋、城外厩馆、瀛台内房屋宾馆、南苑内房屋厩馆，有倒坏处，交该管包衣大修理。如包衣大等工役不敷，分与众浑托和宾馆院、各衙门房院、包衣大等照旧修理。其内外马牛羊厩馆应修理者，本衙门给发佐领浑托和下工役，仍令包衣大修理。"②

内务府修缮职责在雍正、乾隆年间进一步扩大，基本上垄断了内府的修缮工程，除非是大型修缮工程，一般工程不需要工部查核，内务府自行查核。雍正元

---

① 《清会典事例》（第十二册下），北京：中华书局，1991 年，第 1071 页。

② ［清］伊桑阿等：《大清会典》（康熙朝），台北：文海出版社有限公司，1993 年，第 7375 ~ 7377 页。

年（1723 年）下旨："嗣后内务府行文工部咨取一应物料，不必声明何项应用，只将所用物料数目开载咨取，工部亦将本月给过内务府物料数目开载入册，其余何项用过之处，着每月取用之各司院详开，呈内务府总管将用过数目核对，与工部黄册一同具奏。倘有不符，即行声明，如不声明具奏，被朕察出，咎归内务府总管。"① 乾隆时期，把景山南花园等处房屋墙垣的修缮、瀛台等处雨搭的修理、紫禁城的每年沟渠掏修，以及日常清洁等事项由工部负责改为内务府负责。比如，乾隆五十年（1785 年）议准："每年掏修紫禁城沟渠，改归内务府派员经管办理，责令直年大臣专司其事，所用夫物料价，交总管内务府大臣详晰酌核，照例办理。"②

为进一步规范内庭工程的修缮，乾隆二十六年（1761 年），于内务府内设立总理工程处，设委署主事一人。对于内庭及各园庭、热河等处行宫的岁修粘补工程，由各该处汇总到总理工程处，总理工程处按照报修的款项，逐一查勘。如果是地脚沉下，墙垣闪裂，则准其拆盖；大木歪闪，准其拨正；头停渗漏，椽望腐朽，准其揭瓦挑换；椽望头停微有渗漏，仅准促节夹陇。分清楚应修、应缓情况，向皇帝奏准后，派员核估钱粮，派发各该处，由各该处奏请银两，自行买料招商办理。竣工后咨报总理工程处查验，据实题销。③

紫禁城维修工程从工部转到内务府，说明了内务府职权的扩大。反映了从康熙到雍正、乾隆时期，内务府机构在不断完善，所辖事务逐步增多，级别也日益提高。雍正十三年（1735 年），总管内务府大臣比照侍郎，从从二品升为正二品。内务府历经顺康雍乾各朝，形成了以七司三院为主干、兼辖其他四十余衙门的庞大宫廷服务机构，成为清代国家机构中职官人数最多、机构组织最为庞杂的衙门。④

3. 太常寺

根据《大清会典》记载，太常寺职掌坛庙祭祀一应典礼，及祝版乐舞牲帛器用、备办陈设等事。顺治、康熙时期曾与礼部合并、分立，康熙十年（1671 年）把礼部

---

① 《清会典事例》（第十二册下），第 1077 页。
② 《清会典事例》（第十二册下），第 1073 页。
③ 《清会典事例》（第十二册下），第 1078 页。
④ 祁美琴：《清代内务府》，北京：中国人民大学出版社，1998 年，第 9 页。

祠祭司的职责归于太常寺，从此太常寺负责祭祀。建筑修缮原为工部之职责，但雍正时期，坛庙的修缮转由太常寺负责。雍正五年（1727 年）有道谕旨："各处修理坛庙，从前皆交与工部修理，嗣后不必交与工部，如有应行修理处，或令太常寺会同工部官估计，交与太常寺修理，或即交与太常寺估计具题修理，其动用何处钱粮，并用过钱粮应于何处奏销，着大学士会同太常寺议奏，钦此。"①

然而，这一做法在乾隆初期有所改变。乾隆五年（1740 年）规定，花费白银一千两以下的坛庙修缮工程由太常寺负责，一千两以上的则由太常寺会同工部，一道进行修缮。"凡坛庙临祭时糊饰及岁修工程，银千两以下者，仍由太常寺照例修理，年终汇销。若千两以上者，太常寺将应修理之处，奏请交部估计奏闻。由部委员会同太常寺委官，公同修理。"② 乾隆九年（1744 年）进一步规定，即使一千两以下的工程，太常寺也要提前咨报工部。"凡坛庙工程千两以上者，仍照旧例具奏，交部会同太常寺修理，未及千两以上之土工木作，均咨部委官，会同监修，仍将工程长尺造册咨部，核实奏销，其糊饰及岁修祭品各工，照例由太常寺委官修理，报部核销。"③ 后来继续限制太常寺负责修缮工程的规模，乾隆二十七年（1762 年）奏准："嗣后各坛面糊饰工程，其期在祭祀前一二日，及银数在十两以下者，准太常寺自行修理，余俱咨明工部派员修理。"④ 因此，在乾隆时期，太常寺的修缮职能逐步被削减，主要负责坛庙的日常清扫与维护。比如，乾隆八年（1743 年）曾下旨："天坛燎炉五座，样式不齐，着交太常寺画一办理。"⑤

当然，在乾隆时期，并非所有的坛庙工程均归太常寺或工部负责，内务府也负责了部分坛庙修缮工程。乾隆七年（1742 年）谕："今郊坛建有斋宫，年久倾圮，未经缮修，其应如何修建之处，尔等即前往敬谨相视，绘图呈览，至兴修之时，着为内务府熟悉工程之官，会同工部、太常寺委官一同监修。"⑥ 乾隆十年（1745 年）

---

① 《钦定大清会典则例》卷一百二十六。
② 《清会典事例》（第十册上），北京：中华书局，1991 年，第 52 页。
③ 《清会典事例》（第十册上），第 52 页。
④ 《清会典事例》（第十册上），第 53 页。
⑤ 《清会典事例》（第十册上），第 30 页。
⑥ 《清会典事例》（第十册上），第 52 页。

奏准："天坛、地坛、斋宫，着交内务府修理。"① 也就是说，工部、太常寺、内务府等机构均有权修缮坛庙等祭祀场所。

由上可知，在雍正朝的前段，工部的一些职能被内务府、太常寺分担，是雍正皇帝有意削减工部职能，这与当时的朝堂斗争有关。彼时工部归廉亲王允禩管，允禩与雍正皇帝作对，雍正皇帝逐步瓦解、打击允禩集团，削减工部职能乃自然之事。

（二）营建通例

《大清会典》之工部中的营建通例部分，详细规定了建筑遗产修缮的费用支出与核销、工程预算及监督等事项。

1. 费用支出

（1）工程预报

康熙时期，各种工程要提前预报工部，由工部确估所需银两，工部核定、批准后再行开工。康熙十二年（1673 年）规定："各部院衙门修理建造需用钱粮，由部详加确估，令各该衙门自行修理。"② 康熙三十五年（1696 年）规定："一应修理之处，令各衙门具题始行修理。"③ 康熙六十年（1721 年）进一步细化，工价五十两以内、物料价值二百两以内的应修工程，照依各处印文，工部核准即可修理。工价五十两以上、物料价值二百两以上的应修工程，先由应修工程所在部门预估花费，送交工部进行核准。并强调，即使是五十两以内的奇零工程，也要事先奏明，否则，将追究相关官员的责任。

康熙时期定的这个划分工程大小的标准，在雍正时期予以修正。雍正时期把工价五十两、物料价值二百两这一标准改为工价二百两、物料价值五百两。雍正十三年（1735 年）奏准，物料价银五百两以上、工价银二百两以上的各省应修工程，由督抚题报，工部查核、审批后，再行开工。物料价银五百两以下，工价银二百两以下的，咨询工部，确定修缮方案后，即可开工。乾隆时期标准再次提高，定为一千两。乾隆三十年（1765 年）奏准："各省修建一切工程，动支各项存公银两，数在

---

① 《清会典事例》（第十一册下），中华书局，1991 年，第 882 页。

② 《清会典事例》（第十册上），第 252 页。

③ 《清会典事例》（第十册上），第 252 页。

千两以上者，照依正项银两之例，该督抚具题请销。"① 乾隆三十四年（1769 年）奏准："各省修理一切工程，无论正项杂项，数在千两以上者，该督抚先行专折具奏，再将应需工料银两造册题估，工完核实题销。"②

对于各省随时添加的应修工程，也要随时上奏皇帝，否则不予报销。如果没有上奏皇帝，直接咨报工部，工部必须当时驳回，如若当时不驳回，完工后报销时再驳回的，则工部官员与工程所在地的督抚将一起受到处罚。

重要的修缮工程要上奏皇帝，但在实践中，却并非如此。不少应上奏皇帝的修缮事项并未上奏，朝廷各部院并不上奏本部院所属单位负责的修缮工程，而是由该所属单位直接上奏。乾隆皇帝对于这些行为进行了整治。乾隆二十四年（1759 年）谕："凡定例应行题奏之事，各该管大臣仅咨部办理，此规避畏奏之恶习，然该部即应据咨查办，但将不行题奏之处，请旨申饬，若事关紧要，即于奏内声明参处，庶于政务不致迟延。而外省大吏，亦晓然于违例咨部之非是，方克称部院大臣职掌，若必驳令具奏交部，始行定议，则簿书期会，徒滋案牍，于实政究何裨益？该部不过曰守分不擅权而已，夫不擅权与推诿，似是而非，今既不能擅权，何必推诿乎？嗣后各部院及八旗都统，凡遇此等事件，俱遵此旨行。"③ 乾隆三十五年（1770 年）谕："前因各部院将应行奏办事件驳回各处，令其自奏，以致辗转稽延，最为恶习，屡经严切饬谕，并定有咨驳处分，着再行通谕部院八旗各衙门，嗣后凡遇各该处请示咨部之案，除有例可循者仍照常核议咨覆外，若系必须奏请定夺之事，无论应准应驳，即着据咨议准议驳奏闻，并将应奏不奏之大臣等附参交议，不得狃于推诿锢习，贻误公事。倘不知悛改，复蹈故辙，一经察出，定将违例咨驳之大臣等一并严加议处。着为令。"④

（2）费用料估

康熙时期，规定匠夫工价五十两白银以上的工程，由工程所属部门料估，与工部一道监督修理。遇到紧急工程、来不及事先料估的，则必须在竣工后四十日内上报料估材料。管工官员笔贴式料估时浮冒钱粮的，由御史参处，匠役交刑部治罪。

---

① 《清会典事例》（第十册上），第 253 页。
② 《清会典事例》（第十册上），第 253 页。
③ 《清会典事例》（第十册上），第 253 页。
④ 《清会典事例》（第十册上），第 253 页。

雍正时期改变了这种由承修官自行料估的做法，设立了料估所，规定所有工程必须先行料估核定。料估所配备满汉司官四人，笔帖式四人，书办六名，均从工部四司堂官中挑选。职责为"凡京工之归部者，核以营造之法，估其料物，与其傭直，授成于监工之官。大兴作，则核其估册，以俟简命，工竣则核销"。① 对于各处奏咨到工部的应修工程，应于二十日内将应修丈尺做法钱粮数目，造册呈堂，交承修官办理。竣工后，由料估所官员会同承修官核查花费，据实报销。需要指出的是，料估所核定的工程仅限于规模不大、耗费不多的工程，对于花费在一千两以上的修缮工程，则由钦派大臣负责查估，当然期限也是二十日。进一步强调对浮冒钱粮行为的惩处。"一应修理工程，令该修理处委官会部公同料估监修，工完仍别行委官查验，如有浮冒，即行参处，其浮冒钱粮，催追缴库。"②

乾隆时期对料估制度进行了改革。一是规定按照时价料估。定价制度本是为了防止虚报、浮冒等腐败行为，节省开支。但由于定价无法及时灵活地变更，与当时物价有出入，一味地执行定价，反而可能出现浪费。所以，乾隆时期规定料估时不必拘泥于定价，按照时价确估。二是统一料估册的格式，便于填写制作。乾隆七年（1742 年）奏准，各省估报册籍，仍不能按照作法造报，恐用工用料，款项繁多，未谙者不免遗漏舛错，复颁发简明作法册式，使修建一切工程，易于遵守。三是要求料估册记载内容必须详细。乾隆三十年（1765 年）奏准："各省修建一切工程，其墙垣长宽高厚及房屋屋檐高面阔进深丈尺，令逐款分析开明，如有笼统开造，以致往返驳诘者，将造册之员参处。"③ 乾隆三十二年（1767 年）又奏准："各省修建一切工程，令各督抚拣派妥员，将应修应建之长高宽厚丈尺，详细察明，据实确估，详报督抚察核，工竣报销，该督抚逐款核明，切实具题，其有笼统开报，以致往返驳查，稽迟案牍者，除造册之员指明参处外，仍将各该管上司送部分别察议。"④ 料估册要正副二份，并把工程绘图附于其后。对料估册的具体内容、事项做出了详细规定，便于随时核查，监督工程中出现的各种腐败行为。

① 《大清五朝会典·光绪会典二》，北京：线装书局，2006 年，第 578 页。
② 《清会典事例》（第十册上），第 258 页。
③ 《清会典事例》（第十册上），第 262 页。
④ 《清会典事例》（第十册上），第 263 页。

（3）工程款项拨给

对于规模不大、可以短日竣工的工程，在工部的核准文件到达的时候，工程款项一次性拨给。对于规模大、耗费持久的工程，分批拨给款项。对于各省工程，一般的做法是先行拨付 80% 的款项，但对于苗寨所属的贵州省，特殊对待，乾隆二十五年（1760 年）规定贵州省的工程先拨 90% 的款项。

2. 费用报销

（1）一般性规定

关于工程竣工后的花费报销，康熙时期规定："在外各处修造，动支钱粮百两以下者，听工部记册，年底奏销。一百两以上者，工完日，开明工匠、物料、钱粮数目，移送科道详勘，如有浮冒，即行题参。"① 将原估、核减、实用存剩钱粮数目，分为四条，缮造黄册具题。如果是花费一万两以上白银的规模较大的工程，则需要专门造报销册。

雍正时期强调报销册的钤印："各省工程报销册内，有洗补增注字，均用印钤盖，并于册尾将用印数目登注，其钱粮总数，亦一概钤印。倘有遗漏，将造册官题参议处，誊缮书吏按律治罪。"②

乾隆时期就报销制度进行了系列改革：

一是简化报销流程，对于汇案题准动用正项钱粮的工程，实行工程随完随报销，而不必等到年底总汇报销。

二是针对报销册做了详细规定：①命令各省制作正副两份报销册，把需要核减的费用在副册内注明、钤印。以前的做法是一项工程只有一份报销册，需要核减的费用以开单的形式记录，时间一长，容易混乱。②进一步简化工部与各省之间报销册的核查与修改流程。对于各省制作的报销册的审查，工部以往的做法是逐条审查，遇到不合格的条款，分别开单，令所属省份重新造册申报，而各省往往一次修改后仍难以符合要求，经常是往来数次，这样下来，造成册籍繁多，管理起来非常不方便。乾隆十六年（1751 年）规定，工部在审查各省上报的报销册时，如果发现不合格的条款较多，则不必逐条开单，只需在不合格的条款旁边粘贴浮签，说明该如何修改，然后把原

---

① ［清］允禄等：《大清会典》（雍正朝），第 13273 页。

② 《清会典事例》（第十册上），第 266 页。

册发回，令所属省份照浮签说明修改，造册，连同原册一起返回工部。如果不合格的条款很少，则可以开单，让所属省份根据单据说明情况，不需要再行造册申报。

三是坚持实报实销的原则。乾隆九年（1744年）奏准："各项工程，原估修十丈者，工完只有九丈，即应将少修工料扣除。办买物件，向例值银一两，今按时价只需银九钱，即照依时价扣除，均不得谓之节省。至如所用匠夫，原估现行作法应需匠十名，工竣只开九名；应需夫十名，工竣只开八名，此乃实在节省，嗣后工程凡有核减，其实非节省者，仍照数着追。至于自行垫银一案，各省报销册内开报甚多，着该督抚等饬令承修官照原估兴修，据实造报。如原估工料实有不敷，必须加增者，亦必先事估报，即或工程紧急，势难缓待，亦应一面兴修，一面委官确估报部，不得任承修官浮开垫用。如有续估工料，不预行报部，遽于报销册内声称捐垫完竣，即本项内有核减银，亦不准抵销。"①

（2）报销期限

康熙时期确定了报销期限，报销期限分为工程承修官将报销清册提交工部的期限和工部对报销清册的审核期限。

关于报销清册提交工部的期限，见下表。

表2.1　康熙时期报销清册提交工部期限表②

工程规模（花费钱两）		报销清册提交工部期限	备 注
内工	千两以上，万两以下	自完工之日起80日内	管工官核明报部
外工	万两以下	自科道官稽查相符到日起80日内	核明报部，银数多者，照前加限。
	五万两以下	自科道官稽查相符到日起120日内	
	十万两以下	自科道官稽查相符到日起160日内	
	十五万两以下	自科道官稽查相符到日起200日内	
	二十万两以下	自科道官稽查相符到日起240日内	
紧急工程		完工之日起40日	

关于工部核查报销清册的期限以及逾期对相关官员的惩处，见下表。

---

① 《清会典事例》（第十册上），第267页。
② 《清会典事例》（第十册上），第270页。

表 2.2　康熙时期工部核查报销清册期限表①

工程规模（花费钱两）	审核期限	备　　注
千两以上，万两以下	50 日	
五万两以下	70 日	
十万两以下	90 日	钱两多者，亦照前增限，具题完结。如管工及销算各官，不能如限完结，皆交部议处。
十五万两以下	110 日	
二十万两以下	130 日	
紧急工程	40 日	

雍正时期对这些规定做了修改。对于一般工程，承修官要在竣工之日起 10 日内把报销清册提交工部，工部的审核期限从 15 至 30 日不等，视工程大小而定。花费二千两以下的工程，十五日内审核完毕，二千两以上的工程，20 日内审核完毕，一万两以上的工程，30 日内审核完毕。对于紧急工程，承修官将报销清册提交工部的期限也是自竣工之日起 10 日内。工部的审核期限为 15 日。应缴钱粮 5 日内交库。如有违限，照事件迟延例，交部议处。应缴钱粮不依限交库的，照侵蚀例治罪。司官不据实呈明，照承追亏空不力例察议。明确规定竣工期限，视工程规模大小不一，具体如下表。

表 2.3　雍正时期各类工程竣工期限表②

工程规模（花费钱两）	竣工期限	罚　　则
二百两以内	30 日	
五百两以内	60 日	除盛夏、隆冬奏明暂行停止外，不依定限完工者，照玩误工程例议处。捏报工竣，查出别行指参。应缴银不遵定限交库的，即将该官员参奏革职，经催追，四个月内交库的，则开复，否则照侵蚀正项钱粮例治罪，仍着落家产追完。
千两至二千两以内	90 日	
三千两至五千两以内	120 日	
五千两以上，再有加多至三千两以上者	160 日	
三万两以上的并且浩繁、办料艰难的	上奏定限	

与康熙时期相比，雍正皇帝加强了工程各类期限的管理：第一，在分类管理方面，细化工程规模。第二，缩减了提交报销清册的期限和工部审核报销清册的期限。第三，增加了竣工期限的规定。第四，设立了专门的催缴工程剩余款项的机构——

---

① 《清会典事例》（第十册上），第 270 页。

② 《清会典事例》（第十册上），第 271 页。

都催所。"各项工程，例应于工竣日缴余剩银，向皆因循怠忽，致多积欠，虽已立定限催追不完参处之例，但工程繁多，若无专司催工之官，恐积久怠玩，仍蹈故习。"①都催所配备满汉司官各一人，笔帖式二人，书办二名。职责为都催剩余款项及时交库，发现有逾期未交的，则呈堂参处。都催官二年一考核，优秀的可以升职，不称职的，则交部议处。第五，明确了惩罚措施，直接写明照例处罚。

雍正皇帝的规定比康熙皇帝严苛，有着深刻的社会背景。雍正皇帝致力于澄清吏治，工部是容易贪腐的部门，从期限上限制工程行为，可以减少窝工、误工、侵蚀钱粮等行为发生的概率。

乾隆改变雍正时期的规定，一是把各省工程的竣工期限决定权下放各省督抚，由各省督抚根据工程大小、难易程度自行决定竣工期限。二是把各项期限予以延长。乾隆十一年（1746 年）规定，花费千两以内的工程，内地限四个月提交工部报销，苗疆海外限六个月。花费万两以上的工程，提交工部报销期限由各省督抚自行决定。乾隆二十五年（1760 年）规定，万两以下的工程，两个月内提交工部报销，万两以上的，四个月内提交工部报销。

3. 追缴核减分赔款项

乾隆时期对此做了一系列规定，从追缴的对象、期限到减免，全部都有规定：

①无力上缴的，如果数在千两以下的，则不予追究，数在千两以上的，则处以杖徒之刑，并不得纳赎。"凡遇工程核减，如实系本身现在无力完缴请豁，银数在一千两以上者，照知府分赔属员亲欺不完治罪，以十分为率，如未完之数在五分以内者，杖一百，六分者，杖六十，徒一年。每一分，加一等，十分无完者，杖一百徒三年，均不准纳赎。"② 乾隆三十二年（1767 年）改为于俸银养廉内，按年仅数坐扣完结。

②本人已经去世的，则由子孙完缴。"应追工程核减，如本身已故，并无产业，伊子孙钱粮内可以分年扣抵者，毋庸治罪。"③ 后来进一步细化，乾隆五十三年（1788 年），乾隆皇帝发布上谕："若非侵蚀入己，或已抄没家产治罪，或系核减分赔之项，

① 《清会典事例》（第十册上），第 271 页。

② 《清会典事例》（第十册上），第 272 页。

③ 《清会典事例》（第十册上），第 272 页。

仅只着落伊子赔补，毋着落伊孙及兄弟赔补，均着落各该上司分赔，即着为例。"①

③已经离任的，数在十两以内的，则命令承办地方官在额设公费银两内代为完缴，销案。

④规定了完缴的期限。应缴银两在三百两以下的，六个月内完缴；三百两以上的，一年内完缴；五千两以上的，五年内完缴。

⑤出台优待旗人和官兵的政策。针对八旗，如果不是侵亏贪渎，情节较重的，则予以宽免。针对阵伤亡故官兵，其本身有应追核减银两的，无论其子孙经济状况如何，均豁免。

（三）物料制造与价格

建筑修缮需要各种砖瓦，不同种类的砖瓦由不同的窑烧造。根据《大清会典》记载："凡建造宫殿、修理坛庙、城垣等工，需用各色样砖瓦，于琉璃窑、黑窑烧造，城砖、斧刃等砖，于临清厂烧造，细料金砖，于苏州窑烧造。"②

1. 琉璃砖瓦

（1）烧造管理

琉璃砖瓦由琉璃窑烧造。顺治初年（1644 年）设立汉司官管理琉璃窑，任期一年。康熙时期增设满司官一人、笔帖式二人，任期三年，后于康熙十八年（1679 年）改为一年任期。每批任务三个月烧造完成。对窑户的资格做了规定："凡窑户，均令该监督择身家殷实之人承充，仍取具地方官保结着役。"③ 雍正时期对于满汉司官的任期做了进一步调整。在任期一年的基础上，留任一年，用于新旧交接。"琉璃窑满汉监督一年差满，如一同更代，新委之人，恐一时未能谙练，嗣后将满汉监督留任一年，仍增委满监督一人协调办理，俟一年期满，旧满汉监督令其回任，再选汉监督一人同办，嗣后每年新旧监督，互相更代。"④ 强调窑户要按照定式烧造，并于造坯时就在每一件琉璃物件上镌刻烧造的年月日、式样、名色等。由于宫殿大小、高低等皆不同，所用的吻兽也大小不一，因此规定吻兽不必随瓦片数核算，按应用尺

---

① 《清会典事例》（第十册上），第 274 页。
② ［清］伊桑阿等：《大清会典》（康熙朝），第 6564 页。
③ 《清会典事例》（第十册上），第 138 页。
④ 《清会典事例》（第十册上），第 139 页。

寸，给发烧造。

乾隆时期将满汉司官的任期又改回了一年。规定不同的烧造工人之间，不得互相借用、调换琉璃瓦料。"琉璃瓦料，若造坯时即用某工印记，则此工之料，不得用之于彼工，未用者存储在厂，需用者烧造不及，转致迟误，即所余物料欲给奇零之用。"① 为方便给发，规定琉璃瓦料不必镌刻印记。

（2）琉璃瓦料价格

从顺治时期开始，对琉璃瓦料给予政府定价，并写进会典，工程估算与核销均照此价进行。

表 2.4 顺康雍时期琉璃物件价格一览表②

时 间	种 类	价格（件）	备 注
顺治初年 （1644 年）		银一钱	
顺治九年 （1652 年）		银二钱二分五厘八毫	
顺治十年 （1653 年）		银二钱一分	
顺治十五年 （1658 年）		银一钱八分	
康熙二年 （1663 年）		银一钱九分五厘	
康熙六年 （1667 年）		银一钱九分	
康熙二十年 （1681 年）	二样	银一钱九分	第一样和第十样无需用之处，不议价值。
	三样	银一钱七分五厘	
	四样	银一钱六分九厘	
	五样	银一钱四分七厘	
	六样	银一钱三分三厘	
	七样	银一钱一分九厘	
	八样	银一钱五厘	
	九样	银九分	

---

① 《清会典事例》（第十册上），第 139 页。

② 《清会典事例》（第十册上），第 147～150 页。

时　间	种　类		价格（件）	备　注
雍正元年 （1723 年）	吻	二样	银一百八十一两三钱三分三厘、铅六百五十两	自三样以下递减
		三样	银一百十五两二钱七分二厘、铅六百二十两	
		九样	银八两五钱八分六厘铅六十五两	
	剑靶	二样	银二两三钱、铅十五两	
		三样	银一两七钱五分铅十四两	
		九样	银一钱七分、铅一两五钱	
	背兽	二样	银六钱四分、铅五两	
		三样	银五钱、铅四两	
		九样	银一钱六分、铅七钱	
	吻座	二样	银一两四钱五分铅十七两	
		三样	银一两一钱、铅十五两	
		九样	银三钱、铅一两五钱	
	兽头	二样	银四两、铅二十一两	
		三样	银三两三钱、铅二十两	
		九样	银一两二钱、铅六两	
	莲座	二样	银一两五钱、铅二十一两	
		三样	银一两四钱、铅二十两	
		九样	银二钱五分、铅二两五钱	
	仙人	二样	银一两一钱、铅七两五钱	
		三样	银七钱五分铅七两二钱二分	
		九样	银二钱、铅二两五钱	
	走兽	二样	银五钱五分、铅七两五钱	
		三样	银三钱五分铅七两二钱五分	
		九样	银一钱六分、铅二两五钱	

续表 2.4

时　间	种　类		价格（件）	备　注
雍正元年（1723 年）	通脊	二样	银二两九钱五分 铅二十六两六钱	单位为块/节 自三样以下递减
		三样	银二两二钱 铅二十五两五钱	
		九样	银七钱、铅八两	
	黄道	二样	银一两七钱、铅十三两	
		三样	银一两五钱、铅十二两五钱	
	大群色条	二样	银一两四钱五分 铅十三两	
		三样	银一两四钱、铅十二两五钱	
	垂脊	二样	银一两五钱、铅十四两六钱	自三样以下递减，至七样
		三样	银一两二钱五分 铅十四两	
		七样	银四钱七分、铅八两	
	撺头	二样	银六钱、铅三两二钱	
		三样	银四钱五分、铅三两一钱	
		九样	银一钱六分、铅二两二钱三分	
	挡头	二样	银六钱、铅三两二钱	
		三样	银四钱五分、铅三两一钱	
		九样	银一钱六分、铅二两二钱三分	
	大连砖	二样	银七钱、铅三两二钱	
		三样	银五钱、铅三两一钱	
		四样	银四钱六分、铅三两	
	套兽	二样	银九钱九分、铅十两	
		三样	银七钱五分、铅八两	
		九样	银一钱六分、铅二两二钱三分	

续表 2.4

时　间	种类		价格（件）	备　注
雍正元年 （1723 年）	吻下当钩	二样	银六钱、铅三两二钱	
		三样	银五钱、铅三两一钱	
		四样	银三钱八分、铅三两	
	博通脊	二样	银一两七钱、铅十三两	
		三样	银一两四钱五厘、铅十二两	
		四样	银七钱五分、铅十一两	
	满面黄砖	二样	银三钱二分、铅三两	
		三样	银二钱六分、铅三两	
		九样	银一钱六分、铅二两二钱三分	
	合角吻	二样	银五两五钱、铅二十八两	
		三样	银五两三钱、铅二十四两	
		四样	银三两五钱、铅二十两	
	合角剑靶	二样	银一钱九分、铅八两	
		三样	银一钱九分、铅七两	
		四样	银一钱九分、铅六两	
	群色条	二样	银三钱五分、铅二两	
		三、四、五样	银一钱九分、铅二两	
		六、七样	银一钱六分、铅二两	
	钩头	二样	铅三两八钱五分	
		三样	铅三两七钱七分	递减，但银均一钱九分
		五样	铅三两五钱一分	
		六样	铅三两三钱三分	递减，但银均一钱六分
		九样	铅二两九千四分	
	筒瓦	二样	铅三两二钱七分	
		三样	铅三两二钱	递减，但银均一钱九分
		五样	铅三两	

续表2.4

时　间	种　类		价格（件）	备　注
雍正元年 （1723年）	筒瓦	六样	铅二两八钱五分	递减，但银均一钱六分
		九样	铅二两五钱五分	
	版瓦	二样	铅二两七钱三分	递减，但银均一钱九分
		三样	铅二两七钱	
		五样	铅二两四钱九分	
		六样	铅二两三钱五分	递减，但银均一钱六分
		九样	铅二两五分	
	正当钩	二、三、四样	银铅同版瓦	
		五样	银一钱九分、铅二两五钱	
		七、八、九样	银铅同版瓦	
	斜当钩	二样	银一钱九分、铅三两二钱四分	
		三样至九样	银铅与筒瓦同	
	压带条	二样	铅九钱七分	递减，但银均一钱六分
		三样	铅九钱二分	
		九样	铅四钱	
	平口条	二样至九样	银铅与压带条同	
	撺挡头	四样	银三钱八分、铅三两	
		五样	银二钱四分、铅二两九钱	
	博脊砖	五样	银三钱、铅三两	
	博脊瓦	五样	银三钱、铅三两	银均一钱六分
		六样	铅二两五钱六分五厘	
		七样	铅二两四钱四分一厘	
	三连砖	五样	银三钱、铅二两九钱	
		六样	银二钱五分、铅二两八钱	

续表2.4

时　间	种　类		价格（件）	备　注
雍正元年（1723年）	博缝	六样	银九钱、铅十二两	
		七样	银八钱、铅十一两	
	承缝砖	六样	银三钱二分、铅三两	
		七样	银二钱五分 铅二两四钱四分一厘	
	随山半浑	六样	银一钱七分、铅二两	
		七样	银一钱六分、铅二两	
	墀头砖	六样	银四钱五分、铅三两	
	戗檐	六样	银一两七钱、铅八两	
	拔水	六样	铅二两	银均一钱六分
		七样	铅二两四钱四分一厘	
		九样	铅二两二钱三分	
	托泥当钩	六样	铅二两五钱六分六厘	银均一钱六分
		七样	铅二两四钱四分一厘	
	箍头脊	六样	银一钱八分 铅二两五钱六分六厘	银均一钱六分
		七样	铅二两四钱四分一厘	
		八样	铅二两四钱一分六厘	
	由戗	六样	银一钱六分 铅二两五钱六分六厘	
	博脊连砖	六样	铅二两六钱六分六厘	银均一钱六分
		七样	铅二两四钱四分一厘	
		九样	铅二两二钱三分	
	檐子砖	七样	银二钱六分、铅二两	
		八样	银二钱二分、铅二两	
	连脚版	七样	铅二两四钱四分一厘	银均一钱六分
		八样	铅二两四钱一分六厘	
		九样	铅二两二钱三分	
	线砖	七样	铅二两四钱四分一厘	
		八样	铅二两四钱一分六厘	

续表 2.4

时　间	种　类		价格（件）	备　注
雍正元年 （1723 年）	承缝连砖	七样	银三钱、铅三两	
		八样	银四钱、铅三两	
	戗檐砖	七样	银四钱四分 铅二两四钱四分一厘	
		八样	银一钱六分 铅二两四钱一分六厘	
	水沟	七样	铅二两四钱四分一厘	银均一钱六分
		八样	铅二两四钱一分六厘	
		九样	铅二两二钱三分	
	蒙头眷	七、九样	银铅与水沟同	
	三色砖	八样	铅二两八钱	银均一钱六分
		九样	铅二两五钱	
	满山红	八样	银二钱五分、铅四两	
		九样	银二钱一分、铅三两五钱	
	花方	八样	银五钱、铅三两	
	圆浑砖	八样	铅一两一钱	银均一钱六分
		九样	铅一两	
	博缝砖	八样	银一钱六分 铅二两四钱一分六厘	
	半浑砖	八样	银铅与博缝砖同	
	随脊	八样	银铅与半浑砖同	
		九样	银与半浑砖同 铅二两二钱二分	
	连砖	九样	银一钱六分 铅二两五钱	
	版橡	九样	银一两、铅四两	
	斗科	九样	银四钱 铅二两五钱	
	角科	九样	银六钱 铅二两五钱	

续表 2.4

时　间	种　类		价格（件）	备　注
雍正元年（1723 年）	隔扇	九样	银三两 铅五两	
	扇面砖	九样	银二两七钱 铅八两	
	岔角砖	九样	银一两九钱 铅六两	
	箍头连砖	九样	银一钱六分 铅二两二钱六分	
	宝顶	九样	银一两 铅二两二钱三分	
	顶座		银四钱 铅二两二钱三分	
	奇零物件	二样	铅三两	自三样递减至五样，银均一钱九分 自六样递减至九样，银均一钱六分
		三样	铅二两九钱五分五厘	
		五样	铅二两七钱三分四厘	
		六样	铅二两五钱六分六厘	
		九样	铅二两二钱三分	
	花样琉璃门档花扇面		银一两、铅十八两	
	穿花龙扇面		银一两一钱、铅十六两	
	穿花龙岔角		银四钱五分、铅十五两	
	花隔扇		银二钱二分、铅三两	
	花欢门		银五钱九分、铅十五两	
	花角梁		银二钱二分、铅六两	
	奇零物件		银一钱九分、铅三两	

乾隆元年（1736 年）改动此定价：价在一钱九分以上者，自二样至四样，银减一成，铅减二成；五样至七样，银减一成半，铅减二尺；八样九样，银铅均减二尺。价在一钱九分以下者，二样至四样，银铅均减一成；五样至七样，银减一成半，铅以二成减定。[①] 同时，对雍正元年（1723 年）定例中没涉及的二百二十三种琉璃瓦料予

---

① 《清会典事例》（第十册上），第 150 页。

以定价，规定："仍随各样筒版瓦料价值准给，其余物件，尺寸大小轻重不一，应以二样版瓦之长阔较对，相同者，照二样版瓦价给发，短小者，随各样筒版瓦价递减，有比二样版瓦，长阔至见方二尺内外者，均照七样博缝例，折算价值。雕刻花卉等项，照应给价银外，加十分之三，有模式即作者不加。"①

（3）细砖与金砖

细砖由临清窑烧造，烧造的监督与规模，顺治时期已有规定。顺治二年（1645年）设立督造官一人，每年拨款白银二万四千两，要求烧造城砖六十万块，斧刃砖四十万块。考虑到节省开支，从顺治八年（1651年）准备停止临清窑烧造，后来几经反复，几开几关。顺治八年（1651年）曾下旨要停止临清窑烧砖，顺治十四年（1657年）却派官员前往临清，监督烧造水澄细砖，顺治十八年（1661年）停止了临清砖差，康熙十八年（1679年）又开临清窑，拨款正项银两二万两用于烧造滚子砖，康熙二十八年（1689年）临清窑烧造二万块陵寝用砖，康熙五十八年（1719年）临清窑停止烧造，乾隆四十一年（1776年）又开临清窑，烧造三十万块砖用来重修紫禁城墙，乾隆四十七年（1782年）临清窑烧造五万块砖，乾隆五十一年（1786年）临清窑移建，"山东省临清砖窑，原建二十四座，因近窑地段，积年取土造坯，已成水洼，嗣后移建十二座。"② 临清砖定价见表2.5。

表2.5　临清砖价格一览表③　　　　　　　单位：白银/块

种类　时间	临清城砖	斧刃砖	水澄细砖	滚子砖	备用城砖	温泉烧造临清式样砖	声音响亮临清砖	哑声砖	破碎不堪用砖
顺治四年（1647年）	二分七厘	二块折城砖一块							
顺治十五年（1658年）			六分八厘						
顺治十七年（1660年）	每块增加五厘								

---

① 《清会典事例》（第十册上），第150～151页。

② 《清会典事例》（第十册上），第140页。

③ 《清会典事例》（第十册上），第156页。

续表 2.5

种类 时间	临清城砖	斧刃砖	水澄细砖	滚子砖	备用城砖	温泉烧造临清式样砖	声音响亮临清砖	哑声砖	破碎不堪用砖
康熙十九年 （1680年）	皆不取用			二分二厘	二分七厘				
乾隆元年 （1736年）						一钱四分四厘			
乾隆 二十四年 （1759年）							二分七厘	一分七厘	一厘七毫

金砖主要用于紫禁城宫殿的修缮，由苏州窑烧造。乾隆三十七年（1772年）修建宁寿宫殿宇时，取用二尺金砖八千六百四十块有奇，一尺七寸金砖万一千八十块有奇。

康乾时期的烧造金砖所需工料银价值在顺治、乾隆时期确定，具体如下表：

表 2.6　顺康乾时期烧造金砖所需工料银两一览表①

确定时间	工料银（块）
顺治十四年 （1657年）	江苏等七府一尺金砖，每块五钱八分八毫，一尺七寸金砖，每块四钱八分二厘七毫。
	苏州府二尺副金砖，三钱三分三厘八毫八丝，一尺七寸副金砖，二钱七分七厘。
	江宁池太常镇等六府二尺副金砖，四钱三分七厘三毫二丝，一尺七寸副金砖，三钱一分六厘。
乾隆三年 （1738年）	二尺二寸正砖九钱一分，副砖六钱三分七厘
	二尺正砖四钱九分四厘八毫，副砖三钱三分三厘八毫八丝
	一尺七寸正砖四钱八厘三毫，副砖二钱七分七厘

2. 木植

（1）木植的采办

顺治时期，设立满司官一人监督木植的采办，任期一年。规定修缮所用的木植

---

① 《清会典事例》（第十册上），第156~157页。

由正定、山西、江西、浙江、湖广等五处地方购买，每处的采办任务是每年二千根。水路运送至京城。并于通州张湾设立二处木厂，每厂配备笔帖式二人，验收运京木植。康熙二十六年（1687年）通州木厂归通惠河分司管理，康熙四十年（1701年）裁通惠河分司，通州木厂归通永道管理。乾隆时期进一步裁减人员，由工部会同总理工程处查验各省运送至京的木材。①

康熙时期重修太和殿，需用大量的大尺寸楠木、杉木等，令江西、浙江、湖广、四川等省份采办楠木，但长于房屋内、坟墓的以及长径尺寸不合适的楠木，则不得采。令江南省采办杉木。后来发现楠木不够用，下令用松木代替，停止各省采办楠木。这种采办方式有很多弊端，地方官借此趁机搜刮民脂民膏，虚报利己。康熙皇帝不止一次下旨严禁地方官借此中饱私囊："该委员及地方官，毋藉端生事，若累土司，扰害民人，通行禁饬。""向来各省捐银输木，名为急公，不过先报虚数，并无交库，即行具题，希图利己，及至实在支用之时，皆系科敛民财，以充原数，甚至用少征多，仍侵渔肥己，即此一事，他皆可知，总因沿习陋弊，视为固然，以致滋累民生，殊非实心急公之谊，着通行严饬。"② 康熙三十四年（1695年）停止地方采办，由国库拨款直接购买。

康熙六十年（1721年）设立木仓监督，派满汉司官各一人管理，任期一年。雍正时期予以改革，效仿琉璃窑监督官延长任期的做法，在一年任期的基础上延长一年，用于新旧交接。"木仓满汉监督一年差满，如一同更代，恐新委之人一时未能谙练，嗣后一年期满，新旧满汉监督，互相更代。"③

乾隆时期强调各省岁运至京的木植必须符合数量、尺寸等要求，如果短少、尺寸不符合要求，则追究承办官员的责任。乾隆二十六年（1761年）奏准："各省办解年例木植，令承办之员遵照定理办解，工部照数查收，于起解原批内，钤用印信，给发该抚，以清年款，如有较额定长径丈尺短少，照例核减，追缴归款，办木之员指明参处。"

（2）木植价格

康熙二十六年（1687年）之前，各类木植的价格依据时价估算。比如，康熙

---

① 《清会典事例》（第十册上），第146页。
② 《清会典事例》（第十册上），第142~143页。
③ 《清会典事例》（第十册上），第143页。

二十二年（1683 年）题准，各项木植按四季贵贱合算定价。康熙二十四年（1685年）定，木植随时低昂，若预行减定，有累商民，应照时价估给。到康熙二十六年（1687 年）时，对各项木植给予定价，具体见表 2.7。

表 2.7　康熙时期木植价格一览表①

木植产地	种类	尺寸	价格（根）
江南江西湖广	桅木	长六丈，大径一尺五寸，小径七寸	二十两
	杉木	长三丈，大径一尺三寸，小径七寸	十两八钱二分二厘
	架木	长三丈，围圆一尺四五寸	二钱四分
	桐皮杉槁	长二丈五尺，围圆一尺二三寸	一钱六分
浙江	照旧例		
江西	苗竹	径三寸，五百根	三分
		径三寸五分，千根	四分
		径四寸、四寸五分、五寸，各千根	递增一分
	动用正项采办解部，存储无多，再行照数咨取		

乾隆元年（1736 年）进一步细化定价，具体见表 2.8。

表 2.8　乾隆元年（1736 年）木植价格一览表②

木植种类	木植尺寸		价格（根）	
松木	长三丈五尺至一丈一尺，径二尺二寸至一尺三寸	黄松	自八十六两四钱至二两三钱八分九厘	均分别径寸大小，按尺递减
		红松	自七十六两八钱至二两二钱六分三厘	
	长三丈五尺至一丈，径一尺二寸至一尺一寸	黄松	自十两四钱四分九厘至一两七钱三分一厘	
		红松	自九两八钱九分九厘至一两六钱四分	

---

① 《清会典事例》（第十册上），第 157 页。

② 《清会典事例》（第十册上），第 157 ~ 160 页。

续表 2.8

木植种类	木植尺寸		价格（根）	
松木	长三丈五尺至七尺，径一尺	黄松	自五两四钱九分六厘至七钱九分二厘	均分别径寸大小，按尺递减
		红松	自五两二钱六厘至七钱五分一厘	
	长三丈至八尺，径九寸至六寸	黄松	自四两九钱至四钱一分	
		红松	自三两七钱九分八厘至三钱八分九厘	
	长一丈五尺至五尺，径五寸	黄松	自九钱三分至二钱七分	
		红松	自八钱八分三厘至二钱五分六厘	
桅木	长七丈五尺，径一尺七八寸		六十八两	
	长七丈	径一尺七八寸	五十四两四钱	
		径一尺五寸	减银十二两八钱	
		径一尺三寸	减银三十六两七钱二分	
	长六丈五尺	径一尺五寸	四十一两六钱	
		径一尺四寸	减十三两四钱四分	
		径一尺三寸	减十八两八钱四分	
	长六丈	径一尺四寸	三十五两四钱	
		径一尺三寸	减十七两二钱八分	
		径一尺一寸	减十九两二钱	
	长五丈八尺	径一尺	十四两四钱	
	长五丈五尺	径一尺三寸	十六两八钱	
		径一尺二寸	减一两八钱	
		径一尺一寸	减三两六钱	
	长五丈	径一尺二寸	十四两	
		径一尺一寸	减八钱	
		径一尺	减二两八钱	
	长四丈	径一尺	十两	

续表 2.8

木植种类	木植尺寸			价格（根）	
松墩木	阔一尺，厚七寸，长一丈			每料银一两五钱	
	长九尺至七尺			每料递减银一钱五分	
榆木	长一丈四尺，径五寸			一两六钱二分	
	长一丈	径一尺		三两一钱五分	
		径八寸		减四钱五分	
		径六寸		减一两七钱九分一厘	
		径四寸		减二两二钱二分五厘	
	长七尺	径七寸		一两六钱二分	
	长五尺	径四寸		四钱五分	
		径三寸		三钱六分	
	长三尺五寸	径二尺		二两五钱二分	
椴木	长一丈五尺	径一尺一寸		一两六钱二分	
		径一尺		减九分	
	长一丈三尺	径一尺二寸		一两四钱四分	
		径一尺		一钱二厘	
	长一丈	径六寸		一两八分	
紫椴木	长一丈	径一尺二寸		二两六钱一厘	
		径一尺		减六钱五分	
柏木	小径一尺六寸	长一丈七尺		九十五两二钱六分二厘	如属北柏，照南柏减价五成
		长一丈四尺五寸		减二十两四钱二分五厘	
		长一丈三尺		减三十两四钱四厘	
	小径一尺四寸	长一丈一尺		二十六两三钱二分八厘	
	小径一尺二寸	长一丈二尺五寸		十四两二钱八分七厘	
		长一丈一尺		减一两八钱二厘	
	小径一尺	长一丈		七两三钱四分四厘	
	小径九寸	长一丈四尺		九两二钱九分五厘	
		长一丈		减三两四钱六分二厘	
	径八寸	长一丈一尺		六两四钱六分二厘	
柏木椿钉	长一丈	径五寸		二钱四分三厘	

木植种类	木植尺寸		价格（根）
架木	长四丈	大径七寸	一两七钱二分八厘
		大径六寸	减七钱二分
	长三丈	大径四寸	六钱三分三厘
	长二丈一二尺	径三寸	四钱五分
	长三丈二三尺至二丈一尺	径五六寸至三四寸	五钱
桐皮槁	长一丈五尺至一丈八九尺		七分
	长一丈六尺至一丈九尺		八分
	长一丈七尺至二丈		九分
	长一丈八九尺至二丈一二尺		一钱一分
	长一丈六尺至二丈四五尺，径三寸		一钱八分
太湖槁	长二丈八尺至三丈二三尺		四钱
杉木	长二丈三尺大径一尺三寸，小径七寸		七两四钱七分
柳木	长二丈五尺，径二尺		一两四钱四分
杨木	长一丈，径九寸		五钱五分
檀木	长六尺，径六寸		三钱六分，如南檀木，一两二钱
槐木	长五尺，径一尺二寸		九钱九分
	见方一尺		七钱二分
桦木	长五尺，径八寸		一两三钱五分
柟木	长六寸，径一尺		五两四钱
储榆木	长六尺五寸，径五寸		六钱八分二厘
花梨木	长一尺三寸，径一尺		四两四钱六分四厘
	长二尺五寸，见方二尺		每块一两九钱八分
	长三尺五寸，见方四寸		每根二两五钱二分六厘
桐木	长六尺，径二尺		十两四钱九分九厘
	见方一尺		九钱
紫檀木	每斤二钱四分		
香椿木	见方一尺		一两一钱三分三厘

续表 2.8

木植种类	木植尺寸	价格（根）
栗木	长九尺，径八寸	一两六钱八分
	长五尺，径一尺二寸	一两四钱
柳木板	阔一尺，厚一寸，长一丈	每块四钱三分二厘
	长五尺	每块二钱一分六厘
杉木板	长一丈，阔一尺，厚一寸	每块二两一分六厘
紫香杉木板	见方一尺	四两六钱二分六厘
柏木板	长一丈，阔一尺，厚一寸	每块一两一钱三分三厘
杨木板	长七尺，阔一尺二寸，厚二寸	每块四钱五分
柟木板	见方一尺	每块三钱九钱五分六厘
铁梨木	长二尺八寸，阔一尺九寸，厚三寸	每块七两二钱
枣木	长三尺，径四寸	每块三钱七分八厘
花梨板	每块四两八钱七厘	
银杏板	每块二两一分六厘	
樟木板	每块九钱	
椴木板	每块一钱一分八厘	
榆木板	每块五钱八分	
梨木板	每块一两四钱五分八厘	
	长一尺二寸，宽一尺五寸，厚一寸三分	每块二钱三分四厘
	长一尺二寸，宽一尺，厚一寸	每块一钱二分
	长一尺七寸，宽一尺三寸五分，厚一寸一分	每块二钱七分五厘四毫
	长一尺三寸，宽一尺一寸，厚一寸二分	每块一钱七分一厘六毫
	长一尺九寸，宽一尺六寸，厚一寸二分	每块三钱六分四厘八毫
	长五尺，宽一尺，厚二寸	每块一两
紫椴木板	每块四钱九分	

续表 2.8

木植种类	木植尺寸	价格（根）
通梢架木	长一丈七尺至二丈	二钱二分
	一丈八九尺至二丈三尺	二钱六分
	三丈至二丈四五尺	三钱五分
旧料木植，照新料银一两，只给实银六钱		

在以后的年代里，根据实际情况调整该表中的定价。比如，乾隆二十八年（1763 年）奏准，办理在京一切工程，木植价值，例价外加二成八分。

3. 石与灰

顺治时期规定修缮所需的石与灰，由修缮工程所在部门自行开采、烧造，并列举了开采、烧造的地点与种类。比如，在大石窝采白玉石、青白石，在马鞌山开采青砂石、紫石，在白虎涧开采豆渣石，在牛栏山开采青砂石，在石景山开采青砂石、青砂柱顶、阶条等石，在马鞌山、瓷家务周口、怀柔等地方设厂烧造青白石灰。顺治十六年（1659 年）将石与灰二差，合并为一差。① 康熙时期于户部内部专设一人监督石灰的买办，命令工部司官介入石灰的开采、烧造，请领工运价值，册报核销，事竣撤回。

康乾时期对修缮所需的石头与石灰予以定价，具体见表 2.9。

表 2.9　康乾时期石头与灰石的价格一览表②

时间	石头种类	开采面积	价　值	备注
康熙十九年（1680 年）	青白灰	每百斤给银一钱二分六厘		
康熙二十二年（1683 年）	大青石	一丈至四丈五尺	每丈银二两八钱	
		五丈至九丈五尺	每丈银五两	
		十丈至十九丈五尺	每丈银八两	
		二十丈至三十九丈五尺	每丈银十两	
		四十丈五十丈以上	每丈银十五两	

---

① 《清会典事例》（第十册上），第 146 页。

② 《清会典事例》（第十册上），第 163～164 页。

续表 2.9

时间	石头种类	开采面积	价　值	备注
雍正 元年 (1723年)	大石窝 青白石	一丈至四丈五尺	每丈银二两七钱	折阔厚 一尺， 长一丈
		五丈至五丈九尺	每丈银四两五钱	
		十丈至十九丈五尺	每丈银七两	
		二十丈至三十九丈九尺	每丈银九两	
		四十丈至五十丈一尺以上	每丈银十四两	
	西山旱白玉石	每丈银五两七钱		
	马峯山青砂石、盘山青 白石、鲇鱼口豆渣石	每丈银均二两七钱		
	奇零石料	折阔一尺，长一丈		
	青白石	每丈采运银五两九千二分九厘		
	旱白玉石	每丈九两五钱二分		
	青砂石	每丈三两七钱五分		
	豆渣石	每丈二两九钱二分		
	紫石	每丈十六两三钱		
	白道石	每丈三两一钱二分七厘		
	虎皮石	见方一丈，高二尺五寸，每方银四两九钱二分 八厘		
	青白灰	每百斤给银一钱五分		
	禅房峪烧造白灰	每百斤给银一两九钱		
乾隆 元年 (1736年)	大石窝、西山、盘山等处采石价值，照雍正元年旧例，因时确估，概 以九城减定。			
乾隆 二十 四年 (1759年)	大石窝小件艾叶青石，折宽厚各一尺、 长一丈		采运价银六两九钱三分六厘 九毫三丝	大件装 运，应 加赢挂 定限日 期，照 青白石 例 核 给。
	大石窝大件艾叶青石	折宽厚各一尺，长一丈至四丈五尺	每丈采价银三两一钱五分九厘	
		折宽厚各一尺，长五丈至九丈五尺	每丈采价银五两二钱六分五厘	
		折宽厚各一尺，长十丈至十九丈五尺	每丈采价银八两一钱九分	
		折宽厚各一尺，长二十丈至三十九丈 九尺	每丈采价银十两五钱三分	
		折宽厚各一尺，长四十丈至五十丈 一尺	每丈采价银十六两三钱八分	
	红砂石		每折见方一尺，银三分九厘三毫三丝	
	羊肝石		每折见方一尺，银一两一钱二分	

续表 2.9

时 间	石头种类	开采面积	价 值	备注
乾隆 二十八年 (1763 年)	办理在京一切工程灰斤，行文顺天府，确访时价报部，按照时价核定。			

朝廷关于琉璃、砖瓦、木植和石头等物料的定价，目的在于估算工程花费以及报销所用。这种朝廷定价与当时的市场价之间有关系吗？一般来说，市场价是朝廷定价的考虑因素，但并非唯一。朝廷定价是工部、户部等相关部门官员制定的，必然会考虑给自己带来利益，关于此，皇帝也并非不知晓，而是采取了睁一只眼闭一只眼的做法，只要不过分即可。若过分，则会被皇帝抄家，官员获得的钱财则统统归入内库或国库。其实，官员贪墨的钱财只是皇帝的钱财换个地方存放而已，于皇帝而言，并无损失。

考虑到各地实际情况不一与各地官员的利益，乾隆时期则把物料的价格决定权下放到各省，由各省参照朝廷颁发的定价，编制本省的物料价值册。乾隆四年（1739 年）、乾隆三十三年（1768 年）、乾隆五十七年（1792 年）和乾隆六十年（1795 年）分别有此方面的奏准：

> 价值定例，诚难遵行，但所需物料，均照时价估报，倘承办各官，有未能实力奉行，转借时价低昂，任意轻重，在部既无成案足凭，又无成规可照，恐滋弊端，所有各省所造物料价值册籍，仍存部以备参考。嗣后一切修建，不必拘泥定价，令该督抚转饬承办各官，悉照时价确估造报。

> 各省物料价值，从前送部成规，款项繁多，开造互异，行据各省详查，陆续造册送部，将木植石料砖瓦灰斤土方杂料颜料匠夫价值并运送物料脚价，与前送成规价值，逐款比较，折中定价，编辑成帙，颁行各省，一体遵行。

> 四川省新疆各屯，一切物料、匠夫等项价值，向无定例，行据该省查明各屯地方物料工价，造册送部，将木植、灰石、竹索、炭料、铁斤、匠夫、运脚等项，逐款比较，酌中核定，发交该省，归入各省物料价值例内，永远遵行。

> 直隶省所属之热河七厅，并山西归绥道所属之归化城绥远城和林格尔萨拉齐清水河托克托城等处地方，向因各处工程无多，未经定有物料价值则例，又

乌鲁木齐所属至迪化州等七处，民户日渐加增，一切物料价值减省，原定例册，难以遵循，行据各该省查明本地现在物料价值，陆续造册送部，将木植、灰石、砖瓦、颜料、杂料、铁斤、匠夫、运脚等项，逐款比较，酌中核定，发交各该省，归入各省物料价值例内，永远遵行。①

4. 有关物料的禁令

康熙时期就物料的烧造、采办、运输、验收、质量、看管等问题作了系列禁止性规定：

（1）凡筑砖瓦窑，均令于离城五里、不近大路之处烧造，违者治罪。

（2）管窑监督，新旧交代，将库银及烧造物料，验明注册，不许外卖。

（3）官民房屋墙垣，不许擅用琉璃瓦、城瓦，如违严行治罪，该管官一并议处。

（4）红石口蝎子山，自青龙山往北，高儿山、破头山、杨家顶一带，行文顺天府大兴、宛平二县，五城三营八旗，及内务府管领等，通行严禁，毋许采伐，如有将禁止处所，私行偷采石料者，拿交该部严加治罪，嗣后如有修造处应用物料，仍着钦天监官前往踏勘，果无关风水之山，方许采用。

（5）工程所需大木，如树在寺庙中及坟茔内者，不许混报封采，其近于寺庙坟茔者，亦不得借口隐匿，违者治罪。

（6）各工所需木植等项应发钱粮，由部取具监督印领发银，限定日期运收，违限，将该监督题参，照例处分。

（7）工程应用架木，管工官于工完日，将领过通梢架木，近处限四十日，远处限八十日，交回木仓，除损坏锯截外，于限内交回十分之九者免议，逾限全不交者参处。如木仓监督，该司满汉官等，徇情不行举出，一并题参，再，关紧内廷工程，内务府官与部官彼此推诿，不于限内缴回木料者，工部会内务府总管一同题参，交部议处。

（8）建造备办木植，酌定工程大小，定限催完，如有迟延，即照定例处分。

---

① 《清会典事例》（第十册上），第161、261页。

采办解送竹木等项经收人员，若借端抑勒，令解送官役指告，由部确查题参，严加治罪。

（9）桅杉架槁木植解到日，着司官即行验收，若借端勒索，以致迟误，经朕察出，或被科道纠参，定行严加议处。

（10）验收物料，不必等候全完，随到随收，给发实收，若逾限不给，事发交部议处。

（11）交送物料，若不精好，将铺户匠役惩处换送，如堪用物料，管工官役抑勒不收，系内务府者，部会内务府总管核参，系在外者，由部题参，书役皆交该部治罪。

（12）各处工程，铺户所送物料，在工官员勒索不收，被铺户出首，即题参治罪。

（13）看管物料，被人盗去，该管官罚俸一年。

（14）内廷工所，如在工匠役偷盗物料，监工官罚俸六月，外人偷盗者，罚俸一月，不应内廷行走之人偷盗者，守门官罚俸六月，应行走之人偷盗者，罚俸一月。①

雍正时期就物料的取用、采办做了规定：

（1）各处取用物料，部委司官笔帖式，监令商人、铺户备送，将收过物料数目，该处给发印文，会同查核，毋许私行销算。给发钱粮，如交送迟延，及捏称已交，竟不交送者，将监送官交部察议，商人等从重治罪，其物料交完，而该处抑勒不出收领，许监送官及商人等呈明，题参察议。

（2）各省采办木植等项，着该督抚遴选贤员办理，照民间价值给发，不许丝毫克扣，均令匀沾实惠，仍着该督抚等时刻留心察访，俾属官敬谨遵奉，倘不遵谕旨，将该督抚一并从重治罪。②

如同康熙时期的规定，乾隆时期也规定寺庙、坟墓等地方的木头和石头不得采

---

① 《清会典事例》（第十册上），第 167~169 页。
② 《清会典事例》（第十册上），第 168 页。

伐，同时，进一步规范各省采买木植的流程，严禁借采办之名，行砍伐之实，严禁私卖。其主要规定如下：

（1）山地木石产于寺观、坟茔及有关坟脉者，不得采伐，违禁者，论办。

（2）各省办理架槁二木，公平木牙评价采买，不许借采办名色，将树木砍伐，及将商木选择号记，其桅衫二木，如必须在苗境购觅，令地方官询问苗民情愿，然后照依时价买砍，如有混买抑勒，指名题参，倘该管不行揭报，亦即一并究参，分别议处。委员办理木植，除额解外，必须备带帮木，令所给批牌内，将额木、帮木名色数目，逐一填注，如有夹带私木，即行入官，该解员照例查参。并令本省督抚于开行之日，一面报部，一面咨会沿途督抚，饬行地方官，照粮船、铜船之例，催趱出境，或有风水阻滞，地方官结报本省督抚，移咨解木省分，报部备案，若沿途无故逗留私卖，地方官据实揭报请参，徇隐者，查出一并议处。

（3）嗣后惟搭天棚木植，准其锯截二成，此外概不准锯截，其工程向例，有将一工内行取架木对给别工应用，及数处工程互相对用之处，仍俱准其通融对用。

（4）扎搭筵燕及供应一切棚座，其面宽进深，出檐调脊，以及添设隔断墙，并开做门口，均按定式丈尺絷搭，头停周围，缝席遮盖，必须一律整齐，方与房屋无异。原领架木，长短未能合式应用，若不准锯截，实难办理，所用架木，准其锯截一成。[①]

纵观康雍乾三朝的禁令，康熙朝制定得最为详细，涉及砖瓦、木植、石灰等多种物料，覆盖了物料的开采、采办、运输、验收、质量、看管等各环节。雍正朝则侧重于物料定价公平、据实核销费用等方面，严格财务制度，防止腐败。乾隆朝则在此基础上，规范各省的木植采办。物料采办的系列禁令意在约束官吏，加强吏治。

（四）保固期限及责任

保固期限解决的是建筑的质量问题。康熙时期确立了城垣、炮台、房寨等建筑

---

① 《清会典事例》（第十册上），第169页。

物修缮的保固期限为三年。康熙元年（1662年）题准，捐修城垣在三年内倾塌损坏的，由该督抚指名参处管工官役。康熙三年（1664年）下令，督抚要担保辖区内捐修工程的质量三年完好，如果三年内塌坏的，则追究督工官和督抚的责任。康熙三十九年（1700年）定例规定，匠夫工价银一百两以上的工程，三年内倒坏的，监造官革职并赔修。并下旨强调该定例溯及既往，对之前的工程也适用："从前完过工程，若三年内有倒坏者，亦照此例，令其赔修。"①

保固期限内倒塌的责任一般由经济性责任和行政性责任构成。经济性责任主要是赔修，即督工官和督抚自己出钱把倒塌的工程修好。这笔费用不菲，往往导致责任人倾家荡产。行政性责任主要是降级。一般是督工官降级的幅度高于督抚的，比如，督工官降三级，督抚降一级。康熙三年（1664年）有条规定："凡捐修城垣，敌楼、炮台、房寨等项，该督抚亲身察验保题，若三年内塌坏者，督工官降三级调用，督抚降一级留任。"②

康熙十五年（1676年）时曾免去了行政性处分，只要求相关责任人赔修。"捐修城垣等项，三年内塌坏者，免其处分，仍令督工官及该督抚赔修。"③康熙三十九年（1700年）进一步确立了保固期限内倒坏的工程责任追究："且修造不坚，于三年内倒坏，亦未定有监修官赔修之例，是以官员皆苟且塞责，虚縻钱粮，此后凡遇工程，必拣贤能司官，引见委用，务令坚固修造，三年内倒坏，定例令其赔修……"④ 根据此谕旨，通过了赔修定例："一应工程，匠夫工价银一百两以上者，将工部司官引见派出建造。工程不坚，三年内倒坏者，监造官革职，带罪勒限赔修。工完开复，不完革任，着落家产赔补。"⑤

乾隆时期进一步督促各省督抚查办所辖区域内保固期限内坍塌的案件，并把保固期限之外需要修缮的工程的修造日期和承办官员等信息备齐，上奏朝廷，以备核查。确立了挪移新建拆卸大修各工的保固期限为十年。规定保固期限内的小渗漏、小毛病，则由现任官员随时粘补，如果是地基松动、头停坍塌等大问题，责由当初

① ［清］允禄等：《大清会典》（雍正朝），第13280页。
② ［清］伊桑阿等：《大清会典》（康熙朝），第6517页。
③ ［清］伊桑阿等：《大清会典》（康熙朝），第6518页。
④ ［清］允禄等：《大清会典》（雍正朝），第13278页。
⑤ ［清］允禄等：《大清会典》（雍正朝），第13279页。

的承办官员及其上司赔修。

二　古昔陵庙、祠墓、坛庙的保护

康雍乾三位皇帝都曾下谕旨保护古昔帝王、先贤名圣的陵庙、祠墓，这些谕旨被收录到《大清会典》中，形成了古昔帝王陵墓的防护制度。以内容较为集中的《清会典事例·工部·防护》为例，该部分采取列举的方式规定了需要防护的 226 个古昔陵庙，记载了顺治至同治年间的 42 条保护古昔陵庙的谕旨，其中 26 条系康乾时期产生。这些谕旨规定了保护古代陵庙的各种措施。

（一）康熙时期

1. 岳渎历代陵寝祀典制度

针对全国范围内具有历史文化意义的名山大川河海以及陵寝，《大清会典》规定了专门的祭祀制度，即岳渎历代陵寝祀典制度。"凡各处岳镇海渎及历代帝王陵寝，恭遇登极、亲政、尊加徽号、册立东宫等庆贺大典，颁布恩诏必遣官分行祭告。平时，每年仍令有司以时致祭，其余山川、社稷、文庙、城隍、古今圣贤、忠烈、名宦、乡贤、万坛，载在祀典者，俱令有司岁时致祭。"① 康熙十八年（1679 年）下诏："岳镇四渎庙宇领秀者，该地方官设立修理，以昭诚敬。"② 这种国家大事时致祭和岁祭相结合的做法，在客观上保护了这些用以祭祀的庙宇、陵寝等建筑遗产。

2. 命令地方官负责管理与维护

负责坛庙的官员要及时汇报坛庙的损坏情况，"各坛庙遇有损坏，该管官即行具报，如迟延不报，以致盗失瓦石木植等物，将该管官题参议奏"。③ 各省督抚每年要将本辖区内古昔帝王圣贤忠烈陵墓的防护情况造册报部，"凡古昔陵墓，令守土官防护，以时修治焉。古昔帝王、圣贤、忠烈陵墓，令各省督抚饬所在地方官以时修葺，每年造具防护册报部"。④ 特别重视对明陵的保护，派江宁地方佐贰官一人专门负责

---

① 《大清五朝会典·康熙会典二》，北京：线装书局，2006 年，第 900 页。
② 《大清五朝会典·康熙会典四》，北京：线装书局，2006 年，第 1721 页。
③ 《大清五朝会典·康熙会典四》，第 1720 页。
④ 《大清五朝会典·光绪会典二》，第 573 页。

修葺明孝陵，饬令昌平地方官加强对昌平明陵的稽查防护。"朕近幸汤泉道，经昌平，见明朝诸陵殿宇虽存，户牖损坏，附近树木亦被摧残，朕心深为悯恻，尔部即严加申饬守陵人户，令其敬谨防护，仍责令该地方官不时稽查，勿致仍前怠玩，以副朕优礼前代之意。"① 派遣皇子巡视昌平明陵，"朕四十年前，曾经亲往昌平明陵，今恐看守人等疏忽，特遣皇子大臣等前往巡视，奠拜行礼"。② 有学者指出，康熙皇帝针对明陵的系列举动，意在笼络汉人，希望消弭反清思明情绪。③ 不管动机如何，客观上保护了明代帝王陵寝。

3. 设立陵户

对古昔陵墓的防护，除了派驻地方官专司管理外，还具体到每个陵墓，配置陵户，用以日常管理。陵户的工作一般为清扫陵墓，禁止放牧樵采，看守陵墓不被破坏、盗掘，将陵墓被毁坏、盗掘等情况及时通报地方官。顺治时期针对明陵，设立太监陵户，专司明陵的日常管理与维护，"自长陵以下十四陵，皆设官守之"。④ 这一制度为后世所遵循，康熙时期针对浙江会稽禹陵，增守护人役。

4. 制定坛场、文庙禁约

针对坛庙制定一系列禁约，在顺治时期已有。看守太庙、社稷坛人员及家属不得在庙里居住。立木牌，禁止闲人进入坛庙：

> 看守太庙、社稷坛人员眷属，不许在内居住，仍令照常轮班看守，如有疏旷，该寺严察惩处。
>
> 刊立木牌，严饬守护郊坛官役，不许纵容闲人擅入，以致污秽盗窃，如违，该寺参究。⑤

康熙时期进一步完善，规定坛庙附近不得埋葬、耕种，文庙务必严肃整洁：

> 各坛庙十有五步之内不许埋葬、开沟、栽种，其附近坟茔，令该城御史察

---

① 《清会典事例》（第五册下），第932页。

② 《清会典事例》（第五册下），第932页。

③ 冯尔康：《雍正传》，北京：人民出版社，1985年，第397页。

④ 徐珂：《清稗类抄》（一），北京：中华书局，1984年，第244页。

⑤ 《大清五朝会典·康熙会典四》，第1720页。

勘，有力者，自行迁葬，无力者，报部酌量给银迁葬。

儒学文庙，关系文治，理宜严肃洁清，不许污秽侵占，违者察参治罪。①

这样，对坛庙形成了系列保护性制度。

（二）雍正时期

1. 注重历代帝王陵墓保护

雍正皇帝登极后，针对明陵的看守与祭祀，设立了世袭侯爵奉祀制度。雍正元年（1723 年）九月，雍正皇帝说自己发现了一道康熙未下达的谕旨，在该谕旨中，康熙皇帝称赞了朱元璋的功绩超过了汉唐宋诸君，为此，下令访求明太祖的后裔，以便奉祀。

朕近于圣祖仁皇帝所遗书笥中，检得未经颁发谕旨。以明太祖崛起布衣，统一方夏，经文纬武，为汉唐宋诸君之所未及，其后嗣亦未有如前代荒淫暴虐亡国之迹，欲大廓成例，访其支派一人，量授官爵，以奉春秋陈荐，仍世袭之……谨将圣祖所遗谕旨颁发，访求明太祖支派子姓一人，量授爵秩，俾之承袭，以奉春秋祭飨。② 第二年，找到了正白旗籍、正定知府朱之琏，封为世袭一等侯，负责明朝诸陵的祭祀，有镶白旗现任直隶正定府知府朱之琏，乃明太祖第十三子代简王嫡派，谱牒明确，已奉旨授为一等侯爵世袭，即仍令于本旗居住，授爵之后，遣往江宁祭明太祖陵一次，以礼部司官一人，斋祭文同往致祭……祭毕回京，往昌平州祭明十三陵一次，嗣后每年春秋二季，于该旗都统处具呈。前往昌平明陵致祭，至遇有应往江宁祭明太祖陵之处，礼部届期奏请，令其前往，应办事宜，均照初次例行。③

雍正皇帝的这一做法虽然意在消除反清思明，但却延续下来，扩展至其他古昔帝王陵寝。乾隆十六年（1751 年），曾封姒氏后人世袭八品官，奉祀会稽禹陵。

雍正七年（1729 年），雍正皇帝颁发一条著名的保护历代帝王陵寝、先圣先贤名

---

① 《大清五朝会典·康熙会典四》，第 1720、1721 页。
② 《清会典事例》（第五册下），第 933 页。
③ 《清会典事例》（第五册下）第 933～934 页。

臣烈士坟茔的上谕，原文如下：

> 自古帝王皆有功德于民，虽世代久远，而敬神崇奉之心不当驰懈，其陵寝所在乃神所凭依，尤当加意防卫，勿使衰慢，至于广圣先贤名臣忠烈，芳型永作楷模，正气长留天壤，其祠宇茔墓应当恭敬守护，以申仰止之忱。著各省督抚传饬各属，择境内所有古昔陵寝祠墓，勤加巡视防护稽查，务令严肃洁净，以展诚恪。若有应行修葺之处，着动用本省存公银两，委官办理。朕见历代帝王，皆有保护古昔陵寝之饬谕，而究无奉行之实，朕雍正元年恩诏内，即以修葺历代帝王陵寝通行申饬，亦恐有司相沿积习，视为泛常，嗣后著于每年年底，应令该地方官将防护无误之处，结报督抚，造册转报工部，汇齐奏闻。倘所报不实，一经发觉，定将该督抚及地方官分别议处。明太祖墓在江宁，昔我圣祖仁皇帝历次南巡，皆亲临祭奠，礼数加隆，著江南总督转饬有司加防护。其明代十二陵之在昌平州者，自本朝定鼎以来，即设立太监陵户，给以地亩，令其虔修禋祀，禁止樵採。圣祖仁皇帝时屡颁谕旨，严行申饬，着该督转饬昌平州知州、昌平营参将，并差委人员时加巡视，务令地境之内，清静整齐，倘陵户或有不敷，着该督酌议加赠，此南北明陵二处，亦着该督抚于每年岁底册报工部汇奏。①

该条谕旨反映了雍正皇帝对古昔帝王陵寝的态度，要"加意防卫""恭敬守护"，并配以系列执行措施。其中与修葺密切相关的是命令各省督抚要动用本省存公银两，采取措施，对所辖境内的古昔陵庙要尽日常管理、维护、修葺之责，每年将防护具体情况造册上报朝廷。该条谕旨确定的保护制度为后继之君贯彻执行，本章将在后文具体讲述。

2. 加强坛庙保护

进一步约束官员于祭祀期间的行为。雍正朝会典规定："不许喧哗失仪，越次先散，及随从人役喧拥，违者，御史、礼部等官，指名题参。不理刑名，不办事，不宴会，不听音乐，不入内寝，不问疾，不吊丧，不饮酒，不食葱韭薤蒜，不祈祷，不报祭，不祭墓，其有灸艾，体气、残疾、疮毒、未愈者，俱不许陪祀。各官遇有

———————

① 《清会典事例》（第五册下），第934页。

期年以下之服，该衙门预咨都察院注册，临祭祀时，复咨都察院对册详查，有捏报者，指名题参。"① 并派了御史加强祭祀期间行为的稽察。"闻大臣官员，于斋戒处饮酒嬉戏，殊非敬谨斋戒之礼，应派官员稽察，嗣后派御史二员，派各部院衙门后司员四员，每旗派贤能旗员各一员，内务府官员二员，三旗侍卫二员，前往坛内严行稽查，如被查出，即行参奏。"②

设立坛户与庙户，从事坛庙的日常清扫与防护工作。这些坛户与庙户，归太常寺管理，由北京各郊县的农民组成。"凡各坛庙所设守护各坛户、庙户，俱行文顺天府，于各州县佥派。"③ 《大清会典》将每个坛庙所配备的坛户或庙户的数量、来源予以清晰地规定，具体见下表。

表 2.10　坛户、庙户一览表④

坛庙名称	坛、庙户数量	来源
天坛	二十名	武清县四名，永清县一名，固安县一名，顺义县七名，怀柔县二名，遵化州一名，丰润县一名，通州一名，东安县二名
地坛	二十名	通州一名，昌平州一名，房山县二名，固安县五名，香河县三名，宝坻县五名，怀柔县二名，顺义县一名
祈谷坛	十五名	大兴县二名，宛平县八名，蓟州二名，三河县三名。
朝日坛	二十名	涿州六名，遵化州二名，良乡县二名，永清县三名，东安县四名，密云县二名，玉田县一名
夕月坛	十五名	霸州一名，文安县五名，大城县二名，大兴县二名，宛平县一名，丰润县二名，平谷县一名，昌平州一名
历代帝王庙	二十名	涿州、昌平州、遵化州、通州、霸州、香河县、三河县、良乡县、固安县、宝坻县、文安县、东安县、永清县、武清县、怀柔县、房山县、顺义县、密云县、大城县、丰润县，各一名
先农坛	二十名	大兴县一名，宛平县十三名，东安县四名，昌平州二名
城隍庙	十名	大兴县五名，宛平县五名

---

① 《大清五朝会典·雍正会典二》，北京：线装书局，2006 年，第 1238 页。
② 《大清五朝会典·雍正会典二》，第 1238 页。
③ ［清］允禄等：《大清会典》（雍正朝），第 15123 页。
④ ［清］允禄等：《大清会典》（雍正朝），第 15124～15125 页。

加强京城坛庙的日常修缮。雍正元年（1723 年）即下谕旨强调对北京坛庙的修葺："圜丘、方泽、日月社稷、先农各坛及太庙前代帝王庙、真武庙等处，着差给事中御史，共九人，部院贤能司官、工部司官，共九人，敬谨坚固修理，仍令大臣九人，分工监修，再，各坛庙工程，从前修过者甚多，并未年久，即至倾圮，皆浮冒钱粮之所致，一并严加确察，钦此。"① 雍正二年（1724 年）下旨在日坛西南空阔地方建照墙三座。雍正三年（1725 年）议准修建了天坛、方泽坛的望灯台，更换了灯杆，并规定了灯杆的尺寸，每根长九丈，大径二尺七寸，小径一尺二寸。下旨在月坛东北空阔地方建照墙三座，修理月坛牌坊两边的墙垣。雍正五年（1727 年）下旨修建先农坛。雍正八年（1730 年）修理地坛斋宫，改建正殿七间，修理左右配殿十四间，宫门一座。增建内宫门三间，守卫房十二间。②

（三）乾隆时期

乾隆时期曾以谕旨的形式下令对全国各地需要修葺的古昔陵庙进行了修缮。根据会典的记载，整理出下表：

表 2.11　《清会典事例》记载的乾隆时期修葺陵庙一览表③

谕旨下达时间	修葺陵庙名称
乾隆元年（1736 年）	湖广炎帝神农氏陵庙、帝舜有虞氏陵庙、山东之少昊陵、帝尧陵庙及周公、颜子、曾子、孟子、闵子、仲子、南宫子各祠庙
乾隆二年（1737 年）	濮州城东谷林帝尧陵
乾隆五年（1740 年）	直隶省庆都县尧母陵庙
乾隆六年（1741 年）	山西省安邑县帝舜陵
乾隆九年（1744 年）	江宁明太祖陵
乾隆十七年（1752 年）	北京房山金陵
乾隆二十六年（1761 年）	陕西省中部县黄帝陵庙

---

① 《清会典事例》（第十册上），第 51 页。

② 《清会典事例》（第十册上），第 30、34 页。

③ 《清会典事例》（第十册下），第 864～866 页。

续表 2.11

谕旨下达时间	修葺陵庙名称
乾隆二十八年（1763 年）	山东曲阜少昊陵
乾隆三十二年（1767 年）	江苏省武进县齐高帝泰安陵，江宁明太祖陵
乾隆三十六年（1771 年）	浙江会稽禹陵
乾隆三十九年（1774 年）	浙江会稽宋孝宗、理宗陵庙
乾隆五十年（1785 年）	北京昌平州明陵、陕西省礼泉县唐太宗昭陵
乾隆五十三年（1788 年）	直隶省望都县尧母陵庙

这些频繁的修缮活动背后是制度化的措施。

1. 将古昔陵庙祠墓列入会典

将全国各地二百多个古昔陵庙祠墓写进《大清会典》，明确予以保护。除了保护列入祀典的表中的二百多个古昔陵庙之外，乾隆时期进一步扩大了保护范围。乾隆十一年（1746 年）谕："前代帝王陵寝，及圣贤忠烈坟墓，向来均令修葺防护，陕西为自古建都之地，陵墓最多，有不载在会典内者，以禁作践，以资保护。"① 只要是前代帝王陵寝，即使不在会典的规定，也同样给予保护。

该条上谕经工部传到陕西巡抚陈弘谋，陈弘谋及时汇报了陕西省古昔陵寝的保护情况：

> 臣查陕西一省古昔帝王陵寝，会典开载致祭者，有十三陵，如黄帝之桥陵，周文王武王成王康王陵，汉高祖文帝宣帝陵，魏文帝陵，唐高祖太宗宪宗宣宗陵，此外，周秦汉唐之陵，尚有数十余座，向来令地方官防护，每年造册报部，而其中多有未筑围墙者，又无守陵之户，所云防护有名无实，至于圣贤忠烈之墓，后裔无人者居多，作践侵损尤所不免，钦奉上谕酌筑围墙，以禁作践，以资防护，仰见我皇上尊崇古帝，敬礼前贤之至意，诚旷古之盛典也，理宜慎重办理，庶可昭垂勿替。陕西为自昔建都之地，帝王陵寝较之他省为多，而诸王妃嫔亦多茔墓，此番圈筑围墙，设立陵户，未可漫无分别……至

---

① 《清会典事例》（第十册下），第 864 页。

于历代陵墓，在当日本属宽敞，年代久远，无人看守，以致日侵月削，即如汉文帝宣帝陵地步甚窄，而汉昭帝元帝成帝陵，考之志书，陵在咸阳，臣令地方官再三查考，已难寻觅，现在诸陵，有陵前无隙地者，有止數圈筑围墙者，亦有陵外隙地自数十亩以至十数顷不等者，若不乘此清查界址，多留余地圈筑围墙，以禁作践，日久难免侵占，而看守陵墓之户必须每年给有工食，日后方有责成，似应仍照前抚臣徐杞、藩司慧中原议请，将清出陵外隙地给附近居民耕种，免其升科，充为陵户，除亩数无多，即作陵户工食外，多者酌收租息，以充年年修葺围墙，及拨给并无隙地之陵墓工食之用，毋庸动支公项。

臣又查黄帝之桥陵、文武成康之陵、周公太公之墓，均有享殿，年久不无倾圮，将来所收租息，除筑墙工费、陵户工食外，每年积余，正可为修葺各享殿及先贤祠宇之用，统于每年防护册内，将收支数目造入报部查核，不特古帝王名贤之陵墓年年防护有资，并古先圣王名贤之祠宇，亦得渐次完固矣。其旧日诸王妃嫔之墓及历代诸臣之墓，虽不在圈筑围墙、设户看守之列，仍令地方官留意防护，造报查核，不致侵损淹没，凡前贤有后裔者，听其自为防护，其有子孙衰微，不能自为筑墙者，亦为筑墙防护。①

这个奏折历数了陕西省境内的古代帝王陵寝以及目前维护方面存在的弊端，并提出了针对性的改善措施，这些措施有的为皇帝所认可，并运用到其他地方的陵墓维护中。

2. 古昔陵庙祠墓岁报制度

岁报制度乾隆时期对古昔帝王陵寝、先贤圣人、忠烈坟墓的保护另一重要制度，该制度要求各省督抚把本地古昔帝王陵寝、先贤圣人、忠烈坟墓的修葺情况于每年年底造册汇报。具体程序为各省督抚汇报到工部，工部尚书汇报到皇帝。汇报内容非常详细，包括本年度本地方已经修葺完毕的、正在修葺的、尚未修葺的以及各自的费用核销情况。该项制度在康熙朝已有，前文提过。

---

① 中国第一历史档案馆藏宫中档案全宗，"奏为遵旨查明历代帝王陵寝无围墙处酌筑事，乾隆十三年五月十六日，档号：04-01-37-0012-012。

中国第一历史档案馆藏雍正十三年至乾隆五十九年（1735～1794年）之间工部每年情况汇报的奏折共计42条，包括了42个年份的情况，具体见下表。

表 2.12　1735～1794 年古昔帝王、先贤圣人忠烈陵墓年度修葺一览表

年　份	特殊情况	概　况
雍正十三年 （1735 年）	山东、福建、浙江等省，有应需修葺之古昔陵寝以及往圣先贤祠墓，已经工部行令该省督抚照例动用存公银两、现在修葺，统俟工竣报销之日，工部照例核算，将准销银两数目恭缮黄册进呈御览，其各省属倘仍有未经修葺，并已经修葺完固尚未报销者，相应行文各省督抚，作速造册估报。	除云南、贵州二省并无古昔陵寝祠墓外，奉天、直隶、山西、广东、广西、河南、江西、湖南、湖北、安徽等省现在完固之古昔陵寝祠墓，已据各该督抚取有防护无误册结送部。
乾隆四年 （1739 年）	山西、河南、陕西浙江福建等省从前未经修竣之古昔帝王殿宇并先贤祠墓，已经动用存公银两修葺完固，其需用工料等项，共报销银三千二十四两九钱六分九厘六毫二丝五忽，按款照例核算内，有与例不符者应行核减银二百十两八钱三分八厘，共实准销银二千八百十四两一钱三分一厘六毫二丝五忽，其准销银两照例于存公银内动拨，入于该年开除项下，其核减银两，工部已经行文各该督抚照数催追。	除云南、贵州二省并无古昔陵寝祠墓外，其顺天、奉天、直隶、广东、广西、陕西、四川、浙江、江西、山东、山西等省现在完固之古昔陵寝祠墓已据各该督抚取有防护无误册结送部。
乾隆五年 （1740 年）	山东、福建二省从前未经修竣之古昔帝王殿宇并先贤祠墓，已经动用存公银两修葺完固，其需用工料等项，共报销银二万八千五百八十八两三钱七分一厘二毫，按款照例核算内，有与例不符者应行核减银一千七十六两一钱九分一厘四毫二丝二忽，共实准销银二万七千五百二十两一钱七分九厘七毫七丝八忽，其准销银两照例于存公银内动拨，入于该年开除项下，其核减银两，工部已经行文各该督抚照数催追。	

年　份	特殊情况	概　况
乾隆六年 （1741 年）	直隶、山东、陕西、福建、江南五省从前未经修竣之古昔帝王殿宇并先贤祠墓，已经动用存公银两修葺完固，其需用工料等项，共报销银二万四千一百二两二钱二分一厘八毫八丝，臣等按款照例核算内，有与例不符者应行核减银一千三百二十八两二钱八分七厘，共实准销银二万二千七百七十三两九钱三分四厘八毫八丝，其准销银两照例在于存公银内动拨，入于该年开除项下，其核减银两，臣部已经行文各该督抚照数催追。	除云南、贵州二省并无古昔陵寝祠墓外，其顺天、奉天、直隶、广东、广西、陕西、四川、浙江、江西、山东、山西等省现在完固之古昔陵寝祠墓已据各该督抚取有防护无误册结送部。
乾隆八年 （1743 年）	江南、福建二省从前未经修竣之古昔帝王殿宇并先贤祠墓，已经动用存公银两修葺完固，其需用工料等项，共报销银一千五百七两三钱七分九厘七毫，臣等按款照例核算内，有与例不符者应行核减银八十七两六钱四厘八毫，共实准销银一千四百九十两七钱七分四厘九毫，其准销银两照例在于存公银内动拨，入于该年开除项下，其核减银两，臣部已经行文各该督抚照数催追。	
乾隆十年 （1745 年）	河南、江南、陕西福建四省从前未经修竣之古昔帝王殿宇并先贤祠墓，已经动用存公银两修葺完固，其需用工料等项，共报销银七千二百九十两八钱三分八厘三毫二丝三微，臣等按款照例核算内，有与例不符者应行核减银三百五十三两七钱六分一厘四毫二丝，共实准销银六钱九百三十七两七分六厘九毫三微，其准销银两照例在于存公银内动拨，入于该年开除项下，其核减银两，臣部已经行文各该督抚照数催追。	
乾隆十一年 （1746 年）	江南、河南、湖广、福建四省从前未经修竣之古昔陵寝祠墓，已经动用存公银两修葺完固所需工料等项，共报销银一万七百四十两一钱七分六厘六毫。臣等按款照例核算，内有与例不符者，应行核减银一千三百三十五两九钱九分三厘一毫，共实准销银九千四百四两一钱八分三厘五毫，照例在于存公银内动拨，入于该年开除项下，其核减银两，臣部已经行文各该督抚照数催追。	

续表 2.12

年　份	特殊情况	概　况
乾隆十三年（1748 年）	福建省从前未经修竣之古昔帝王殿宇并先贤祠墓，已经动用存公银两修葺完固，其需用工料等项，共报销银七百七十八两七钱一分五厘，臣等按款照例核算内，有与例不符者应行核减银三十两九钱九厘二毫五丝，共实准销银七百四十七两八钱五厘七毫五丝，其准销银两照例在于存公银内动拨，入于该年开除项下，其核减银两，臣部已经行文各该督抚照数催追。	除云南、贵州二省并无古昔陵寝祠墓外，其顺天、奉天、直隶、广东、广西、陕西、四川、浙江、江西、山东、山西等省现在完固之古昔陵寝祠墓已据各该督抚取有防护无误册结送部。
乾隆十五年（1750 年）	陕西、江苏二省从前未经修竣祠墓，已经动用存公银两修葺完固，所需工料等项共报销银五千二十两九钱七分一厘三毫一丝四忽二微，臣等按款照例核算，内有与例不符者，应行核减银一百一十六两七分五厘四毫二丝四忽二微，共实准销银四千九百四两八钱九分五厘八毫九丝，应照例在于存公银内动拨，入于该年开除项下，其核减银两臣部已经行文该抚照数催追。	
乾隆十六年（1751 年）	山东、山西二省从前未经修竣祠墓，已经动用存公银两修葺完固，所需工料等项共报销银三千三百八十一两六钱七分二厘四毫。臣等按款照例核算，内有与例不符者，应行核减银八十三两二钱五分八厘四毫，实准销银三千二百九十八两四钱一分四厘，照例在于存公银内动拨，入于该年开除项下，其核减银两臣部已经行文该抚照数催追。	
乾隆十七年（1752 年）	江苏省从前未经修竣明太祖陵寝，已经动用存公银两修葺完固，所需工料等项，先据估需银一千四百九十四两八钱六分六厘八毫，工竣后该督报明，节省银三两二钱三分三厘七毫，臣等按款核算，有与例不符者，复减去银二百二十六两三厘一毫，实准销银一千二百六十五两六钱三分，照例在于存公银内动拨，入于该年开除项下，其节省核减银两行令该督照数催追。	

续表 2.12

年　份	特殊情况	概　况
乾隆十九年 （1754 年）	江苏、浙江、湖北等省从前未经修竣祠墓，已经动用存公银两修葺完固所需工料等项，共报销银二千六百七十七两四钱八分五厘二丝一忽七微五尘，臣等按款照例核算，内有与例不符者，应行核减银二百八十四两四钱三分二厘二毫，实准销银二千三百九十三两五分二厘八毫二丝一忽七微五尘，照例在于存公银内动拨，入于该年开除项下。其核减银两，臣部已经行文该抚照数催追。	除云南、贵州二省并无古昔陵寝祠墓外，其顺天、奉天、直隶、广东、广西、陕西、四川、浙江、江西、山东、山西等省现在完固之古昔陵寝祠墓已据各该督抚取有防护无误册结送部。
乾隆二十年 （1755 年）	江苏、浙江、山东等省动用存公银两修竣先贤名臣忠烈祠宇茔墓共八案内，业据各该督抚分案造册报销，臣部按例核算，共准销过银二千九百七十五两七钱九分二厘六毫七丝五纤，应照例准其在于存公银内动拨，入于该年开除项下。	
乾隆二十一年 （1756 年）	直隶、浙江、山东、陕西等省动用存公银两修竣古昔陵寝先贤名臣忠烈祠宇茔墓共六案内，业据各该督抚分案造册报销，臣部按例核算，共准销过银二万四千七百七十四两六钱七分四厘八毫二丝，照例准其在于存公银内开除。其现在修葺尚未报销者共五案，应令作速造册报销。	
乾隆二十二年 （1757 年）	四川、陕西、江苏等三省督抚并未送到防护无误册结，殊属迟延，应行文各该督抚查参报部，至浙江、江苏、陕西等省动用存公银两修竣古昔陵寝先贤名臣忠烈祠宇共五案，业据各该督抚分案造册报销，臣部按例核算，共准销银二千三百五十二两九钱三分一厘二毫九忽一微八纤七沙五尘，照例准其在于存公银内开除。现在修葺尚未报销者共二案，应令该抚作速造册报销。	
乾隆二十三年 （1758 年）	江苏省并未将二十三年防护无误册结送部，殊属迟延，应行文该抚查参报部，至浙江省动用存公银两修竣夏禹王陵祠一案，业据该抚造册报销，臣部按例核算准销银二千四百五十七两一钱八分三厘，照例准其在于存公银内开除。浙江省现在修葺先贤于忠肃公祠宇一案尚未报销，应令该抚作速造册报销。	

续表 2. 12

年　份	特殊情况	概　况
乾隆二十四年（1759 年）	江苏省并未将二十四年防护无误册结送部，殊属迟延，应行文该抚将如何迟延之处查参报部，至浙江省动用存公银两修竣明臣于谦祠宇一案，据该抚报销工料银三百四十两四钱五分，臣部按款核算，内有与例不符之处，应减去银四十八两五分一厘，实准销银二百九十七两三钱九分九厘，照例准其在于存公银内开除。	除云南、贵州二省并无古昔陵寝祠墓外，其顺天、奉天、直隶、广东、广西、陕西、四川、浙江、江西、山东、山西等省现在完固之古昔陵寝祠墓已据各该督抚取有防护无误册结送部。
乾隆二十六年（1761 年）	江苏省并未将乾隆二十六年分防护无误册结送部，殊属迟延，应行文该抚将如何迟延之处查参报部，其陕西、浙江等二省动用存公银两修竣古昔陵寝先贤墓道共二案，业据该抚分案造册报销、臣部按例核算，浙江省准销银八十三两八分四厘八毫，陕西省准销银一千一百七十六两五钱三分，照例准其在于存公银内开除。安徽、江苏、福建等省现在修葺、尚未报销者共四案，应令该督抚造册报销。	
乾隆二十七年（1762 年）	山东、安徽、江苏、福建、浙江等省现在修葺尚未报销者共五案，应令该督抚造册报销。	
乾隆二十八年（1763 年）	江苏、浙江、福建等三省动用存公银两修竣古昔陵寝先贤祠墓共八案，业据该督抚分案造册报销、臣部按例核算，江苏省二案，共准销银二千三百六十三两九钱八厘九毫八丝，浙江省四案，共准销银一千二百七十八两九钱五分七毫二丝，福建省二案，共准销银一千三百四十三两五钱五分九厘五毫，照例准其在于存公银内开除。安徽、江苏、山东、福建等省现在修葺尚未报销者共八案，应令该督抚造册报销。	
乾隆二十九年（1764 年）	山东、安徽、浙江三省动用存公银两修竣古昔陵寝先贤祠墓共五案内，业据该督抚分案造册报销、臣部按例核算安徽省二案，共准销银六百二两六钱七分八厘四毫八丝，浙江省一案，准销银三百四两五钱六分二釐六毫，山东省二案，共在准销银六百八十八两二钱四分七厘六毫八丝，照例准其在于存公银内开除。安徽、江苏、浙江、福建等省现在修葺尚未报销者共十一案，应令该督抚造册报销。	

年　份	特殊情况	概　况
乾隆三十年 （1765 年）	江苏、浙江、福建等省动用存公银两修竣先贤名臣祠墓共八案内，四案业经该督抚分案造册报销，臣部按例核算，江苏省二案共准销银三百六十九两四钱五分三厘，浙江省二案共准销银三百八十五两二钱二分一厘，照例准其在于存公银两内开除，其未经准销之四案，先经臣部循例题驳者一案，咨驳者三案，此外尚有已经估计现在修葺未据报销者四案，应一并行令该抚分别题咨报销。	除云南、贵州二省并无古昔陵寝祠墓外，其顺天、奉天、直隶、广东、广西、陕西、四川、浙江、江西、山东、山西等省现在完固之古昔陵寝祠墓已据各该督抚取有防护无误册结送部。
乾隆三十一年 （1766 年）	江苏、安徽、浙江、福建等省动用存公银两修竣先贤名臣祠墓共八案内，安徽省一案先经臣部题驳，应令该抚作速造册题覆到日，臣部再行办理，其余江苏等省七案，据该督抚分案造册报销，业经臣部按例核算，分别准销在案。尚有已经估计现在修葺未据报销者七案，应一并行令该抚分别题咨报销。	
乾隆三十二年 （1767 年）	江苏、安徽、浙江、福建等省动用存公银两修竣先贤名臣祠墓共八案内，二案已据该抚造册报销，现经臣部循例题驳者一案，咨驳者一案，相应开单行令该抚作速分别题咨报部到日臣部再行办理，其余六案据该督抚分案造册报部，业经臣部按例核算分别题咨准销在案。尚有已经估计现在修葺未据报销者三案，应一并行令该抚造册报销。	
乾隆三十三年 （1768 年）	安徽、江苏、湖广、福建、浙江等省动用存公银两修理先贤墓祠共七案内，已据该抚造册报销、臣部循例题驳者一案，咨驳者五案，现在修葺未据报销者一案，相应一并开单行令该抚造册报销。	
乾隆三十四年 （1769 年）	尚有江宁所属之上元等十四州县，并浙江省杭州等府所属之三十三县未经该督抚造册送部，殊属迟延，应令该督抚速即补送，并将造送迟延之各州县职名送部议处。至江苏、安徽、浙江、福建、湖北等省动用存公银两修理先贤祠墓共八案内，据该抚造册报销、经臣部奏驳者一案，咨驳者三案，相应开单行令该抚作速报销、到日臣部再行办理，其已据该督抚分案造报、经臣部按例核算分别题咨准销者四案。江苏省尚有已经估计、现在准修未据报销者一案，应一并行令该抚造册报销。	

年　份	特殊情况	概　况
乾隆三十五年 （1770 年）	安徽、江苏、浙江、福建等省动用存公银两修理先贤祠墓共七案内，已据该督抚分案造报、臣部按例核算分别题咨准销者四案。其已经估计现在准修尚未报销者三案，应令该督抚造册报销。	除云南、贵州二省并无古昔陵寝祠墓外，其顺天、奉天、直隶、广东、广西、陕西、四川、浙江、江西、山东、山西等省现在完固之古昔陵寝祠墓已据各该督抚取有防护无误册结送部。
乾隆三十六年 （1771 年）	直隶、浙江、湖北等省动用存公银两修理先贤祠墓共八案，内据该抚造册报销、经臣部驳查者三案，应开单行令该抚作速造报到日臣部再行办理，其已据估计现在准修、未据报销者五案，应一并行令各该督抚造册报销。	
乾隆三十七年 （1772 年）	直隶、山东、江苏、浙江、湖北等省动用存公银两修理先贤祠墓共十案，内据该抚造册报销、经臣部驳查者五案，应开单行令该抚作速造报到日臣部再行办理，其已据该督抚分案报销、经臣部按例核算准销者五案。再查，浙江、福建、陕西等省尚有已经估计现在准修、未据报销者四案，应一并行令该抚造册报销。	
乾隆三十八年 （1773 年）	直隶、江苏、福建、浙江、湖北、陕西等省动用存公银两修理先贤祠墓共十案，内据该抚造册报销、经臣部驳查者二案，应开单行令该抚作速造报到日臣部再行办理，其已据该督抚分案报销、经臣部按例核算准销者八案。	
乾隆三十九年 （1774 年）	山东、江南、福建、浙江、湖北、陕西等省动用存公银两修理先贤祠墓共十案，内据该抚造册报销、经臣部驳查者六案，应开单行令该抚作速造报到日臣部再行办理、其已据该督抚分案报销、经臣部按例核算准销者四案。	
乾隆四十年 （1775 年）	尚有湖北武昌府属未经该抚造册送部，殊属迟延，应令该抚速即补送并将造送迟延之各州县职名送部议处。至直隶、山东、江苏、湖北、浙江、陕西等省动用存公银两修理祠墓殿宇共十五案，内据该抚已经修竣造册报销、经臣部驳查者六案，应开单行令各该抚作速造册报销、其已据该抚咨报、经臣部按例核算准销者九案。	

年　份	特殊情况	概　况
乾隆四十二年 （1777 年）	直隶、浙江、陕西等省动用存公银两修理祠墓殿宇共八案，内据该抚咨报估计现在准修、未据报销者三案，已经修竣造册报销、经臣部驳查者一案，应开单行令各该抚作速造册报销、其已据该抚咨报、经臣部按例核算准销者四案。	
乾隆四十三年 （1778 年）	直隶、江苏、浙江、陕西等省动用存公银两修理祠墓殿宇共十一案，内据该抚咨报估计现在准修、未据报销者六案，已经修竣造册报销、经臣部驳查者四案，应开单行令各该抚作速造册报销、其已据该抚咨报、经臣部按例核算准销者一案。	
乾隆四十四年 （1779 年）	江苏、浙江、湖北、福建、陕西等省动用存公银两修理祠墓殿宇共十六案，内据该抚咨报估计现在准修、未据报销者九案，已经修竣造册报销、经臣部驳查者三案，应开单行令各该抚作速造册报销、其已据该抚咨报、经臣部按例核算准销者四案。	除云南、贵州二省并无古昔陵寝祠墓外，其顺天、奉天、直隶、广东、广西、陕西、四川、浙江、江西、山东、山西等省现在完固之古昔陵寝祠墓已据各该督抚取有防护无误册结送部。
乾隆四十五年 （1780 年）	江苏、浙江、湖北、福建、陕西等省动用存公银两修理祠墓殿宇共十五案，内据该抚咨报估计现在准修、未据报销者三案，已经修竣造册报销、经臣部驳查者四案，应开单行令各该抚作速造册报销、其已据该抚咨报、经臣部按例核算准销者八案。	
乾隆四十六年 （1781 年）	直隶、江苏、浙江、湖北、福建、陕西等省动用存公银两修理祠墓殿宇共十八案，内据该抚咨报估计现在准修、未据报销者九案，已经修竣造册报销、经臣部驳查者三案，应开单行令各该抚作速造册报销、其已据该抚咨报、经臣部按例核算准销者六案。	
乾隆四十七年 （1782 年）	山东、江苏、浙江、福建、陕西等省动用存公银两修理祠墓殿宇共二十三案，内据该抚咨报估计现在准修、未据报销者十案，已经修竣造册报销、经臣部驳查者二案，应开单行令各该抚作速造册报销、其已据该抚咨报、经臣部按例核算准销者十一案。	

年　份	特殊情况	概　况
乾隆四十九年 （1784 年）	山东、浙江、福建、陕西等省动用存公银两修理祠墓共三十案，内据该抚咨报估计现在准修、未据报销者十七案，已经修竣造册报销、经臣部驳查者九案，应开单行令各该抚作速造册报销、其已据该抚咨报、经臣部按例核算准销者四案。	除云南、贵州二省并无古昔陵寝祠墓外，其顺天、奉天、直隶、广东、广西、陕西、四川、浙江、江西、山东、山西等省现在完固之古昔陵寝祠墓已据各该督抚取有防护无误册结送部。
乾隆五十六年 （1791 年）	江苏、湖北、福建等省动用存公银两修理祠墓共二十案，内据该抚咨报，估计现在准修、未据报销者五案，已经修竣造册报销、经臣部驳查者二案，除开单行令各该抚作速造册报销、其已据该抚咨报、经臣部按例核算准销者十三案。	
乾隆五十七年 （1792 年）	顺天、奉天、直隶、山东、河南、安徽、江苏、山西、江西、湖广、广东、广西、福建、浙江、甘肃、四川、陕西等省之古昔陵寝先贤祠墓内，除已据各该督抚查明坚固……至山东、湖北、福建等省动用存公银两修理祠墓共十六案内，据该抚咨报估计，现在准修、未据报销者，三案，已经修竣造册报销、经臣部驳查者一案，除开单行令各该抚作速造册报销，其已据该抚咨报、经臣部按例核算准销者十三案。	
乾隆五十九年 （1794 年）	顺天、奉天、直隶、山东、河南、安徽、江苏、山西、江西、湖广、广东、广西、福建、浙江、甘肃、四川、陕西等省之古昔陵寝先贤墓祠内，除已据各该督抚查明坚固，造具防护无误清册送部，应毋庸议外，至浙江省动用存公银两修理祠墓共十二案，内据该抚咨报估计现在准修，未据报销者六案，已经修竣造册报销经臣部驳查者三案，除开单行令该抚作速造册报销，其已据该抚咨报、经臣部按例核算准销者三案。	

3. 明确修葺费用、原则、效果等事项，使得修葺行为更加具备可操作性

乾隆皇帝的谕旨中不仅说明了修葺哪个陵庙，还确定了修葺资金的落实、修葺的原则与要求等。

（1）关于修葺资金的落实

古昔陵寝、祠庙的修缮费用主要来自国库和各省的行政经费。《大清会典》中收

录的修缮谕旨中经常这样分派修缮费用：

> 各省前代帝王陵庙，均宜严肃整齐，以展诚悫，闻湖广地方炎帝神农氏陵庙，殿宇墙垣……不足以肃观瞻，着该督抚转饬有司，动用公项，即行修葺，其别处陵庙，如有类此者，悉令该督抚委官察勘，动用存公银酌量修理……
>
> 直隶省庆都县系帝尧生长之乡，向有尧母陵庙，年久坍塌，令该督饬属动项修理，据实报销。
>
> 山西省安邑县帝舜陵……令该抚动用存公银两立限修整，工竣报销。
>
> 江宁明太祖陵寝……委官勘估，即于藩库存公项内动拨兴修。
>
> 金陵在崇山之内，距房山北门凡二十里，由周口邨以北沿途山石，并动拨藩库存公银鸠工除治。
>
> 会稽宋孝宗理宗陵庙，委官修葺，在于藩库程费项内支给。
>
> 陕西省中部县黄帝陵庙，由库储陵租银内支给修理。
>
> 少昊陵享殿配殿宝顶石坊大门缭垣，年久坍塌，委官确估，在于藩库存公项内动拨兴修，工竣据实报销。
>
> 江苏省武进县齐高帝泰安陵墓，动项修葺。①

（2）修葺的原则

①如旧式

一般遵行按照原来的规制、式样修葺。"江宁明太祖陵寝，正殿戟门龙凤门宰牲亭等处，均有坍塌，动用藩库存公银，如式修整。"② 但也不尽其然，视情况而定。比如，乾隆二年（1737 年）下旨修葺帝尧陵，当时在濮州、东平州都有帝尧陵，东平州的尧陵在明洪武年间修葺过，乾隆认为帝尧陵的旧址在濮州城，而洪武年间修葺东平州的帝尧陵，是不明就里。此次修葺不必在洪武修葺的基础上进行，而是在濮州城尧陵的基址上修葺。"帝尧陵在濮州城东南六十里雷泽之东谷林庄，陵前有享殿三间，陵南一里，有尧母庆都陵，陵东五十余步，有尧妃中山妇人祠，旧设祠田百二十亩，濠地四十亩，州官春秋祭享，至东平州尧陵，缘自金末黄河屡决，谷林

---

① 《清会典事例》（第十册下），第 864 ~ 866 页。
② 《清会典事例》（第十册下），第 866 页。

旧址无存，明洪武闻未经深考，始终东平葺陵建庙以祀，沿为既久，今不便仍袭前明故事，致祭东平，应令山东巡抚饬该地方官确勘濮州城东谷林旧址，修建享殿配殿等项，并于陵前设尧母灵台祠，配以中山夫人，悉如旧制，详加料估，动项兴修，其东平一陵，仍令有司以时展祭。"①

②在原基址上扩大、缩小规模，或改建

即便在原基址上修葺，也存在规模与原来不一致的情况。有时会在原基址上扩建、增建。比如，乾隆五十年（1785年）下旨修葺昌平明陵时，对十三个陵墓增设神牌龛案，扩大了崇祯皇帝思陵的规模。"思陵旧制狭小，度其地势加筑月台，将原有碑亭移建其上，又享殿三间改建五间，宫门一间改建三间，用符体制。"② 乾隆五十三年（1788年）下旨修葺直隶省望都县尧母陵庙时，强调要增建。"帝尧庙，旧制狭小，浸多圮坏……动支藩库银量为增建……"③ 也有在原基址上缩小规模的，比如前面提到的乾隆五十年（1785年）修葺昌平明陵时，把嘉靖皇帝的永陵享殿规模改小了，"自献陵以至德陵，均系享殿五间，宫门三间，惟永陵享殿七间，制与诸陵不同，所有一切殿宇倾圮剥落，咸需量为修理，永陵享殿亦改建五间，与各陵一律完整"。④ 有时是在原基址上直接改建。乾隆五十年（1785年）修葺陕西省礼泉县唐太宗昭陵时，出于坚固、经久之考虑，把木头大门改建为连三瓦洞。⑤

（3）修葺的要求

外观方面的要求一般为"焕然一新""庙貌鼎新"。质量方面的要求一般为"工程坚固""可垂永久"。乾隆元年（1736年）下旨督促山东巡抚修缮少昊陵、帝尧陵庙及周公、颜子、曾子、孟子、闵子、仲子、南宫子等祠庙时，曾要求"务期工程坚固，可垂永久。亦不许委官浮冒侵欺，以致工程草率"。⑥ 如果修缮工程浩大，短时间内难以完成的，则分清楚轻重缓急，依次修缮。乾隆三十六年（1771年）修缮会稽禹陵时，分成三年完成，最先修理大殿，其次是享殿两庑、东西碑房，最后是

① 《清会典事例》（第十册下），第864页。
② 《清会典事例》（第十册下），第867页。
③ 《清会典事例》（第十册下），第868页。
④ 《清会典事例》（第十册下），第867页。
⑤ 《清会典事例》（第十册下），第867页。
⑥ 《清会典事例》（第十册下），第864页。

陵碑亭、六角亭等。

4. 针对不同的古代陵墓给予不同的保护措施

这一做法形成于乾隆十三年（1748年）。对于古昔帝王皇后、圣贤忠烈以及立德立功立言炳着史册者的坟墓，修建围墙。"凡古昔帝王皇后陵寝，并圣贤忠烈，或立德立功立言炳着史册者，所有茔墓，令该抚逐细查明，将酌筑围墙丈尺做法，先行造册报部，次第办理。"①　对功绩不突出的诸王妃嫔及先贤忠烈的茔墓，不必一概修建围墙保护，但仍命令地方官时加防护。"虽有善足录，而考其生平事业未甚表述者，毋庸一概筑墙防护。""昔日诸王妃、嫔及诸臣之墓，虽不在筑墙看守之例，仍令地方官留意防护，不致淹没。"②　对先贤茔墓，认可先贤的后代自修保护围墙，如果家贫无力修建的，朝廷出资修建。"凡先贤有后裔者，听其自为防护，其子孙衰微不能自筑围墙者，亦为筑墙防护，统于每岁防护册内，逐款造册报部，照例汇入年终具题。"③　对于有享祠的三皇五帝以及周公太公的陵墓，令地方官修葺享祠："黄帝文武成康之陵，周公太公之墓，均有享祠，年久不免倾圮，令该抚将应行修葺之处，照例先行造具估册咨部，委官修葺，工竣取具册结报销。其将来所收租息，除筑墙工资陵户工食外，每年积余，即可为修葺各享殿，及先贤祠宇之用，统于岁终将收支数目造册报核。"④　很明显，这些措施是借鉴了陈弘谋的建议。

5. 进一步完善陵户、世袭侯爵奉祀制度

乾隆时期进一步完善陵户的待遇、工作内容，为古昔帝王陵庙的维护提供了保障。乾隆元年（1736年）即发布上谕，对全国各地没有陵户看守的历代帝王陵庙设立陵户，"各陵庙向来未设陵户、无人看守者，可酌设几户，专司洒扫，用着为例"。⑤　当年根据此谕旨，于炎帝陵、帝舜陵各设陵户四名。乾隆十三年（1748年），通过拨给土地、发放工食、收地租等方法，充实陵户。"现在陵寝，有陵前无隙地者，有只敷圈筑围墙者，亦有陵外隙地，自数十亩至数十顷不等者，倘不趁此清厘，日久难免侵占，而看守陵墓之户，必须每岁给有工食，方有责成，应将请出陵外隙

① 《清会典事例》（第十册下），第865页。
② 《清会典事例》（第十册下），第865页。
③ 《清会典事例》（第十册下），第865页。
④ 《清会典事例》（第十册下），第865页。
⑤ 《清会典事例》（第五册下），第934页。

地数目无多者，给附近居民耕种，免其升科，充为陵户。其地亩多者，令地方官酌收租息，以为拨给并无隙地陵户工食之用，毋庸动支公项，仍造具收获租息，并给各陵户工食清册，报部察核。"① 对姒氏后代，封八品官，世袭，奉祀会稽禹陵。"朕时巡至杭州，禹陵在望，缅维平成之德，万世永赖，皇祖圣祖仁皇帝曾亲祀焉，爰东度浙江，陟会稽，式遵皇祖旧典，躬荐馨于宇下，厥有姒氏子姓，世居陵侧，应世予八品官奉祀，该督抚择其有品行者一人充之，以昭崇德报功至意，钦此。"②

6. 重视明陵的保护

（1）修葺崇祯帝陵墓。乾隆十年（1745 年）命直隶总督修葺明思陵："所有享殿三楹，配屋数椽，即令直隶总督转饬有司量为修葺，以免剥落倾圮。"③

（2）注重明孝陵的保护。饬令江宁地方官保护好明孝陵，禁止在陵墓周围樵牧往来，致滋践踏："朕省方问俗，巡幸江宁钟山之麓，明太祖陵在焉，皇祖圣祖仁皇帝南巡时，念其为一代创业之君，銮舆屡诣，旷典光昭，朕于驻跸诘朝，即命驾前往，躬申奠谒，念本朝受命以来，百有余年，胜国故陵，寝殿依然松楸无恙，皆我祖宗盛德保全之所致也，可令该督抚饬地方官加意保护，其附近陵地，毋许樵牧往来，致滋践踏，并晓谕各陵户知之。"④

（3）裁汰守陵太监，以陵户替补守陵太监，命令地方官加强对陵户的管理："昌平州明十二陵，既设有陵户看守，又有世袭侯爵承祭，司香太监，即行裁汰，令其归籍为民，其看守防护之陵户，令地方官稽查管束，如有老疾事故缺出，就近拣选老成殷实之人充补，令其防护。该地方官不时稽查，仍于岁底造具防护无误印结……昌平州有明代妃冢六处，向无陵户，系十二陵太监照管，现经裁汰，嗣后派陵户四名，以司看守，交地方官拣选充补，稽查约束……西山有明景泰帝陵，并坟墓数处，设司香太监六名，向无陵户，所有太监即行裁汰，酌设陵户二名，以司看守……江南江宁府明太祖陵，向设太监，即于裁汰，酌改陵户看守。"⑤

（4）全面修葺明十三陵。乾隆时期对明十三陵进行过两次修葺，第一次是乾隆

---

① 《清会典事例》（第十册下），第 865 页。

② 《清会典事例》（第五册下），第 935 页。

③ 《清会典事例》（第五册下），第 935 页。

④ 《清会典事例》（第五册下），第 935 页。

⑤ 《清会典事例》（第五册下），第 935 ~ 936 页。

十年（1745 年），第二次是乾隆五十年至乾隆五十二年（1785 ～ 1787 年）。第二次规模较大，被认为是明十三陵修葺史上工程最为浩大的一次，花费帑金 28.6 万两。①

乾隆五十年（1785 年）三月，乾隆皇帝发布上谕："朕此次行幸汤山，取道昌坪，躬诣长陵致奠，见诸陵寝明楼享殿，多有损坏，神牌龛案，亦遗失无存，为之慨然弗忍视。盖由明代中叶以后，国事废弛，全不以祖宗为念于陵寝并未修葺，至末年复经流寇扰乱，亦无人守卫，以致日就倾圮。若其后代之君，果能岁加缮治，整齐完固，逮今不过百有余年亦何致颓剥若此？又诸陵前虽建有碑座，均未镌泐，未审彼时是何意见。今亲临奠醊，周览之下，深为轸恻，自应重加葺治，增设龛位，俾臻完备……我国家受天眷命，世德显承，于前代陵寝，缮完保护，礼从其厚。此次修复诸明陵殿宇等工，节费至百万帑金，亦所不靳。"② 该上谕启动了明陵的修葺工程。历经二年多，明陵重修告竣，乾隆亲自前往阅视，并就以后如何保护明陵提出要求，落实具体部门与官员。乾隆五十二年（1787 年）三月初九日谕旨："前年朕亲临奠醊缅怀前迹，用是恻然，因特发帑金，拣派大臣监督，将各陵重加修葺，兹届工竣，朕便道亲临阅视，殿宇焕然，松楸如旧，第恐阅时既久，地方官查禁不力，复不免有私行樵采，及殿宇墙垣间被风雨损坏等事，嗣后应交直隶总督责成霸昌道，就近专管稽查，仍于每年十月着工部届期奏请派该部堂官一员，前往查勘，如有殿宇墙垣树株伤损等事，惟该管道员是问，以示朕加礼胜朝，保护旧陵至意，着为令。"③ 当年十月份，工部即派员前往昌平明陵查勘。"奴才于十月二十一日带领司员前往明陵，详细查看，所有各陵殿宇墙垣甫经修理完竣，焕然一新，至陵恩门内外地面均属洁净，其各陵树株由霸昌道同典查明根数，登记册档，奴才率领司员查对，共有四万六千八百四十株，与所报数目相符，奴才令该管地方官严饬陵户，将殿宇墙垣小心看守，保护树株，毋许附近居民樵采，以仰体皇上加念前朝恻然修葺之至意。"④ 两年后，有大臣奏报修葺后的明陵有油饰脱落、未及时修理等情况，乾隆又下达一道谕旨，将负有责任的官员惩处，并进一步规定工部查勘

---

① 胡汉生：《清乾隆年间修葺明十三陵遗址考证——兼论各陵明楼、殿庑原有形制》。

② 《清会典事例》（第五册下），第 936 ～ 937 页。

③ 中国第一历史档案馆：《乾隆帝起居注》（36），南宁：广西师范大学出版社，2002 年，第 69 页。

④ 《宫中档乾隆朝奏折》（第六十六辑），台北：台北故宫博物院，1982 年，第 34 页。

官员三年一换，以防止腐败，加强保护力度。"明陵墙垣门扇灰饰，间有脱落，自系风雨损坏，该道未及随时修理，祇须罚令赔修，免其交部议处，嗣后派往查勘之工部堂官，著三年奏派一次。"①

7. 坛庙的保护

关于坛庙，乾隆十四年（1749 年）谕："两郊坛宇，虽岁加涂堊，而经阅久远，应敕所司省视，所当修理者，敬谨从事。"② 根据会典记载，乾隆时期对天坛、地坛、社稷坛、先师庙、历代帝王庙、先农坛等进行了较大规模的整理，有拆有建有修有改。

以天坛为例，乾隆八年（1743 年），乾隆皇帝下旨修理天坛斋宫，新建正殿五间，左右配殿六间，内宫门一座，回廊六间。修理券殿一座，方亭一座，宫门六座，石桥十座，钟楼一座，外围廊房一百六十三间，拆墁月台，修理了河道墙垣。③ 乾隆十二年（1747 年），拆除、重建天坛围墙，拆除崇雩坛。乾隆十四年（1749 年），依据康熙御制律吕正义所载的尺寸，改变了坛面所用瓦和四周所用栏板的数量。把坛面甃、栏板栏柱所用的青色琉璃改为艾叶青石。乾隆十五年（1750 年），把皇穹宇台面周围接墁的天青色琉璃瓦改为青白石，把祈谷坛大享殿外三层坛面改用金瓦墁砌。把皇穹宇、祈谷殿、皇乾殿门楼围垣的绿瓦改为青琉璃，把皇穹宇扇面墙用青灰抹饰改为用天青色琉璃瓦砌。乾隆十七年（1752 年），把祈年殿及大门两庑、圜丘内外壝门所用的青黄绿三色瓦改为青色琉璃。乾隆十九年（1754 年），修理牺牲所房宇，在天坛西面外垣之南增建门一座，垣内增建钟楼一座。乾隆三十五年（1770 年），重建天坛望灯杆三根，尺寸大于雍正年间确立的尺寸。乾隆五十年（1785 年），重建祈谷坛配殿。

三 典型案例

康乾时期建筑遗产保护的案例主要包括三类：一是直接破坏、毁损建筑遗产的

---

① 《清会典事例》（第十册下），第 868 页。

② 《清会典事例》（第十册上），第 52 页。

③ 《清会典事例》（第十册上），第 30 页。

行为，二是建筑遗产修缮过程中出现浮冒侵蚀钱粮、拖延、误工等行为，三是建筑遗产脱落、闪裂、倾圮、坍塌等情况。下面具体探讨这三类中的典型案例。

（一）直接破坏、毁损行为

直接破坏、毁损建筑遗产的行为多见于盗掘坟墓，而盗掘坟墓会在下一章具体探讨，在此并不赘述。除了坟墓，寺庙、宫殿是常见的建筑遗产。雍正年间，发生了唐山县知县赵杲擅毁寺庙案。直隶顺德府唐山县知县赵杲拆毁了该县十余处庵观寺庙，并焚毁了寺庙中的佛像，击碎古碑三十余座，砍伐松柏古木三百余株，把僧道逐出境，勒令尼僧还俗。该案上奏到雍正皇帝，雍正皇帝将之革职枷号并赔修所毁寺庙。谕旨提到："闻夫寺庙之设，由来已久，即僧道之流亦功，令之所不禁，若伊等不守清规，干犯法纪，自有应得之罪。今知县赵杲无故将寺庙全行拆毁，僧尼悉皆驱逐，暴厉乖张，生事滋扰。朕治天下，惟恐一夫不复其所，今赵杲任意妄行，若此将见托身空门之人仓促无依，还有流离失所者，赵杲著革职，即于本县枷号，将所毁寺庙一一赔修完毕，令僧道等照旧居住，俟赔修完日，该督再行奏。"[1]

赵杲赔修了庙宇神像石碑及补种树木，但是并非如实进行赔偿，比如，当初砍伐的是松柏大树，却栽种小树，以小充大。该情况为皇帝所知悉，命其重新赔偿："赵杲将寺庙中大木伐卖，令栽种小树，岂是补偿？着照原木之价追出，交与本寺僧人，钦此。"[2] 最终，赵杲的赔偿状况如下："除令赔修各项已如式完工外，查赵杲伐过各寺庙树三百二十三科，原木价时值共银九百三十一两三钱，制钱一千文，署唐山县知县杨绳孙俱于赵杲名下照数追出。"[3]

（二）建筑修缮质量问题

建筑遗产的修缮有保固期限，在保固期限内出现质量问题的，则追究相关人员的责任。有些情况下，即使不在保固期限的，当初的承修官以及其上司也要承担赔修责任。康雍乾三朝中，乾隆朝的土木工程较多，我们以此朝为例。

---

[1] 中国第一历史档案馆：《雍正朝汉文谕旨汇编》（第二册），南宁：广西师范大学出版社，1999年，第118页。

[2] 《宫中档雍正朝奏折》（第二十辑），台北：台北故宫博物院印行，1979年，第285页。

[3] 《宫中档雍正朝奏折》（第二十辑），第286页。

1. 保固期限内的赔修

（1）都罡殿空心墙案①

乾隆三十七年（1772 年）都罡殿大红墙被发现是空心墙，内有见方六尺三寸、深四丈七尺七寸空洞，经查是为了赶工所致。"以前原想于七月初间赶办完竣，概行切实多需二十余日，且空方井亦可省赶办砖料，是以如此办理。"该工程监督官员和总管内务府大臣均受到处罚。"永和素谐工程，又有稽查之责，究难辞咎，着与监督等分赔十分之四"，"查萨哈亮等系承办都罡殿工程之监督，所修东西墙垣间，留空洞，虽询系迫于期限搏工节料，以图速竣，尚无冒销情弊，但并未计其经久坚固，如法砌实，殊属不合，除补修空洞所需工价银一万一千六百余两，着落该工大臣监督分赔补修外，应将总管全德、郎中石宝及萨哈亮均照造作不如法者，笞四十律，各笞四十，系官，各罚俸六个月，萨哈克系革职效力之人，无俸可罚，应照例注册，至总管内务府大臣三和、英廉，系总理工程事务之大臣，乃并未留心，计其坚固经久，惟任萨哈亮等间留空洞，草率完工，疏忽之咎，亦所难辞，应将总管内务府大臣三和、英廉均照疏忽例，各罚俸三个月。"

（2）正阳门新建箭楼闪裂案②

乾隆四十五年（1780 年），正阳门新建箭楼闪裂，监督、督办各级官员负责赔修。"英廉和珅奏正阳门新建箭楼改用砖石发券，因斤两沉重，致有闪裂，各请赔项重修等语，箭楼改用石工，本系朕意，但仍用原旧基址，并未新筑，以致石斤较重，有闪裂之处，英廉及监督等自不能辞其责，所有此次重修之项，准其开销一半，其余一半着英廉赔十分之七，监督等赔十分之三。"

2. 超过保固期限赔修

（1）永安寺山后层观上跻楼下檐地面沉注案③

乾隆三十一年（1766 年），北海永安寺山后层观上跻楼下檐地面沉注，该督

---

① 中国第一历史档案馆藏内务府奏案，"奏为查议补砌都罡殿大墙空洞错误之大臣官员等赔修并罚俸事"，乾隆三十七年七月初八日，档号：05 - 0299 - 022。

② 中国第一历史档案馆藏奏销档，"奏为新建正阳门箭楼闪裂应设处赔修等事折"，乾隆四十五年十二月二十九日，档号：363 - 008。

③ 中国第一历史档案馆藏内务府奏案，"奏为遵查永安寺山后层观上跻楼下檐地面沉注、着原监督硕尔霍等赔修事"，乾隆三十一年一月初九日，档号：05 - 0232 - 018。

官员负责赔修。"看得层观上跻楼下檐内里地面沉洼，情形缘修建之时，填厢灰土，筑打未坚之故，以致地面沉洼，查此楼系乾隆十七年监督郎中硕尔霍天保、员外郎国柱修建之工，迄今虽十有余载，而地面即致沉洼，亦系该监督等兴修时疏忽之所致，合行奏明，着落原办监督郎中硕尔霍等赔补，妥协坚固修整……湖天浮玉北面东西两边游廊地面亦间有沉洼，又曾观上跻东边游廊扇面墙门过木以上，抹饰灰片有鼓裂之处，自应奏明，一并着落原办监督郎中硕尔霍等一律修整，以为疏忽工作者戒。"

（2）朝阳门外琉璃碑亭损坏案①

乾隆四十三年（1778年），北京朝阳门外琉璃碑亭损坏。"柱木内有歪闪头，亭椽望内有糟朽，北面并东北角椽望角梁，尤为糟甚，现已折损脱落，琉璃瓦片多有破坏，墙垣闪裂。"此座碑亭于乾隆二十六年（1761年）修过，但查看官员都认为虽然经过了十余年，但也不至于毁坏到如此之地步，应当由原监督修缮之官员赔修。经查，原监督官员为原任郎中雅河图和员外郎福住，由二人分赔。其中雅河图已病故，由其子承担应赔份额。

（三）建筑修缮过程中的腐败行为

我们现存的清代之前的建筑遗产，在康乾时期基本上均修葺过，可以说，这个时期修缮工作量非常大，工程中的各种贪腐行为也屡见不鲜，因此，这方面的案例也反映了皇帝惩治贪腐。

日坛牌楼监修官员藏珠偷工减料案②

雍正二年（1724年），工部郎中藏珠监修朝日坛景升街牌楼修缮工程，竣工三年后，牌楼倒坏，太常寺遵旨察议，经查，系偷减物料所致。太常寺的处理意见是藏珠赔修倒坏的牌楼，并追究没有尽到详查责任的现任工部堂官的责任。雍正皇帝对此案下达谕旨："工部官员等向来侵盗冒销钱粮，弊端种种，此内修理牌楼一事，即冒销银至千两之多，方及三年，即便颓坏，此皆阿其那以国家公事曲

---

① 中国第一历史档案馆奏销档，"奏为朝阳门外琉璃碑亭损坏请着落原监督等赔修事折"，乾隆四十三年十月初五日，档号：350－256。

② 故宫博物院：长编60176，太常寺议奏处分监修日坛牌楼工部郎中藏珠事，雍正五年十一月二十九日辛巳。

市私恩，藐忽典礼之所致。藏珠着革职枷号于工部之门，俟其应赔银两全完之日，着工部堂官请旨。"

第三节　《大清会典》内府收藏与保管规制

清宫的各项器物、典藏或放在库房，或摆在各宫殿中，而且随时或定期更换。

一　机构设置

（一）广储司六库

内府库房主要为隶属于广储司的六库。顺治初年（1644 年）设立御用监，由六库构成，分别为银库、缎库、皮库、茶库、衣库和瓷库（图 2.2）。顺治十八年（1661 年），六库改为四库，分别为银库、缎库、皮库、衣库①。康熙二十八年（1689 年）增设茶库、瓷库，由此六库体制延续下来。六库职掌分别为：银库，掌金钱、珠、玉、珊瑚、玛瑙及诸宝石。缎库，掌龙蟒等缎、纱、紬、绢、布、皮革。皮库，掌貂、狐、猞猁、狲、水獭、银鼠等皮，及哆罗呢、氆氇、羢、氍、羽缎、象牙、犀角、凉席。茶库，掌茶叶、人参、香、纸、颜料、绒线、历代功臣像。衣库，掌朝衣、端罩、各色衣服。瓷库，掌瓷器及铜锡器皿。

乾隆时期配备了六库典守人员，分别从六部员外郎内选用，被选中的员外郎仍然兼办原来的部务，这等于是部务和库务双肩挑，其中库务差

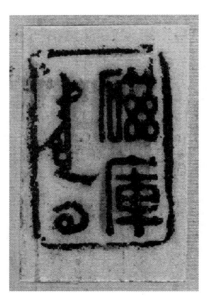

图 2.2　磁库石章

---

① 《清会典事例》（第十二册下），第 847 页。

使三年更换一次。若遇到升迁，则不再兼任库务。可见，彼时的六库典守人员仍不是独立的专职，乃是兼职。另外，还有内务府值年大臣与监察内务府事务御史一起查办六库事务，由于值年大臣是每年更换，因此查办六库事务也是每年更换。

除此之外，圆明园也有紫炭、金银、器皿和活计库等。

（二）负责收贮的紫禁城宫殿

紫禁城的宫殿内摆设着各种各样的古器物、陈设等。在此试举几例：

乾清宫：负责收贮书画、玉器等赏用器物。清宫活计档有此类记载："于本月十五日太监王秉持来太监胡世杰交乾清宫上等字画手卷四十六卷……"，"太监胡世杰交汉青玉篆字把璧一件，传旨着配入乾清宫入古次等……"① 比如，晋"玉兰堂砚"和"壁水暖砚"陈设于乾清宫东西暖阁。

养心殿：负责收贮古玩书画。"总管一员，收掌内库钱粮及古玩、书画、陈设。"② 据《养心殿寝宫陈设档》记载，养心殿后殿陈设品达 724 件之多，比如，白玉"桐荫仕女图"山子。

昭仁殿：收贮天禄琳琅宋元镌本。

懋勤殿：收贮图史翰墨等文房四宝。

重华宫：收藏古书画。

御书房：收藏字画手卷。

古董房：专司收贮典籍、古玩器皿。

建福宫：收贮赏用物件、珍奇文物。

交泰殿：收贮功臣黄档以及御用二十五宝。

懋勤殿兼本房：收掌文具书籍。

南薰殿：乾隆十三年（1748 年），乾隆皇帝命令将内府所藏的历代帝后及先圣明贤图像尊藏于此，原来收藏在工部外库的明代诸帝的玉册也移到该殿。

寿皇殿：乾隆四十六年（1781 年），将康熙皇帝、雍正皇帝常用的玉玺及乾隆皇帝自御极以来所用的玉玺，制为宝匣，预装空册，定位二十五层，以备将来依次存

---

① 中国第一历史档案馆、香港中文大学文物馆：《清宫内务府造办处档案总汇》（15），北京：人民出版社，2005 年，第 11、112 页。

② ［清］鄂尔泰、张廷玉等：《国朝宫史》，北京：北京古籍出版社，1994 年，第 457 页。

贮签用。

以上这些宫殿的收贮功能是兼带的，收藏并非其主要或唯一功能，在紫禁城以及皇家苑囿、行宫里还有一批专门为收藏古玩、字画而生的屋宇，这些屋宇系皇帝钦点的。[①]比如：

三希堂（图2.3）：乾隆在养心殿前殿西间隔出一小间，命名为"三希堂"，专门用于收藏他认为是稀世珍宝的《快雪时晴帖》《中秋帖》《伯远帖》。

快雪堂：乾隆四十四年（1779年），时任福建总督杨景素将冯铨后人摹的快雪堂石刻进献宫廷，乾隆在太液池北岸筑快雪堂，以收藏该石刻。

淳化轩：为收藏淳化阁帖石刻，乾隆三十七年（1772年）在长春园念经堂后面修建淳化轩。

图2.3　三希堂主室

阅古楼：乾隆皇帝在北海白塔山西麓上建造，上下各有二十五间房，环抱左右，呈半月形，收藏历代名家书画。《御制三希堂石渠宝笈法帖》即嵌刻石于该楼二层。

墨云室：位于养性殿西暖阁西室，因收藏毕沅进的古墨而得名。

玉瓮亭：乾隆皇帝为遮护元代的旧物——"渎山大玉海"而在承光殿南建一座

---

① 故宫博物院：《清宫收藏与鉴赏》，第30～31页。

石亭，取名玉瓮亭。

北四阁、南三阁：分别为文渊阁（紫禁城）、文源阁（圆明园）、文溯阁（沈阳故宫）、文津阁（承德避暑山庄）、文澜阁（杭州西湖行宫）、文汇阁（扬州大观堂）、文宗阁（镇江金山寺）。这七个藏书楼各贮藏一部四库全书。

二　出入库、支发等日常管理

（一）出入库

顺治时期规定各库钥匙，每晚交送内廷收存。康熙时期规定各库钥匙交乾清门值宿侍卫领班。[1]雍正时期进一步强化规定："凡开库，令库官司库未入流司库各一人，库使三人，公同启封，事毕，照例封识。如遇夜间开库，值宿司库传集六库值宿之库使，从值宿之总管，率领开库。再向例库钥系值宿库使二人，每晚汇交乾清门值宿侍卫，次日仍由库使二人领回，分给各库，嗣后六库，每日令库官一人值宿，其取送库钥，令值宿司库，率库使二人司其事，每晚对库后，交守库值宿护军校等看守，次日，库官验看封识。"[2]

（二）支发

雍正时期制定严格的领取物品程序。"凡向六库支领之物，现有者，不得过六日，转取者，不得过十日，各按数给发。""六库互相领取之物，该库库使，持图记领文，赴库支领，豫日开明应领物数，钤用图记，送广储司，由司批库照验该库图记领文给发。"[3]

乾隆时期进一步明确支领物品的记录清单要详细、具体。"各处支领六库之物，不得笼统一文咨领数库，令开列细数，按库移文，以免牵混。""养心殿造办处，每月向库支领之物，分别实用、暂用，各库于月终开列给过物数清册，送广储司，由司汇齐六库清册，核对该处来文，将某库某物，实用若干、暂用若干，移文该处复核，仍咨复本司。"[4]

---

[1]　《清会典事例》（第十二册下），第847页。
[2]　《清会典事例》（第十二册下），第851页
[3]　《清会典事例》（第十二册下），第851页。
[4]　《清会典事例》（第十二册下），第851页。

图2.4　檀香木满文"出皮库章"

三　收贮与维护

（一）相关谕旨

康熙十六年（1677年）五月初九日，上谕："以后宫内各处，有上传将本处所管物件，动用赐给某人，其经管之人，必随手登记本处底簿，务将受赐之人姓名，逐一开写清楚，仍将物件另誊写一纸，移送懋勤殿，不得有误。倘若物件开写不清，姓名参差不一者，必从重治罪，决不轻恕。"①

雍正六年（1728年）四月初一日，上谕："乾清宫西暖阁陈设书画古玩之格架上，所有纱帘锻罩，可用板箱装贮封固，收于西暖阁仙楼上。"②

乾隆八年（1743年）十二月十二日，上谕："十二宫陈设器皿等件，布置停妥，永远不许移动，亦不许收贮，着将此旨通行传知。"③

乾隆五十五年（1790年）十月二十九日，上谕："画舫斋、得性轩被窃，遗失陈设等件，经大臣等审讯，据首领太监供称，有十余日不曾进殿打扫，二十四

---

① 故宫博物院：《国朝宫史·国朝宫史续编》，海口：海南出版社，2000年，第11页。
② 故宫博物院：《国朝宫史·国朝宫史续编》，第26页。
③ 故宫博物院：《国朝宫史·国朝宫史续编》，第42页。

日进殿始行知觉被窃等语，首领并未查看，其情可恶，将首领张进颜、王太平，即行发遣，太监等严行审讯，嗣后各处首领所司各地方，务要勉力勤劳，不时查看，另太监等小心看守当差，日久不可废弛，着总管等不时稽查，似此猾懒不堪之首领太监，尔等查出，指名参处，照张进颜、王太平等一例治罪，将此旨着敬事房记载档案。"①

乾隆五十八年（1793 年），谕："金简等奏，十八日带同英吉利贡使至正大光明殿瞻仰，据该贡使告称，天文地理表，周围约一丈，高不过一丈五尺，其余物件，较为减小，天朝殿宇宏大，即将应行留京之贡品八件，全分安设殿内，宽然有余等语……现在该国匠役，留于京城者，止有六人，若令分投安装，转难迅速集事，自当将此八件，一并在正大光明殿安设……又据和珅奏，钦天监监正安国宁、监副汤士选及四堂西洋人罗广祥等十名，恳准赴园，于该国匠役安装贡品时，一同观看学习等语。此亦甚好，多一人，即多一人之心思，安国宁等既情愿前往，自应听其随同观看学习，尤可尽得其装卸收拾方法，庶将来该国匠役回国后，可以拆动那移，随时修理，更为妥善，将此谕令知之。"②

（二）相关则例的规定

1. 《各处首领太监等处分则例》的规定③

该则例规定的二等罪条文中涉及两条：

第四条　凡各宫殿等处太监等，收贮一切陈设器皿等官物，有不谨慎屏当，以致失误伤损者，系首领，罚四个月月银，系太监，重责四十板，其首领等非系本身犯罪，系该管太监犯罪者，系失于觉察例，应照本罪减等，罚一个月月银。

第五条　凡各宫殿等处太监等，收贮一切钱粮用度等官物，有不谨慎屏当，以致遗失缺少者，系首领，罚四个月月银，系太监，重责四十板，其首领等非系本身犯罪，系该管太监犯罪者，系失于觉察例，应照本罪减等，罚一个月月银。

三等罪条文中涉及一条：

第二条　凡宫殿监等处太监等，有不看守本管地方，擅至不应至之处者，系首

---

①　故宫博物院：《钦定宫中现行则例二种》，海口：海南出版社，2000 年，第 192 页。

②　《清高宗实录》卷一千四百三十三，乾隆五十八年七月辛亥。

③　故宫博物院：《钦定宫中现行则例二种》，第 140 页。

领，罚两个月月银，系太监，重责二十板。

2.《各处首领太监处分则例十六条》的规定

第七条 收贮本处一切陈设官物，有不谨慎典守，以致失误伤损者，系首领，罚月银四个月，系太监，重责四十板，该首领失于觉察者，罚月银一个月。

（三）图书典籍日常保管

1. 修建藏书楼

（1）北四阁

北四阁分别为文渊阁、文源阁、文津阁、文溯阁。均由乾隆皇帝命名，他在御制文溯阁记中交待了四阁的命名理由：

> 四阁之名，皆冠以文。而若渊、若源、若津、若溯，皆从水以立义者。盖取范氏天一阁之为，亦既见于前记矣。若夫海、源也，众水各有源，而同归于海，似海为其尾而非源，不知尾间何泄，则仍运而为源。原始反终，大易所以示其端也。津则窃源之径而溯之，是则溯也津也，实亦追源之渊也。水之体用如是，文之体用，顾独不如是乎。恰于盛京而名此名，更有合周诗所谓溯涧求本之义，而予不忘祖宗创业之艰，示子孙守文之模，意在斯乎，意在斯乎。①

①文渊阁

文渊阁位于北京故宫博物院东华门内文华殿后，是紫禁城中最大的一座皇家藏书楼。乾隆四十一年（1776 年），文华殿后之皇宫藏书楼建成，乾隆皇帝赐名文渊阁，用于专贮第一部精抄本《四库全书》（图 2.5）。御制诗四集仲春经筵有述注云："文渊阁落成已久，而四库全书第一部，昨岁冬始得告成，今排列架上，古今美富毕聚于此，实为庆幸。"

文渊阁效仿浙江宁波范氏天一阁构置。乾隆皇帝"闻其家藏书处，曰天一阁，纯用瓦甃，不畏火烛，自前明相传至今，并无损坏，其法甚精"，于是命杭州织造寅著前往看探，寅著的看探情况如下：

---

① 《清高宗实录》卷一千一百八十九，乾隆四十八年九月戊申。

图2.5　钦定四库全书

　　天一阁在范氏宅东，坐北向南，左右瓦甃为垣，前后檐上下俱设窗门，其梁柱均用松杉等木，共六间，西偏一间安设楼梯，东偏一间，以近墙壁，恐受湿气，并不贮书，惟居中三间，排列大橱十口内六橱，前后有门，两面贮书，取其透风，后列中橱二口，小橱二口，又西一间，排列中橱十二口，橱下各置英石一块，以收潮湿，阁前凿池，其东北隅又为曲池，传闻凿池之始，土中隐有字形如天一二字，因悟天一生水之义，即以名阁，阁用六间，取地六成之，之义，是以高下深广，及书橱数目、尺寸，俱含六数。①

　　《四库全书》《古今图书集成》入藏文渊阁，按经史子集四部分架放置。以经部儒家经典为首共22架和《四库全书总目考证》《古今图书集成》放置一层，并在中间设皇帝宝座，为讲经筵之处。二层中三间与一层相通，周围设楼板，置书架，放史部书33架。二层为暗层，光线极弱，只能藏书，不利阅览。三层除西尽间为楼梯间外，其他五间通连，每间依前后柱位列书架间隔，宽敞明亮。子部书22架、集部书28架存放在此，明间设御榻，备皇帝随时登阁览阅。

---

① 故宫博物院：长编24498，乾隆帝命仿天一阁藏书楼规制建贮藏四库全书文阁，清乾隆三十九年六月二十五日丁未。

②文津阁

乾隆四十三年（1778 年）的一道关于热河建设的谕旨中提到"仍于山庄内肇建文津阁，庋贮四库全书"。文津阁位于承德避暑山庄千尺雪景区之北，建于乾隆三十九年（1774 年），是北四阁中最早建成的。与文渊阁一样，效仿天一阁修建，外观是二层楼阁，实际上是三层楼阁，中间有一暗层。暗层全用楠木造壁，能防虫蛀，是藏书之处。藏《四库全书》，以及经、史、子、集分类，共收书 3503 种，79337 卷，363 万册。

③文溯阁

文溯阁位于沈阳故宫博物院内。文溯阁贮藏的《四库全书》共计 6199 函，36313 册，79897 卷。另有《简明目录》《总目》《考证》《分架图》等 39 函，265 册。同时还藏有《钦定古今图书集成》一部，576 函，5020 册。

④文源阁

文源阁位于圆明园水木明瑟北面，原为四达亭，乾隆皇帝命人仿照天一阁，将其改建为藏书楼，于乾隆三十九年（1774 年）开工，次年继文津阁之后完工，乾隆皇帝将《四库全书》第三抄写本藏于此。匾额为乾隆皇帝题写的"汲古观澜"。文源阁内贮藏的《四库全书》页首印有"文源阁宝""古稀天子"之印，页末则印"圆明园宝""信天主人"。

（2）南三阁

南三阁位于江苏、浙江两省，分别为文汇阁、文宗阁和文澜阁。乾隆四十七年（1782 年）谕：

> 因思江浙为人文渊薮，朕翠华临莅，士子涵濡教泽，乐育渐摩，已非一日，其间力学好古之士，愿读中秘书者，自不乏人，兹四库全书，允宜广布流传，以光文治，如扬州大观堂之文汇阁，镇江金山寺之文宗阁，杭州圣因寺行宫之文澜阁，皆有藏书之所，着交四库馆，再缮写全书三份，安置各该处。俾江浙士子，得以就近观摩誊录用，昭我国家藏书美富，教思无穷之盛轨。①

---

① 《清高宗实录》卷一一六〇，清乾隆四十七年七月初九日甲辰。

乾隆皇帝命人续缮四库全书三份，分庋文汇、文宗、文澜阁。

①文汇阁

文汇阁位于扬州天宁寺大观堂旁，建成于乾隆四十五年（1780 年）。阁中藏有《古今图书集成》和《四库全书》，乾隆皇帝钦赐"文汇阁"之名和"东壁流辉"之额。

②文宗阁

文宗阁位于镇江金山寺，建于乾隆四十四年（1779 年）。贮藏抄本《四库全书》3461 种，79309 卷，分装 6221 函、36482 册。经部 5402 册，分装 947 函，用青色函。史部 9463 册，分装 1625 函，用赤色函。子部 9084 册，分装 1583 涵，用白色函。集部 12398 册，分装 2042 函，用黑色函。《四库全书总目录》127 册，分装 22 函，用黄色函，《四库全书简明目录》8 册，分装 2 函，函色不详。《钦定古今图书集成》5020 册，分装 520 函。《钦定全唐文》504 册，分装 50 函。《钦定明鉴》24 册，分装 2 函。

乾隆皇帝曾三次为文宗阁题诗：

题文宗阁

皇祖图书集大成，区分五百廿函盛。空前绝后菁华焕，内圣外王模楷呈。

秀粹江山称此地，文宗今古贮层甍。略观大意那知要，知要仍惟在力行。

再题文宗阁

四库全书抄四部，八年未蒇费功勤。集成拔萃石渠者，颁贮思公天下云。

今古英华率全荟，江山秀丽与平分。百川于此朝宗海，此地诚应庋此文。

题文宗阁迭庚子诗韵

庚子南巡阁已成，香楠为架列函盛。抄胥聊待数年阅，数典应看四库呈。

书借一瓻宁酒器，册藏二酉富芸甍。惠嘉南国崇文地，尚勖尊闻知所行。

③文澜阁

文澜阁建于乾隆四十七年（1782 年），告竣于乾隆四十九年（1784 年）。由杭州玉兰堂改建而成。乾隆四十七年（1782 年）七月初八日上谕："杭州圣因寺后之玉兰堂，着交陈辉祖、盛住改建文澜阁，并安设书格备用。伊龄阿、盛住于文渊等阁书格式样，皆所素悉，自能仿照妥办。"[①] 大臣陈辉祖奉旨勘查玉兰堂地形，发现玉

---

① 转引自郭伯恭著：《四库全书纂修考》，上海：上海书店，1992 年，第 135 页。

兰堂地势潮湿，并不适合藏书。"勘得玉兰堂逼近山根，地势潮湿，难以藏书，拟于玉兰堂之东迤下藏书堂后改建。"

2. 图书翻晾、暴晒

为防止图书被虫咬、受潮，对图书进行翻晾、暴晒是保护图书的常规做法。四库成书后，朝廷最初打算参照宋代秘书省每年仲夏曝书的做法，定于每年五六月间曝书。但为了与宫中其他各处书籍于每年三、六、九月晾晒之例相一致，有大臣奏请将文渊阁曝书改为三、六、九月。这一建议，为乾隆皇帝批准，因此，在每年的三、六、九月，文渊阁直阁事校理检阅等官，会同内务府司员、笔帖式等人，翻晾藏书。在曝晒期间，增加三十名识字的马甲执事人，在官员率领下一同翻晾。该工作如果做得好，则五年之后以应补之缺拔补。

乾隆皇帝写过两首曝书的诗。

曝　书

天末金风至，庭前书曝书，古香飘座永，秀色入匆虚，次第排青简，纵横打白鱼，绕廊吟赏处，爽度葛巾徐。

曝　书

柴几冰橱书曝书，古香馡馥透文疏，难逢爽籁吹长夏，肯使青缃饱白鱼，谩拟闲情赋铅椠，凭将结习验居诸，阮家竿布非吾事，试展陈编若起予。

3. 文渊、文源、文津三阁封馆

在曝晒图书中，由于多人参与，难免伤损图书，鉴于此，乾隆五十三年（1788年）停止曝书，实行封馆制度。"各书装贮匣页用木，并非纸褙之物，本可无虞蠹蛀，且卷帙浩繁，非一时所能翻阅，而多人抽看暴晒，易至损汙，入匣时复未能详整安贮，其弊更甚于蠹，嗣后只须慎为珍藏，竟可毋庸暴晒，其地面一切，亦毋须奉宸苑经理，庶专司有人，而藏书倍为完善。"①

4. 藏书于各地行宫

康乾时期在全国各地修建了好多行宫，这些行宫也是贮藏图书之所。一般来说，安置于行宫的书籍主要是陈设之用。乾隆三十九年（1774年），在江宁栖霞行宫、苏

---

① 《清会典事例》（第十二册下），第935页。

州灵岩行宫分别贮藏一部《古今图书集成》。一般的程序是由行宫所在地官员前往武英殿领取。"发往江宁栖霞行宫之古今图书集成一部，相应行知贵督，派员至武英殿领取"①，"发往苏州灵岩行宫陈设之古今图书集成一部，相应行知贵抚，派员至武英殿领取"②。

领取时记录详细的书目清单：

> 古今图书集成共三十二典，计目录二套，乾象典六套，岁功典六套，历法典八套，庶徵典十套，坤舆典八套，职方典八十套，山川典十六套，边裔典八套，皇极典十六套，宫闱典八套，官常典四十套，家范典六套，交谊典六套，氏族典三十二套，人事典六套，闺媛典二十套，艺术典四十套，神异典十六套，禽虫典十套，草木典十六套，经籍典二十四套，学行典十六套，文学典十四套，字学典八套，选举典八套，铨衡典六套，食货典十八套，礼仪典十八套，乐律典八套，戎政典十六套，祥刑典十套，考工典十四套，共五百二十套五千二十本。③

同时对贮藏条件提出要求，"敬谨如式装潢收贮署内"，"此项书籍系供陈设之用，本套繁多，必须安置如法晒凉，以时，方不致蠹蚀霉坏，地方官公务度繁，恕难兼顾，似应收贮紫阳书院，责成监院教官收掌照看，以备临时陈设。"④

5. 图书保管不善而致毁损

乾隆五十年（1785 年），盘山行宫书籍摆放不整齐，行宫总管受到处罚。"查总管文瑞系承管盘山等处行宫之专员，所有行宫内一切书籍、陈设等物，理应敬谨安

---

① 中国第一历史档案馆藏军机处录副奏折，"咨明委员领取栖霞行宫陈设古今图书集成事"，乾隆三十九年六月十三日，档号：03-1149-013。

② 中国第一历史档案馆藏军机处录副奏折，"咨为灵岩行宫陈设收贮古今图书集成事"，乾隆四十二年四月八日，档号：03-1152-024。

③ 中国第一历史档案馆藏军机处录副奏折，"咨为灵岩行宫陈设收贮古今图书集成事"，乾隆四十二年四月八日，档号：03-1152-024。

④ 中国第一历史档案馆藏军机处录副奏折，"咨为灵岩行宫陈设收贮古今图书集成事"，乾隆四十二年四月八日，档号：03-1152-024。

设，按时妥协晾晒，务令次序如式整齐适观，乃该总管文瑞并未留心检查，以致十三经、二十二史、佩文韵府等项，书籍次序舛错不齐，实属漫不经心，非寻常疏忽可比，应照舛错例，将总管文瑞罚俸一年，至东陵内务府总管李奉尧竟系统辖之大员，未经查出，咎亦难辞，应照不行详查例罚俸六个月。"①

①　中国第一历史档案馆藏奏销档，"奏为盘山等处行宫书籍陈设舛错不齐应议处事折"，乾隆五十年三月初十日，档号：389－273。

第三章　《大清律例》相关专条

第一节　盗　窃

《大清律例》对盗窃文物犯罪行为的规定主要集中于窃盗、监守盗仓库钱粮、常人盗仓库钱粮、盗内府财物等专条。从文字表述上看，这些专条都带有"盗"字，犯罪行为在客观方面都是盗窃行为，只是盗窃的具体对象不同而已。窃盗的对象指民间财产，而监守盗仓库钱粮、常人盗仓库钱粮指的是盗窃官府财产，盗内府财物指的是盗窃皇城内的财产，有别于一般的官府财产。比如，珠宝、器物、珍贵文物为私人拥有时，则属于民间私人财产，如果被盗适用窃盗条款；若在官府，则属于官府财产，如果监临主守者盗之，则适用监守盗仓库钱粮条款，如果监守之外的人盗之，则适用常人盗仓库钱粮条款；若在皇城、宫廷，则属于内府财物，适用盗内府财物条款。在内府财物中，有一类与皇帝密切相关的特殊器物，即御宝、乘舆、服御物，盗窃它们与盗窃普通内府财物不同，适用大不敬条款。

虽然都是盗窃行为，但在《大清律例》中，这些专条并非都属于同一类犯罪，而是被安排于不同的部分。盗御宝、乘舆服御物属于大不敬专条，位于名例律，其余的则属于刑律的贼盗篇。按照现代刑法体例，这些都属于盗窃罪。这点反映了古代法典与现代法典在立法技术方面的区别。

一　法律规定

（一）窃　盗

凡窃盗已行而不得财，答五十，免刺。但得财，（不论分赃、不分赃）以一主为重，并赃论罪。为从者，各（指上得财、不得财言）减一等。（以一主为重，谓如盗得二家财物，从一家赃多者科罪。并赃论，谓如十人共盗得一家财物，计赃四十两，通算作一处，其十人各得四十两之罪。造意者为首，该杖一百；余人为从，各减一等，止杖九十之类。余条准此）初犯并于右小臂膊上，刺窃盗二字，再犯刺左小臂膊，三犯者，绞（监侯）。以曾经刺字为坐。掏摸者，罪同。若军人为盗，（或窃，或掏摸，赃至一百二十两者）虽免刺字，三犯，（立有文案明白）一体处绞（监侯）。①

康雍乾三朝关于窃盗专条的规定基本一致，犯罪情节、盗窃金额、刑罚等各方面均没有变化。只要有窃盗行为，即受处罚，而不论是否盗得财产。从现代刑法上看，属于行为犯，只要犯罪行为实施完毕，即为既遂。至于是否盗得财产以及多少财产，只是量刑的情节。根据《大清律例》规定，窃盗没有获得财产的，笞五十。获得财产的，根据财产的多寡，从一两以下至一百二十两以上，刑罚从杖六十到死刑不等，基本上以十两为一个刑罚等级。除了笞杖之刑，还有刺刑。刺刑在中国古代刑法史上源远流长，是耻辱的象征，所以一般对盗窃、偷摸等行为都予以刺字，等于是为盗窃前科的人打上了烙印。一旦刺上，不准随便抹去。盗窃、偷摸等罪犯，只有碰到赦免，才能免于刺字。此外，该条还规定了共同犯罪。造意者为首犯，随从者为从犯。在窃盗共同犯罪中，从犯在主犯刑罚的基础上减一等处罚。对主犯、从犯的处罚以共同窃盗所得为准，而不论是否分赃。

雍正朝《大清律集解》增加一例："拿获皇城内畅春园周围偷窃之盗，并出名凶犯、可恶之贼，提督衙门将两腿懒筋割断。"② 强化了皇家苑囿治安管理。

除了刑事责任，窃盗行为人还应当承担相应的民事责任。赃物必须返还原主，如果不能返还原主，则要赔偿原主损失。窃盗行为人以全部家产为限承担无限责任。如果赃物已经被典当或卖与他人，典权人或买受人并不知晓该物系赃物，则不予追究典权人或买受人刑事责任，只是追回赃物③。

---

① ［清］沈之奇撰，怀效锋、李俊点校：《大清律辑注》（下），北京：法律出版社，2004年，第593页。

② ［清］吴坤修等：《大清律例根原》（三），上海：上海辞书出版社，2012年，第988页。

③ 关于此，可见乾隆年间的条例。强、窃盗贼现获之赃，各令事主认领外，如不足原失之数，将无主赃物赔补，余剩者入官。如仍不足，将盗犯家产变价赔偿。若诸色人典当、收买盗贼赃物，不知情者，勿论，止追原赃。其价于犯人名下，追征给主。见《大清律例根原》（三），第158页。

具体到程序上，官府在审理窃盗案件时，一般先查封犯罪嫌疑人家产。这里面比较复杂的事情是如何确定犯罪嫌疑人的家产。如果兄弟分产的，则容易确定，如果没有分产的，则平分家产。乾隆五十三年（1788 年）的一项条例规定，缘事获罪，应行查抄资产，而兄弟未经分产者，将所有产业查明，按其兄弟人数，分股计算。如家产值银十万，兄弟五人，每股应得二万。只将本犯名下应得一股入官，其余兄弟名下应得者，概行给予①。

（二）监守盗、常人盗

凡监临主守，自盗仓库钱粮等物，不分首从，并赃论罪。（并赃，谓如十人节次共盗官银四十两，虽各分四两入己，通算作一处，其十人各得四十两，罪皆斩；若十人共盗五两，皆杖一百之类。三犯者，绞问真犯。）并于右小臂膊上刺"盗官（钱、粮、物）"三字。（每字各方一寸五分，每画各阔一分五厘，上不过肘，下不过腕。余条准此。）②

凡常人（不系监守外，皆是）盗仓库（自仓库盗出者，坐）钱粮等物，（发觉而）不得财，杖六十。（从减一等）但得财者，不分首从，并赃论罪。（赃并同前）并于右小臂膊上刺"盗官（钱、粮、物）"三字。③

该条文中的"等物"包含范围极广，有器物钱帛、珠玉宝货、银两等。对于盗窃官府财物的行为，依犯罪嫌疑人身份不同分为监守盗仓库钱粮、常人盗仓库钱粮。负有看守、主管之责的人为监守，不负监守之责的其他人为常人。对监守自盗行为的处罚较重。在共同犯罪中不再分主犯、从犯，一体科罪。犯罪金额以全体获得赃物为准，并赃论罪。

常人盗仓库钱粮时，与窃盗一样，只要有偷盗官府仓库之行为，即受处罚，而不论是否获得赃物。赃物的多寡属于量刑的重要依据，从一两以下至八十两以上，刑罚从杖七十到绞监候不等，基本上以五两为一个等级。关于共同犯罪，没有获得赃物时，分主犯与从犯，主犯杖六十，从犯减一等，笞五十。如若获得赃物时，则

---

① ［清］吴坤修等：《大清律例根原》（一），上海：上海辞书出版社，2012 年，第 159 页。
② ［清］沈之奇撰，怀校锋、李俊点校：《大清律辑注》（下），第 563 页。
③ ［清］沈之奇撰，怀校锋、李俊点校：《大清律辑注》（下），第 570 页。

不分主从，并赃论罪。

表 3.1　监守盗、常人盗、窃盗刑罚对比表

刑罚	监守盗赃数	常人盗赃数	窃盗赃数
杖六十			一两以下
杖七十		一两以下	一两至十两
杖八十	一两以下	一两至五两	二十两
杖九十	一两至二两五钱	一十两	三十两
杖一百	五两	一十五两	四十两
杖六十，徒一年	七两五钱	二十两	五十两
杖七十，徒一年半	一十两	二十五两	六十两
杖八十，徒二年	一十二两五钱	三十两	七十两
杖九十，徒二年半	一十五两	三十五两	八十两
杖一百，徒三年	一十七两五钱	四十两	九十两
杖一百，流二千里	二十两	四十五两	一百两
杖一百，流二千五百里	二十五两	五十两	一百一十两
杖一百，流三千里	三十两（乾隆律增加了"杂犯三流，总徒四年"）	五十五两（乾隆律增加了"杂犯三流，总徒四年"）	一百二十两
绞（监候）三犯，不论赃数，绞（监候）	四十两（斩，杂犯，徒五年）	八十两（绞，杂，其监守直宿之人，以不觉察科罪）乾隆律改为"绞，杂犯，徒五年，其监守直宿之人，以不觉察科罪"	一百二十两以上

从表中可以看出，在窃盗、监守盗仓库钱粮、常人盗仓库钱粮三种盗窃行为中，盗窃金额均是量刑的重要因素。这三种盗窃行为的刑罚从杖刑开始，对监守自盗的处罚最重。

（三）盗内府财物

内府是与外库相对应，在各衙门为库，在皇城内者为内府。盗内府财物，即为

盗皇城、皇宫的财物，自然比盗窃在各衙门的寻常官物处罚要重。清入关后第一部法典《大清律集解附例》中即有盗内府财物专条，内容为："凡盗内府财物者，皆斩。（杂犯，但盗即坐，不论多寡，不分首从。若未进库，止依常人盗。"内库"字要详。）"康熙、雍正与乾隆修律时将这一规定继承。特别是乾隆五年（1740 年）修律时予以修改，修改集中于小注部分，一是将"若未进库，止依常人盗"改为"若未进库，止依盗官物论"；二是将"内库"改为"内府"。

先看第一点，第一点围绕所盗之物尚未被收贮到内库时的惩罚，乾隆修律之前，如果物品被盗窃时尚未收入内库，哪怕已经进入内府，按照常人盗处理，修改之后按照盗窃官物处理的。那么为什么会有这样的修改呢？《大清律例根原》记载了原拟修改意见："此律兼监守、常人而言，小注内云'若未进库，止依常人盗'，语意未全，应该为'若财物未进库，止依盗官物论'……"那么这里提到的"语意未全"又具体指的是何种情况呢？财物未进库，自然谈不上监守，所以原律规定按照常人盗论处，后来修改为按照盗官物论处，盗官物，则有监守盗与常人盗两种情况，那么，这里的监守盗又是针对何种情况呢？"虽未进库，但有经管炙热，即依监守论。"虽然该物尚未进入内库，但只要安排了管理人员，如果该管理人员盗窃了该物，就是监守盗，哪怕该管理人员并未实际履行管理职责。这种修改实际上是加强了皇家财产的保护。

伴随着这个修改，把"内库"也改为"内府"了。原律中强调"库"，即内府财物是否收入内府仓库，修改以后这种强调意义已经没有，而强调的重点所盗之物受否为内府财物。皇城内有各种各样的贮库，被窃之物是否收入贮库，是量刑的一个关键，而这种区别在修改之后的律中被去掉了，而新的关注点是财物是否系内府之物，即便有是否收入内库之别，但较之前，这种区别已不再是重点了。

在大力发展并应用各种例的明清法典中，律之下的例不仅数量多，而且规定更为详细。盗内府财物专条之下有若干例文，较之律，这些例修改频繁，数量多。

例一：

> 凡盗内府财物，系乘舆、服御物者，仍作实犯死罪。其余监守盗银三十两，钱帛等物值银三十两以上；常人盗银六十两，钱帛等物值银六十两以上，俱问发边卫，永远充军。内员同。

该例文把内府财物分为了两大类，分别给予不同的刑罚。第一类是乘舆、服御物，系皇帝所用之物，刑罚较重，实犯死罪，不得收赎。第二类是乘舆、服御物之外的内府之物，盗窃价值在三十两或六十两以上的，充军。

该例文在不同时期被予以修改。关于乘舆、服御物这部分内容，乾隆五年（1740 年）加上了"御宝"，乾隆五十三年（1788 年）去掉"系"字，把"仍"改为"俱"，变成了"凡盗内府财物、御宝、乘舆、服御物者，俱作实犯死罪"。嘉庆十九年（1814 年），把"系"字重新添上，"凡盗内府财物，系御宝、乘舆、服御物者，俱作实犯死罪"。后面部分，乾隆五年（1740 年）把"永远充军"改为"边远充军"，乾隆五十三年（1788 年）把"其余监守盗银三十两，钱帛等物值银三十两以上；常人盗银六十两，钱帛等物值银六十两以上，俱问发边远充军，内员同"改为"其余监守、常人盗仓库银两、钱帛等物，俱照盗仓库钱粮各本例定拟"。

这一规定默认了盗窃内府中御宝、乘舆、服御物之外的其他物品都是在内库的，但实际并非如此，这种情况在嘉庆十九年（1814 年）时予以改变，刑部官员又再次提及要区分所盗的内府之物是否在内库的问题。"臣等伏查内府财物，并非悉贮仓库之中，例内但称盗仓库银两钱帛等物，设遇有盗内府财物而非在仓库中者，引用转致窒碍。"这一建议为皇帝所采纳，改为"其余银两、钱帛等物，分别监守、常人，照盗仓库钱粮各本例定拟"。

例二：

> 凡盗内府财物，系杂犯及监守常人盗、窃盗、掏摸、抢夺等项，但三次者，不论所犯各别曾否刺字，革前革后俱得并论，比照窃盗三犯律，处绞，奏请定夺。

雍正三年（1725 年）改为"凡盗内府财物，系杂犯及监守常人盗、窃盗、掏摸，但三次者，俱得并论，比照窃盗三犯律，处绞，仍依窃盗三犯例，分别赦前、赦后"。乾隆五年（1740 年）改为"凡盗内府财物，系杂犯及监守常人盗、窃盗、掏摸，但三次者，俱并论，比照窃盗三犯律，处绞，仍分别恩赦前后论"。乾隆五十三年（1788 年）将该例删除。

例三：

> 凡偷窃大内及圆明园、避暑山庄、清漪园、静明园、静宜园、西苑、南苑

等处乘舆、服物者，照律不分首从，拟斩立决。至偷窃各省行宫乘舆、服物，为首，拟绞监候，为从者，发云贵、两广极边、烟瘴充军。其偷窃行宫内该班官员人等财物，仍照偷窃衙署例问拟，若遇翠华临幸之时，有犯偷窃行宫物件者，仍依偷窃大内服物例治罪。

该例为嘉庆六年（1801 年）创制，进一步明确了盗窃皇家苑囿、各地行宫的刑罚。该例的出台源于嘉庆四年（1799 年）的张猛、宋泳德偷窃济尔哈朗行宫帘刷挖单案，刑部将张猛、宋泳德依照盗内府财物、乘舆、服御物者，不分首从，俱拟斩立决的规定，拟斩立决，但是嘉庆皇帝认为量刑过重："若如大内及圆明园、避暑山庄、清漪园、静明园、静宜园、西苑、南苑等处，自当按此律办理。至济尔哈朗行宫，距京甚远，不但非大内可比，且较之岁时临行之园亭等处亦有不同。况所窃帘刷等物，亦非乘舆、服御之件，若概问以斩决，假如偷窃大内等处物件者，其罪又何以加？且各省行宫甚多，又岂得尽照大内之例办理乎？嗣后遇有此等偷窃各省行宫之犯，较偷窃衙署者，固应加等问拟。"在嘉庆皇帝的指示下，该例区别了偷窃大内及皇家苑囿与各省行宫的量刑。

例四：

行窃紫禁城内该班官员人等财物，不及赃数、人数，照偷窃衙署拟军例上加一等，发新疆酌拨种地当差。赃重者，仍从重论。如临时被拿，拒捕杀人者，不论金刃、他物、手足，均拟斩立决。金刃伤人者，拟斩监候，他物伤人及执持金刃未伤人者，拟绞监候，手足伤人，并执持器械非金刃，亦未伤人者，发新疆给官兵为奴，其寻常斗殴，仍分别金刃、他物、手足及杀伤本例问拟。

该例为同治九年（1870 年）创制，明确了盗窃紫禁城内值班官员财物的刑罚，比盗窃行宫值班人员财物的刑罚重。

嘉庆六年（1801 年）和同治九年（1870 年）的这两条例进一步完善了"内府"，首先从地理上完善，在紫禁城盗窃的基础上，明确了在皇家苑囿、行宫盗窃的刑罚；其次从盗窃对象上完善，在盗窃皇家用品的基础上，明确了盗窃紫禁城服役人员财物的刑罚。

皇帝非常重视宫廷的盗窃，不仅仅是财物的损失，更是作为皇家、皇帝威严、颜面的损失。雍正十年（1732年）十二月初三日上谕："朕记得康熙五十几年有四执事太监偷出衣服典当之事。从前圣祖皇考时，四执事、茶膳房及随侍等处，皆系本处首领管理，不交总管稽查。朕今无论随侍及外围等处，凡有太监所在，俱令尔等总管统辖。嗣后宜留心体察，不可疏忽。即尔等所收缎匹、古玩之类，及各处陈设什物、文具，亦当检点，勿令毁坏及被人抵换窃取。若有此等弊端，即当奏闻，不可隐瞒。倘经外人拿获，亦关朕之颜面，彼时惟治尔总管之罪。"①

综合来看，内府盗窃行为有以下几个特点：

（1）作案主体。紫禁城及御苑、行宫、皇陵等地方戒备森严，安保工作非常好（图3.1），很少有外人能混进来，因此盗窃内府的基本上是在宫廷工作、有机会出入的人，比如太监、园户、匠役等。这些人员中也有被辞退后进入宫禁进行盗窃的。

（2）盗窃后一般立即变卖。盗窃东西后，经常拿到古董铺、当铺变卖，所以多从古董铺、当铺中发现被盗物品，从而顺藤摸瓜，捉拿到犯罪嫌疑人。

（3）处罚对象。案发后，处罚对象不仅仅是盗窃之人，负有主管、值班之责的相关人也会收到处罚，往往以疏忽、失察等理由被处罚。

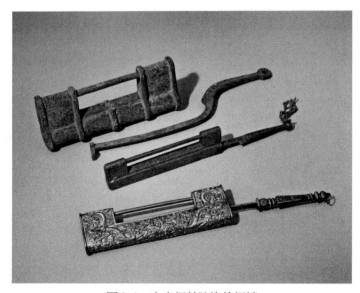

图3.1　宫中门禁防盗的门锁

---

① ［清］鄂尔泰、张廷玉等：《国朝宫史》，第32页。

二 法律适用

（一）依律例断罪

"断罪引律令"是审判的基本原则，从成文法诞生到现在，莫不如此。《大清律例·刑律·断狱》规定："凡官司断罪，皆须具引律例。违者，如不具引，笞三十。其特旨断罪，临时处治不为定律者，不得引比为律。若辄引比致断罪有出入者，以故失论。"① 该条文确立了律例在法律适用中的重要地位，不仅断案要具引，而且特旨断罪、临时处治在被定为律例之前，不得被援引。所以，律、例是慎刑司判案的依据。

乾隆七年（1742 年），在偷盗静明园雄黄寿星案中，内务府将盗窃者张三、静明园执事官住分别依律例定罪量刑。判决结果为："张三原充静明园长工，因伊素不安分，吃酒，滑懒，革退差使，理宜安静度日，守分营生，乃敢潜进静明园内，将陈设等物肆行偷去，任意典当钱文，甚属可恶，查定例内，凡盗内府财物，监守盗银三十两、钱帛等物值银三十两以上，常人盗银六十两、钱帛等物值银六十两以上，俱问，发边卫，永远充军，等语。张三革退本处差役未久，胆敢越墙盗窃官物，情罪难道，应将张三改发打牲乌拉……副总领官住，系静明园执事之人，平日漫不经心，静明园陈设以致被窃，殊属不合，查律载，若不觉盗者，减盗罪五等，并罪止杖一百等语，应将副总领官住照此律杖一百，现值热审，减一等，杖九十，旗人应鞭九十，系公罪，仍留役。"②

乾隆三十五年（1770 年），春雨轩太监许进忠偷窃白玉香盒案中，内务府将涉案相关太监依律治罪："御兰芬首领太监张进孝平素既不能防范，迨至铜凤盖失去，被本处太监张进喜寻得报知，又不报明究治，一味隐忍了事，实属不应，请将张进孝照不应重律，杖八十，系太监鞭八十，掌仪司太监张世泰系派往照管小太监之人，许进忠窃去铜凤盖，伊既知其事，亦应报明，乃并未呈报，亦属不应，请将张世泰

---

① ［清］吴坤修等：《大清律例根原》（四），上海：上海辞书出版社，2012 年，第 1883 页。
② 中国第一历史档案馆藏内务府奏案，"奏报审结偷盗静明园雄黄寿星长工发遣失察总领罚俸事"，乾隆七年五月十一日，档号：05－0049－022。

照不应重律杖八十，系太监，鞭八十。"①

上述两个案件均是典型的依据律例判决的。

在依律例断罪方面，还有一类特殊现象，即律外加重处罚，而并不说明加重处罚的法律上的依据，只是从犯罪情节以及危害后果等方面说明为什么要加重处罚。比如，乾隆十六年（1751年）四月初三夜二更时，贼犯邓四由六郎庄河沿拔了小柳树，由西铁门东边竖杆，扒入圆明园勤政殿偷窃玉器等物。当日负有典守职责的坐更太监、园户等一干人等受到处罚。慎刑司的判决意见为："坐更之人理宜互相稽查，严加防守，乃稽查无方，巡守不力，以致被贼偷入窃去玉器等物，并无知觉，怠玩已极，若将伊等仅照不觉被盗之律，拟以杖责之罪，实不足示警，应将太监张来安、田进朝、宋明玉、刘起福、冯国太、李增瑞、王凯、傅进忠、陈永福、王福、刘进富，园户潘国祥人等俱枷号二十日，鞭六十。"②

（二）依先例断罪

在清代，当遇到律例皆无规定，但有合适的先例时，司法者会援引先例进行判决，内务府司法也不例外。翻阅慎刑司奏案，则会发现不少案件是依据先例判决的，但在数量上没法与依律例判决的案件相比，可以说，内务府在法律适用方面还是以律例为主，先例只是少数。少数并不代表没有，慎刑司审理的案件多为太监、园户、匠役等为皇宫服务的人，对其犯罪行为的处罚除了律例规定的应有刑责之外，还会法外加刑，而这种法外加刑往往依据先例。这一点为先例的应用开了方便之门。

乾隆二十九年（1764年）二月二十四日，春雨林塘太监樊进忠进画舫斋殿宇内打扫时，见周围无人，就将床上匣子里的玉钩偷去，第二天到雍和宫南路东春和当，将玉钩当钱三吊，后在德胜门外教场被番役拿获。慎刑司的判决意见为："查乾隆十六年和敬公主府太监姜喜偷窃公主首饰，并吉祥房太监赵进忠偷盗官物衣服，俱经拟以杖毙在案，请将太监樊进忠亦照太监姜喜、赵进忠之例，即行杖毙，以昭国宪。"③ 在

---

① 中国第一历史档案馆藏内务府奏案，"奏为春雨轩太监许进忠偷窃白玉香盒案内人犯俱各治罪事"，乾隆三十五年二月初二日，档号：05-0273-066。

② 中国第一历史档案馆藏内务府奏案，"奏为议奏偷盗勤政殿玉器等物案内之太监等罪事"，乾隆十六年闰五月二十七日，档号：05-0114-028。

③ 中国第一历史档案馆藏内务府奏案，"奏为春雨林塘偷窃玉钩太监樊进忠照例治罪事"，乾隆二十九年三月初四日，档号：05-0215-017。

该案中，司法机关并未依据律例判决，而是直接援引先例。

三 典型案例

怀清芬殿内玉器失窃案①

乾隆七年（1742 年），怀清芬殿内遗失陈设器皿，该处看守太监张喜、林瑞、吴四、张池等四人被慎刑司处以鞭一百。"虽无的确证据，但伊等看守殿内陈设玉器，失于防范，以致被盗，不合，查律载，若不觉盗者，减盗罪五等，并罪止杖一百等语，应将太监张喜等照律杖一百，系太监应各鞭一百，仍令当差。"

雍和宫遗失玉佛案②

乾隆十七年（1752 年）九月初八夜里，雍和宫佛楼玉皇阁供奉的白玉太乙天尊一尊（约高四寸）、白玉从神二尊（约高三寸）被盗，当时值班章京、披甲人、拜唐阿以及佛楼首领太监等一干人等受到处罚。"看来平日伊等并不小心，以致被盗，殊属不合，应将就近堆拨该班章京、值日参领、披甲人等交该旗料理，其佛楼首领刘存智乃系特派办理佛楼事务之人，亦当昼夜小心，不时稽查，乃漫不经心，以致遗失，甚属不合，应交总管等料理。其佛楼东边墙内显有出去行迹，似非自外越墙而入，该班拜唐阿达、拜唐阿、苏拉人等应交内务府大臣等，交该处逐一严讯，再，办事官员亦属稽查不严，漫不经心，应交内务府大臣等议处。"

永安寺远帆阁遗失陈设案③

乾隆二十九年（1764 年）九月二十六日，永安寺远帆阁太监王玉柱伙同苏拉定住，趁值班之人刘文照不备，偷拿钥匙，盗窃远帆阁玉陈设六件、朱墨一锭、象牙匙筋瓶一件，走在路上被园户路儿撞见并发现，就拉拢路儿，让其保密，允诺将卖出的钱分一部分给他。定住将盗窃之物交给素日交好的永安寺阅古楼苏拉老格，让

---

① 中国第一历史档案馆藏内务府奏案，"奏议偷窃怀清芬殿内玉器太监民人责发并追拿正犯事"，乾隆七年四月，档号：05 - 0049 - 002。

② 中国第一历史档案馆藏内务府奏案，"奏为将雍和宫遗失玉佛案内之值班拜唐阿等鞭责发落等事"，乾隆十七年十一月十八日，档号：05 - 0123 - 080。

③ 中国第一历史档案馆藏内务府奏案，"奏为远帆阁遗失陈设将该太监王玉柱等审拟事"，乾隆二十九年十月十六日，档号：05 - 0220 - 016 - 017。

其转卖。老格拿到护国寺庙内分两次卖出四件，定住分钱十三千一百五十文，老格得钱十三千一百五十文，王玉柱钱三千六百文，路儿钱五千文，其余未卖出的玉觥、玉炉顶、匙筋瓶在老格家收藏。提督衙门番役拿获收买玉器之人刘三，将老格指证。该案中盗窃之人、销赃之人以及远帆阁主管之人等均受到处罚。

慎刑司的判决为："查律载'凡盗内府财物者，皆斩'等语，查太监王玉柱有典守官物之责，胆敢起意，与苏拉定住商同偷窃远帆阁殿内陈设玉器，卖钱分用，实属不法。定住伙同偷窃，希图分肥，到案审讯之时，复敢辗转谎供，株连无辜，狡诈已极，应将太监王玉柱、苏拉定住均照律，拟斩立决，以昭炯戒。苏拉老格明知定住系偷出官物，接受转卖，希图分肥，实属不法，应将老格发往黑龙江充当苦差，园户路儿虽未与王玉柱等一同偷窃，但既知王玉柱等偷窃官物，胆敢分受钱文，朋比为奸，亦属可恶，应将路儿发往打牲乌拉，充当苦差，太监刘文与王玉柱系一处当差，虽无伙窃情事，但不能防范，以致王玉柱等肆行偷窃，实有不合，应将刘文照不应重律，杖八十，折责三十板，副首领太监王朝选系专管永安寺行宫之人，锁钥伊掌管，乃平时漫不经心，将锁钥委之太监，又不随时查察，听其出入，一若置身事外，情由甚为可恶，应将王朝选革去副首领，重责四十板，交与总管太监等，令在外园充当苦差，以示惩治。首领太监陈永德有经管稽查之责，致令王玉柱等偷窃玉器，漫无知觉，咎亦难辞，应将陈永德照失查例罚钱粮一年，各犯名下所得赃钱照追入官。"

第二节　毁　坏

一　毁大祀丘坛

国之大事，在祀与戎，祭祀是中国古代政治生活的重要事项，是统治者建构天下秩序、强化君权神授、施行道德教化的礼制礼仪[①]。而祭祀本身也有等级之分，大

---

① 吴良镛：《中国人居史》，北京：中国建筑工业出版社，2014 年，第 323 页。

祀是最高级别，祭祀天、地、社稷，因此，进行大祀的场所非常讲究，祭坛修建花费很多心思，并传承下来，对后世来说，是宝贵的建筑遗产。就清代而言，传承、沿用了明代修建的大祀祭坛，主要有天坛（图3.2）、地坛和社稷坛等。

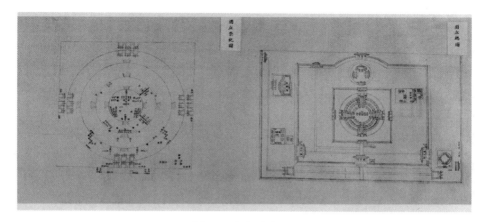

图3.2　圆丘祭祀图

鉴于大祀的重要性，国家法典对于破坏大祀祭坛的行为给予严厉的处罚，处以仅次于死刑的流放。《大清律例》规定："凡大祀丘坛毁损者，（不论故、误）杖一百，流二千里……若弃毁大祀神御（兼太庙）之物者，杖一百，徒三年。（虽轻必坐）"① 根据清人沈之奇的解释，大坏曰毁，小坏曰损。据此可以看出，对于祭坛的破坏，不管破坏程度如何，一体处罚，而且不分故意与过失。作为一个建筑体系，祭坛绝不是孤零零的一个丘坛，而是坛外有坛，从外坛之门进入内坛，这个外坛之门被称为壝门，属于迎神之所，因此毁坏壝门也要受到处罚，比照毁坏丘坛，减二等处罚，即杖九十，徒二年半。如果毁坏的是床几、帷幔、祭器等大祀神御物，若故意的，杖一百，徒三年，若过失的，杖七十，徒一年半。如果被毁坏的神御物价值重者，以弃毁官物科。

在律文之下，还有相关条例予以补充，雍正时期有条例规定："天地等坛内纵放牲畜作践，杖一百，枷号一个月，牲畜入官。"② 乾隆时期增加一条："八旗大臣将本旗官员职名书写传牌，挨次递交，每十日责成一人，会同太常寺官员前往天坛严查。

---

① ［清］沈之奇撰，怀效锋、李俊点校：《大清律辑注》（上），北京：法律出版社，2004年，第385页。
② ［清］吴坤修等：《大清律例根原》（二），第623页。

有放鹰、打枪、成群饮酒、游戏者，即行严拿，交部照违制律治罪。"①

除了大祀丘坛，对于其他低级别的祭祀丘坛也予以保护，毁坏这些丘坛比照毁大祀丘坛处理。《大清律例》祭享专条中规定："中祀有犯者，罪同。余条准此。"②毁大祀丘坛属于祭享后面的一条，可以适用之。

二 毁坏帝王陵寝

（一）大 逆

故意毁坏宗庙、山陵和宫阙，被定为大逆罪，处罚极重。《大清律例》规定："凡谋反，（不利于国，谓谋危社稷）及大逆，（不利于君，谓谋毁宗庙、山陵及宫阙）但共谋者，不分首从，（已、未行），皆凌迟处死。（正犯之）祖父、父、子、孙、兄弟，及同居之人，（如本族无服亲属，及外祖父、妻父、女婿之类）不分异姓；及（正犯之期亲）伯叔父、兄弟之子、不限（已、未析居）籍之同异，（男）年十六以上，不论笃疾、废疾，皆斩。其（男）十五以下，及（正犯之）母、女、妻妾、姊妹，若子之妻妾，给付功臣之家为奴。（正犯）财产入官。若女（兼姊妹）许家已定，归其夫。（正犯）子孙过房与人，及（正犯之）聘妻未成者，俱不追坐。知情故纵、隐藏者，斩。有能捕获（正犯）者，民授以民官，军授以军职，（量功授职）仍将犯人财产全给充赏。知而首告，官为捕获者，止给财产。（虽无故纵，但）不首者，杖一百、流三千里。（未行，而亲属告捕到官，正犯与缘坐人俱同自首免。已行，惟正犯不免，余免。非亲属告捕，虽未行，仍依律坐。）"③

（二）历代帝王陵寝

《大清律例》规定："凡历代帝王陵寝，及忠臣烈士、先圣先贤坟墓，（所在有司，当加护守）不许于上樵采耕种，及牧放牛羊等畜。违者，杖八十。"④ 禁止在帝

---

① ［清］吴坤修等：《大清律例根原》（二），第 623 页。
② ［清］沈之奇撰，怀校锋、李俊点校：《大清律辑注》（上），第 386 页。
③ ［清］沈之奇撰，怀校锋、李俊点校：《大清律辑注》（下），第 561 页。
④ ［清］沈之奇撰，怀校锋、李俊点校：《大清律辑注》（上），第 388 页。

王陵寝、忠臣烈士先贤先圣坟墓上樵采耕种、牧放，一般来说，有专门的陵户看守以及官员巡查。该条文中的"杖八十"不准折赎。

不仅作为建筑的陵寝本身被破坏要受到惩罚，自私砍伐、运输陵墓中的树木也会受到惩罚。"凡盗园陵内树木者，皆（不分首从，而分监守、常人）杖一百，徒三年……若计（入己）赃重于（徒、杖）本罪者，各加盗罪一等。（各加监守、常人窃盗罪一等。若未驮载，仍以毁论。）"① 这里的树木，不论是仪树、野树，还是枯枝、已经倒地的树，皆受到处罚。这条所规定的各种犯罪情节的刑罚均不准折赎。

盗园陵内树木不分主犯与从犯，分监守、常人，计赃处罚。如果监守盗园陵树木价值在十七两五钱以下或常人盗价值四十两以下，则杖一百、徒三年；若价值大于十七两或四十两，则分别按监守盗、常人盗加一等处罚。比如，巡山官盗园陵树木，计赃价值二十两，属于监守盗，应被判处杖一百、流二千里，再加一等，则是杖一百、流二千五百里。公取、窃取皆为盗专条规定："其木石重器，非人力所胜，虽移本处，未驮载间，犹未成盗，不得以盗论。"② 根据该规定，盗窃的园陵树木，不管是倒地枯枝，还是自己刚刚砍伐完毕的，必须移出园陵范围，盗窃行为才算成立。若没有移动或移出园陵范围，如果是自己砍伐的，则以毁坏罪论处，如果是倒地枯枝，则不予追究。

在该律文之下，相关的例如下：

（1）车马过陵者，及守陵官民入陵者，百步外下马。违者，以大不敬论。

该条例在顺治朝《大清律集解附例》、雍正朝《大清律集解》中均有，乾隆朝《大清律例》中增加了"杖一百"。"以大不敬论"，大不敬属于十恶内容，并非独立罪名，根据清律之名例律中不敬条下注，有三种情况处以斩刑，四种情况处以杖一百，本条例涉及的过陵必须下马属于杖一百的情形。该处在乾隆朝的《大清律例》中增加了杖一百，进一步明确。

（2）凡山前山后，各有禁限。若有盗砍树株者，验实真正椿楂，比照盗大祀神御物斩罪，奏请定夺。为从者，发边卫充军。取土取石，开窑烧造，放火烧山者，俱照前拟断。

---

① ［清］吴坤修等：《大清律例根原》（二），第 868 页。
② ［清］沈之奇撰，怀校锋、李俊点校：《大清律辑注》（下），第 646 页。

　　该条例在顺治朝《大清律集解附例》、雍正朝《大清律集解》中均有，乾隆朝《大清律例》把"俱照前拟断"改为"俱照律分别首从拟断"。"俱照前拟断"中的"前"不管是指该条例中的比照盗大祀神御物，还是该条例之前的律文，均是不分主犯、从犯，一体处罚。而"俱照律分别首从拟断"，明确了处罚是分主犯、从犯，可以说是减轻了处罚。

　　在古人看来，树木属于对陵墓的荫护，盗砍树木即毁坏陵墓，属于大不敬。守护历代帝王、先贤名臣的陵墓，体现了国家崇道重德之意，符合儒家的传统。正如清代大臣吴坤修所言："凡历代帝王曾奉天而子民，圣贤、忠烈足师世而节俗。其陵寝坟墓所在，有司当时加护守，以见国家崇道重德之意。"①　康熙年间，刑部题守明陵太监杨国桢擅伐陵树一百一十五株，拆毁房屋四间，议责四十板，徒三年。帝曰："此事殊为可恶，所议尚轻，着再从重议处具奏。"②　乾隆四十年（1775 年），朱绍美砍伐明王墓地树株，皇帝下令直隶总督周元理前往彻查此事。"查得晋献王坟墙庙宇俱已坍塌，只有看守人住土房数间，现在有活柏树大小三百五十八株，细查，砍伐柏树，共大小三十九株，已锯为八十一段，外锯有板片大小二十四块，现堆积坟旁，验得实系回乾树株，又赴滕怀王墓，查得并墙垣屋宇，树株，朱绍美现于墓旁新添盖屋六间，业已兴工，将次完竣，随询陵户孔衍明、孟守富等，据称，朱绍美要在滕怀王墓旁盖屋，同将晋献王墓上回乾柏树三十九株砍伐，要变价添补砖瓦物料之费，现在所砍之树三十九株，有玺世英估银六十，虽添价，没有卖给他等语。又查出上年三月内晋献王墓上有历年回乾柏树十株，经砍伐，锯成二十段，卖去三段，现存十七段，堆贮墓旁，系昌平分封贮。"③

　　即使普通坟墓的树木也不得任意砍伐。乾隆三十二年（1767 年），西山大工处大悲寺太监坟墓周围株数被砍伐殆尽，经查，"看坟人张旺及园户杨立太等，自十五年起至十七年止，胆敢将坟茔内树木陆续伙同私行砍尽，买卖分用，实属不法，相应请旨，将张旺、杨立太等俱交刑部审明，分别严加治罪，所得钱文并现有之木料，

①　［清］吴坤修等：《大清律例根原》（二），第 624 页。

②　中国人民大学清史所：《清史编年》（第二卷），北京：中国人民大学出版社，2000 年，第 364 页。

③　中国第一历史档案馆藏军机处录附奏折，"复奏朱绍美砍伐明王墓地树株缘由事"，乾隆四十年四月二十五日，档号：03－1130－019。

着追入官"。①

三　弃毁器物稼穑等

顺治朝《大清律集解附例》、雍正朝《大清律集解》和乾隆朝《大清律例》关于该专条的规定一致。该条所涉及内容较多，与文物直接相关的规定为：

> 凡（故意）弃毁人器物，计（所弃毁之物，即为）赃，准窃盗论，（照窃盗定罪），免刺。（罪止杖一百、流三千里）。官物加（准窃盗赃上）二等。若遗失及误毁官物者，各（于官物加二等上）减三等，（凡弃毁、遗失、误毁）并验数追偿。（还官、给主，若遗失、误毁）私物者，偿而不坐罪。若毁人坟茔内碑碣、石兽者，杖八十。各令修立。误毁者，但令修立，不坐罪。②

该内容分故意、过失、官物、私物等不同情况。故意弃毁器物罪依据窃盗罪计赃量刑，止于杖一百、流三千里。如果弃毁的是官物，则按窃盗罪赃数加二等处罚。如果是过失弃毁官物，则在官物加二等的基础上减三等处罚。如果是过失弃毁官物，则只需要赔偿，不受刑法处罚。

若故意毁坏的是他人坟茔内碑碣、石兽的，除了要修补好，还应杖八十。律文里没有提及计赃论处，不论被毁坏的碑碣、石兽数量、价值多少，一律杖八十。杖八十对应的是窃盗价值十两至二十两之间的处罚，可见，该律文默认了坟茔内碑碣、石兽的价值不过白银二十两，基本符合民间坟茔碑碣、石兽的价值。如若是园陵内较为贵重的碑碣，则适用其他律文。

四　收藏修整不如法

该专条原为针对收藏、保护、乘舆、服御物而设，位于大清律例中的礼律，内

---

① 中国第一历史档案馆藏内务府奏案，"奏为看坟人私砍明季太监张正坟茔树木请交刑部治罪事"，乾隆三十二年六月十三日，档号：05 - 0244 - 030。

② ［清］沈之奇撰，怀校锋、李俊点校：《大清律辑注》（上），第241页。

容为："凡乘舆服御物，（主守之人）收藏修整不如法者，杖六十。进御差失者，（进所不当进）笞四十……若主守之人，将乘舆服御物私自借用，或转借与人，及借之者，各杖一百、徒三年。若弃毁者，罪亦如之。（平时怠玩不行看守）遗失及误毁者，各减三等。"①

根据《大清律例根原》中的解释，收藏不如法，谓物不完好。修整不如法，谓物不适用。② 此条规定的责任主体系主守之人。收藏好、修整好乘舆服御物是为了让其完好并且能够正常使用，负有保管之责的人若不按规定收藏修整以及进御差失，均要受到处罚。如果毁坏之，则处罚更重，系满徒之刑。

五　典型案例

道士蓝贤栋打碎供器案③

乾隆二十年（1755 年）五月初四日，大高殿掌坛道官黄存中、副道官侯贤礼等率领道众，上殿唪经时，忽有应差东岳庙道士蓝贤栋将大高殿所供蓝瓷花瓶並香几灵芝推倒落地，毁碎。经审问，蓝贤栋供称，从前年幼跟随道官侯贤礼学习经典时，曾被他鸡奸过，后因有人讥诮，心怀羞恨，今毁坏供器，希图泄忿。慎刑司审判意见为："查律载，犯弃毁大祀神御之物者，杖一百，徒三年等语，查蓝贤栋以暧昧素嫌，胆敢于大高殿办理道场之际，将上帝前御制供奉瓷瓶，生心毁坏，揆其情罪可恶已极，若依律仅予杖徒，无足敝辜，应传齐道众眼同，即将兰贤栋立行杖毙，以示警戒。至侯贤礼，身系道官，乃引诱蓝贤栋与伊成奸，有玷清规，罪实难逭，若将侯贤礼仅照僧道犯奸例，拟以枷责，亦难示警，应将侯贤礼发往黑龙江，给与索伦为奴。其娄近垣系专管道众掌印之人，且系东岳庙正主持，似此不肖之徒，既不能觉察于前，又不能慎派于后，以致蓝贤栋于办理道场之际毁坏供器，其属不合，应将娄近垣照不应重律，降二级，仍令管理道録司事务，虽有加级，不准抵销。"

① ［清］吴坤修等：《大清律例根原》（二），第 639 页。
② ［清］吴坤修等：《大清律例根原》（二），第 639 页。
③ 中国第一历史档案馆藏内务府奏案，"奏为道士蓝贤栋打碎佛前供器照例杖毙事"，乾隆二十年五月初六日，档号：05 – 0141 – 019。

打坏西花园内陈设玉器案①

乾隆二十五年（1760 年）十月内，皇上进宫，西花园苑丞顾越在收拾陈设时，担包失手打坏玉如意一柄，事后顾越逃到南城，找到玉器匠役王五，于两日内将玉如意修理完毕，带回西花园，同园户李福一起将其收入库中。慎刑司的判决意见为："查律载，凡乘舆服御物，主守之人收藏修整不如法者，杖六十等语，又定例内开，凡文武官员犯公罪，应杖六十者，罚俸一年等语。查苑丞顾越系专管园庭事务之人，所有陈设自当小心敬谨安置收藏，乃并未小心收拾，致将玉如意一柄损坏，实属不合，应将苑丞顾越照律杖六十，系官，罚俸一年，虽有纪律，不准抵销，以为草率疏忽之戒，园户李福既系知情，乃扶同隐匿，亦属不应，应将李福照不应重律杖八十，过热审减等，鞭责发落。"

雍和宫后佛楼经书被虫蛀案

乾隆四十一年（1776 年），雍和宫后佛楼存贮的经册被发现有虫蛀现象，有的经文被蛀得厉害，以致无法看清楚字。被虫蛀的经册种类与数量如下：旧藏经，虫蛀二百五十九册，经套一百六十个；道藏经，虫蛀一百八十四册，经套一百七十五个；诸品经忏，虫蛀一百二十六册，经套一百四个；新藏经，虫蛀一千六百九十册，经套五百六十五个。其中新藏经被蛀得最为厉害，必须重新刷印，其他的经书粘补一下即可，不影响阅读。该事件的处理结果：负责后佛楼事务的管理人员赔偿刷印经文的所需费用，并被依据收藏不如法者杖六十律处罚。"骁骑校积德等俱系专司雍和宫后佛楼事务之人，所贮经忏，理宜小心抖晾，勿致损伤，乃漫不经心，致将经忏被虫蛀损，殊属不合，除所需重刷粘补价值，业经该处奏明，着落伊等赔补，不准开销外，应将骁骑校积德、副内管领伯文照收藏不如法者，杖六十律，杖六十，系官，各罚俸一年，积德系食钱粮之人，应罚钱粮一年。郎中额尔金等系办理该处事务之员，未能留心查管，咎亦难辞，除前任员外郎永善因事革职，毋庸议外，应将郎中额尔金照不行详查例，罚俸六个月。"②

---

① 中国第一历史档案馆藏内务府奏案，"奏为西花园内陈设玉器打坏将苑丞顾越等议罪事"，乾隆二十七年闰五月十九日，档号：05－0199－021。

② 中国第一历史档案馆藏内务府奏案，"奏为雍和宫所贮藏经虫蛀将失察骁骑校积德等罚俸事"，乾隆四十年八月初八日，档号：05－0327－067。

第三节　失火、放火

一　皇帝谕旨

　　紫禁城自建成以来，不戒于火的情况并非鲜见。有人统计过，从永乐年间至今，紫禁城共发生火灾近 100 起。最重要的建筑——太和殿也没能逃脱火灾的遭遇。历史上，太和殿被焚烧过四次。明永乐十九年（1420 年）四月初八，奉天殿（太和殿）、华盖殿、谨身殿失火。嘉靖三十六年（1557 年）四月十三日，三大殿因雷击失火。万历二十五年（1597 年）六月十九日，归极门（熙和门）失火，火势蔓延，三大殿再次被烧。康熙十八年（1649 年）十二月初三日御膳房起火，蔓延至太和殿。皇帝的寝宫乾清宫也被烧过，嘉庆二年（1797 年）十月二十一日，乾清宫交泰殿火灾，烧毁了《永乐大典》正本，太上皇弘历下罪己诏。皇宫里的其他建筑也被烧过。嘉庆二十四年（1819 年）十月十九日文颖馆不戒于火。道光二十五年（1845 年）五月二十二日延禧宫失火，由东西配殿起火，延烧正殿五间，东西配殿六间，后殿五间，东西配殿六间，东水房三间，共烧房二十五间。同治六年（1867 年）十一月二十六日敬事房下司房不戒于火，同治八年（1869 年）六月二十日，武英殿库房失火，延烧房屋三十余间。因此，火烛历来是宫禁大事，皇帝三令五申、各种强调。

　　康熙十八年（1679 年）十二月初三日，上谕："宫内各处灯火，最为紧要，凡有火之处，必着人看守，不许一时少人，总管等不时巡察。"①

　　康熙二十三年（1684 年）十月初一日，上谕："奉太皇太后懿旨，今隆冬有风之际，各宫灯火，着用心谨慎，不许任意吃烟，着不时严察。"②

　　康熙三十四年（1695 年）十一月初六日，下旨："兹值冬令，大风骤起，炭火之事，关系重大。现太和殿施工，架子搭讫，遍谕内外有灯火之处，凡有火炭，必

---

①　故宫博物院：《国朝宫史·国朝宫史续编》，第 11 页。
②　故宫博物院：《国朝宫史·国朝宫史续编》，第 12 页。

设人看守，着严谕内外各处。钦此。"①

雍正五年（1727 年）十一月二十三日，上谕："宫中火烛最要小心，如日精门、月华门，向南一带围房后，俱有做饭值房，虽尔等素知小心，凡事不可不为之预防，可将围房后檐，改为风火檐，即十二宫中大房，有相近做饭小房之处，看其应改风火檐者，亦行更改。再，旧年造办处太监等，抬水救火，虽属齐集，但少统领约束之方，可将宫内太监编集成队，每队派头领一名，每十队立总头领一名，不但救火，即扫雪搬运什物，用人时，只须点某头领，彼自齐集所属，同往料理，纵使人多，各有头领点查约束，必不至于紊乱。"②

乾隆二十六年（1761 年）九月初八日，上谕："九月初四日三更后，寿安宫内遮阳席片失火，外面护军巡更看见，急唤开门，始将首领太监等惊醒，讵伊等竟不开门，自行扑救，幸是席片烧毁，易于扑灭，倘火势稍大，不能救时，始行开门，岂不迟误？伊等不但失火有罪，其不开门之罪更大，在伊等或以宫禁严密，不敢擅行开门为辞，殊不思寿安宫系朕新葺，为皇太后七旬万寿庆祝之所，此内并无关防，亦无多贮物件，既有失火之事，即应开门，放外边人等进内救灭方是，此时进内救火人等，断无敢行偷窃，憨不畏死之理。嗣后凡宫内园庭，倘遇此等意外之事，该总管等，即行开门，放外边人等进内扑救，如不即行开门，必将该总管等从重治罪，将此旨传谕内务府总管，一并记载。"③

乾隆四十八年（1783 年）十一月初八日，上谕："嗣后宫内等处倘遇有火烛之事，总管等即行开门，放外边王公大臣进内扑救，并着总管等量其相近之门开放，不可着外边人等绕远，如开较远之门，未免迟滞，以后谨记。"④

宫廷中相关则例也对太监违反火烛规定的行为予以处罚。《各处首领太监等处分则例》中规定了八条二等罪，其中第一条就和失火相关。"凡宫殿监等处太监等，有不谨慎火烛失误，看守者系首领，罚四个月月银，系太监，重责四十板，其首领等非系

---

① 故宫博物院：长编 69991，内务府知会上驷院等处为太和殿施工搭架应防火事，康熙三十四年十一月初六日甲子。

② 故宫博物院：《国朝宫史·国朝宫史续编》，第 26 页。

③ 故宫博物院：《国朝宫史·国朝宫史续编》，第 56 页。

④ 故宫博物院：《钦定宫中现行则例二种》，第 190 页。

本身犯罪，系该管太监犯罪者，系失于觉察例，应照本罪减等，罚一个月月银。"①

二　律例规定

（一）失　火

《大清律例》规定："凡失火烧自己房屋者，笞四十，延烧官民房屋者，笞五十，因而致伤人命者，杖一百，罪坐失火之人，若延烧宗庙及宫阙者，绞，社减一等，若于山陵兆域内失火者，杖八十，徒二年。延烧林木者，杖一百，流二千里。若于官私公廨，及仓库失火者，亦杖八十，徒二年。主守之人，因而侵欺财物者，计赃，以监守自盗论，其在外失火而延烧者，各减三等。若于库藏，及仓廒内燃火者，杖八十，其守卫宫殿及仓库，若掌囚者，但见内外火起，皆不得离所守，违者杖一百。"

综合来看，失火罪因情节不同而承担的刑事责任不同，具体见下表：

表 3.2　失火罪刑罚一览表

刑罚	犯罪情节
笞四十	失火烧自己房屋者。
笞五十	失火延烧官民房屋者。
杖七十	常人因公廨仓库失火，因而盗取财物一两以下者。
杖八十	官府公廨及仓库内失火，主守因而侵欺财物计赃一两以下者；常人因而盗取财物一两以上至五两者。
杖九十	仓库失火，主守因而侵欺财物一两以上至二两五钱者；常人因而盗取财物一十两者。
杖一百	失火因而致伤人命者；在外失火，因而延烧官府公廨仓库者；仓库失火，主守因而侵欺财物计赃五两者；常人因而盗取财物一十五两者；守卫宫殿及仓库，若掌囚，见火起而离其所守者；出征行猎处失火者；点放火花爆仗者。
徒一年，杖六十	仓库失火，主守因而侵欺财物七两五钱者；常人因而盗取财物二十两者。
徒一年半，杖七十	仓库失火，主守因而侵欺财物计赃一十两者；常人因而盗取财物二十五两者。

---

① 故宫博物院：《钦定宫中现行则例二种》，第139页。

刑罚	犯罪情节
徒二年，杖八十	山陵兆域内失火，虽不延烧者，在外失火而延烧者，公廨及仓库失火者，仓库失火，主守因而侵欺财物计赃一十二两五钱者；常人因而盗取财物三十两者。
徒二年半，杖九十	在外延烧山陵林木者，仓库内失火，主守因而侵欺财物一十五两者；常人因而盗取财物三十五两者。
徒三年，杖一百	仓库内失火，主守因而侵欺财物一十七两五钱者；常人因而盗取财物四十两者。
准徒四年，杂犯三流	仓库内失火，主守因而侵欺财物二十两、二十五两、三十两者；常人因而盗取财物四十五两、五十两、五十五两者。
流二千里，杖一百	山陵兆域内失火延烧林木者。
流三千里，杖一百	失火所由，延烧太社者。
绞斩，杂犯准徒五年	仓库内失火，主守因而侵欺财物四十两者；常人因而盗取财物八十两者。
绞监候	失火延烧宗庙及宫阙者。

（二）放　火

《大清律例》有"放火故烧人房屋"专条，内容为："凡放火烧自己房屋者，杖一百，若延烧官民房屋及积聚之物者，杖一百，徒三年。因而盗取财物者，斩；杀伤人者，以故杀伤论。若放火故烧官民房屋及公廨仓库，系官积聚之物者，皆斩，须于放火处捕获，有显迹证验明白者，乃坐。其故烧人空闲房屋及田场积聚之物者，各减一等，并计所烧之物，减价仅犯人财产，折剉赔偿，还官给主。"

与失火罪一样，放火罪的刑罚也因犯罪情节不同而不同，具体见下表。

表3.3　放火罪刑罚一览表

刑罚	犯罪情节
杖一百	放火故烧自己房屋者。
徒三年，杖一百	故烧自己房屋，因而延烧官民房屋及积聚之物者。
流三千里，杖一百	放火故烧人空闲房屋及田场积聚之物者；故烧自己房屋及延烧而伤人瞎两目、折两肢、损二事以上，若断舌，毁败阴阳，及因旧患至笃疾者。
斩监候	放火故烧自己房屋，若延烧官民房屋，因而盗取财物者；放火故烧官民房屋及公廨仓库，系官积聚之物者，不分首从。

续表3.3

刑罚	犯罪情节
斩立决	放火延烧，盗取财物，因而杀人者；各边仓场，故烧官钱粮草束，为首者，枭示。

1923年2月26日晚9时，建福宫花园敬胜斋火起，大火延烧到延晖阁，大火烧至28日，共烧毁建筑上百间（图3.3、3.4）。

图3.3　建福宫花园火后残迹（一）

图3.4　建福宫花园火后残迹（二）

三　典型案例

紫禁城皮库失火案①

乾隆二十三年（1758 年）四月二十八日，员外郎佟昇带领匠役上皮库抖晾皮张时在库门外抽烟，导致失火。延烧至贞度门衣服库、熙和门，共烧毁房四十一间。佟昇口供中提及："细思库内并无火烛，何致延烧，缘我等上库之时曾都在库门外吃过烟。匠役等亦有乘空歇息吃烟，实系有的，此火或是香火遗忘，未从熄灭，或是礅下的烟火风吹入库内，抑或是烟火落在抖晾皮子的凉席上，卷入库内引着的，均未可定。"

慎刑司对该案的处理结果是：

> 查律载失火延烧宫阙者绞监候等语，又律载若接受所部内馈送土宜礼物，因事在官而受者，计赃，以不枉法论等语，查皮库接近宫殿，关系綦重，佟昇身为库官，自当慎重防范，乃不能约束稽查所属人役，反胆敢自令听事人预备香火携带上库，倡率吃烟，毫无忌惮，致有失火延烧之虞，情殊可恶，应将佟昇照失火延烧宫阙者绞监候律拟绞监候，秋后处决……阿穆呼朗、长昇、荣昇均照从前宁寿宫失火议将首领太监陈起奉等发遣打牲乌拉例发往打牲乌拉，充当苦差。库使得贵等人均照为从例，比佟昇各减一等杖一百流三千里，系旗人，照例各折枷号六十日满时各鞭一百……六库郎中永和、宝善均照徇庇例各降三级调用，系内府人员，免其调用，照例各加罚俸三年。"皇帝批示"佟昇着枷号两个月，满日鞭一百，发遣打牲乌拉，内务府大臣等奏请赔补之处，亦著加恩宽免，余依议，钦此。

畅春园内邪诚失火案②

乾隆四年（1739 年）正月，畅春园内闲邪存诚失火，共烧毁房九十七间、游廊

---

①　奏销档05 – 0164 – 013，奏为皮库失火延烧将员外郎佟昇等治罪事，乾隆二十三年五月四日。

②　中国第一历史档案馆藏内务府奏案，"奏为畅春园内邪诚失火一案将董殿邦并总管太监石守旺等照例治罪事"，乾隆四年正月初八日，档号：05 – 0026 – 009。

一百二十六间以及屋内陈设古玩、书画、铜锡木器、毡帽帘褥帐幔等九百四十六件。据总管太监石守旺、薛宝库供称，闲邪存诚西耳房系内廷居住，于正月初三日，本处首领闻国明率太监李进福等三人，自清早熏炕至午时熄火，本处首领闻国明查完我等，复亲身查明，至晚方锁门户，不意至起更时，忽从西耳房火起，烧毁房屋游廊。

慎刑司审判词为：

> 查原总管太监石守旺、薛宝库系总管畅春园内一切差务之员，原首领太监闻国明等系看守打扫闲邪存诚殿宇之人，伊等理宜敬谨看守，日夜巡查，乃平日漫不经心，怠玩从事，以致失火，甚属可恶，应将石守旺、薛宝库、闻国明、李进福、赵惠、王国用均发遣打牲乌拉，原郎中职衔董殿邦系总管畅春园事务之员，并不留心巡查，以致失火，殊属可恶，将董殿邦应照赫奕例枷号一个月，查董殿邦年逾八十，照例折赎，总领四格系专管之员，是夜又当值宿，不行防守，应加董殿邦罪一等，将四格革职，枷号两个月，鞭一百。

第四节　发　冢

盗墓与普通的盗窃行为不同，不仅有"盗"行为，还包含"掘"行为，因此属于盗掘，所以把它与盗窃分开，单独作为一种犯罪行为来研究。清律中规定的盗墓行为有很多种，有破坏坟墓、破坏棺椁、盗窃坟墓内物品、毁损尸体、擅自迁坟等，与文物犯罪关系密切的是破坏坟墓、盗窃坟墓内物品两类，因此重点研究清律对这两类行为的处罚。

一　法律规定

发冢自古以来被认为是可耻的事情，《史记》记载："掘冢，奸事也。"[①]《淮南

---

① 徐世虹：《沈家本全集》（第四卷），北京：中国政法大学出版社，2009 年，第 499 页。

子·氾论训》记载："天子县官法曰，发墓者诛。"① 北魏时期法律规定："穿毁坟垅罪，斩。"②《唐律疏议》《宋刑统》均规定："诸发冢者，加役流。"③ 明清两代律例对此更是规定详备。《大清律例》对发冢进行了详细的规定，对发掘坟墓等三十六种相关情形分别定罪量刑，律文之下的例多达二十二条，这在整部大清律例中都属罕见。

（一）发冢专条律文④

凡发掘坟冢，见棺椁者，杖一百，流三千里；已开棺椁见尸者，绞；发而未至棺椁者，杖一百，徒三年。若冢先穿陷及未殡埋，而盗尸柩者，杖九十，徒二年半；开棺椁见尸者，亦绞。其盗取器物砖石者，计赃，准凡盗论，免刺。若卑幼发尊长坟冢者，同凡人论；开棺椁见尸者，斩。若弃尸卖坟地者，罪亦如之。买地人、牙保知情者，各杖八十，追价入官，地归同宗亲属；不知者，不坐。若尊长发卑幼坟冢，开棺椁见尸者，缌麻，杖一百，徒三年；小功以上，各递减一等；发子孙坟冢，开棺椁见尸者，杖八十。其有故而依礼迁葬者，俱不坐。若残毁他人死尸及弃尸水中者，各杖一百，流三千里。若毁弃缌麻以上尊长死尸者，斩。弃而不失及髡发若伤者，各减一等。缌麻以上卑幼，各依凡人递减一等。毁弃子孙死尸者，杖八十。其子孙毁弃祖父母、父母及奴婢、雇工人毁弃家长死尸者，斩。若穿地得死尸，不即掩埋者，杖八十。若于他人坟墓熏狐狸因而烧棺椁者，杖八十，徒二年。烧尸者，杖一百，徒三年。若缌麻以上尊长，各递加一等。卑幼，各依凡人递减一等。若子孙于祖父母、父母及奴婢、雇工人于家长坟墓熏狐狸者，杖一百，烧棺椁者，杖一百，徒三年。烧尸者，绞若平治他人坟墓为田园者，杖一百。于有主坟地内盗葬者，杖八十。勒限移葬。若地界内有死人，里长地保不申报官司检验而辄移他处及埋藏者，杖八十。以致失尸者，杖一百。残毁及弃尸水中者，杖六十，徒一年。弃而不失，及髡发若伤者，各减一等。因而盗取衣服者，计赃，准窃盗论，免刺。

---

① 程树德：《九朝律考》，北京：中华书局，2003 年，第 111 页。
② 程树德：《九朝律考》，第 376 页。
③ ［宋］窦仪等详定，岳纯之校证：《宋刑统校证》，第 257 页。
④ ［清］沈之奇撰，怀校锋、李俊点校：《大清律辑注》（下），第 622～623 页。

这是发冢专条的具体内容，根据沈之奇解释，该内容分为四部分，第一节为凡人发冢之罪，第二节为五服以内的亲属发冢之罪，第三、四节为毁弃他人及亲属尸体之罪，第五、六、七节为与发冢毁弃之事相关的事项。

根据犯罪情节从轻到重依次为：未至棺椁、见棺椁、见尸体以及坟穿陷棺椁外露或没有殡埋，只是掘开坟墓但没有到棺椁，情节最轻，处罚也最轻，满徒之刑；如果见到棺椁，则是满流之刑；开棺见尸，则绞监候；坟穿陷棺椁外露或没有殡埋时盗尸柩，则杖九十，徒二年半，开棺椁见尸者，杂犯绞刑；盗取坟内器物砖石的，按照窃盗计赃论罪，不予刺字。

该律文中与盗窃、破坏文物直接相关的内容为：

> 凡发掘坟冢，见棺椁者，杖一百，流三千里；已开棺椁见尸者，绞；发而未至棺椁者，杖一百，徒三年。若冢先穿陷及未殡埋，而盗尸柩者，杖九十，徒二年半；开棺椁见尸者，亦绞。其盗取器物砖石者，计赃，准凡盗论，免刺。若卑幼发尊长坟冢者，同凡人论；开棺椁见尸者，斩……若尊长发卑幼坟冢，开棺椁见尸者，缌麻，杖一百，徒三年；小功以上，各递减一等；发子孙坟冢，开棺椁见尸者，杖八十。

另外，根据《大清律例》中的常赦所不原专条规定："凡犯十恶、杀人、盗系官财物，及强盗、窃盗、放火、发冢等一应实犯，虽会赦并不原宥。谓故意犯事得罪者，虽会赦皆不免罪。"[1] 发冢见棺椁者，属于常赦不原，杖、流不准折赎。

该律中的"发掘他人坟冢，开棺见尸"包含了开棺后有尸体和无尸体两种情况。多数情况下有尸体，但是当无尸体时该如何处理呢？按照有尸体的情况处罚。因为古代招魂而葬，只要有棺椁，即为招魂，可下葬。另外，棺椁的含义也很广，包含裹尸体的席子、蒲包之类的东西。乾隆二十年（1755年），河南贾士桀偷刨贾复智无棺之尸，刑部认为包尸之席即与棺无异。[2]

---

① ［清］沈之奇撰，怀校锋、李俊点校：《大清律辑注》（上），第45页。

② ［清］祝庆祺等：《刑案汇览三编》（一），北京：北京古籍出版社，2004年，第730页。

（二）例之内容

由于盗墓属于性质严重、社会影响恶劣的犯罪行为，在康乾时期逐步加重处罚。律文虽没有改动，但增加了条例，且条例的内容突破了律文的内容，以盗未殡尸柩为例，律文规定的处罚为杖九十，徒二年半，但是乾隆年间通过的一个条例进一步细化了犯罪情节，其中最轻的也要处罚杖一百，徒三年。与盗窃、破坏文物直接相关的内容具体见下表：

表 3.4　康乾时期发冢例规定

坟冢类别	犯罪情节	刑罚		制定年代
常人坟冢	发现棺椁首犯；开棺见尸从犯	附近充军		顺治
	纠众发冢，起棺索财取赎	比照强盗得财律，不分首从，皆斩。		
	偷刨坟墓从犯	开棺三次以上者，比照三犯窃盗律，绞监候；二次者，烟瘴充军；一次者，附近充军。		雍正十三年（1735 年）
	以上三条内发附近充军者，于乾隆二十三年改发新疆。三十二年仍发内地。照原例加一等发边卫充军。			
	盗未殡尸柩，或挖掘年久穿陷坟墓	未开棺椁者，杖一百，徒三年。		乾隆
		开棺见尸一次，首犯边远充军，从犯按杂犯流罪总徒四年。		
		开棺见尸二次，首犯发极边、烟瘴充军，从犯边远充军。		
		开棺见尸三次，首从皆绞。		
贝勒、贝子、公夫人、历代帝王、名臣、先贤、藩王坟冢	发而未至棺椁首犯；发现棺椁从犯	附近充军		顺治
	发现棺椁首犯；开棺见尸从犯	边卫		
	纠重发冢，起棺索财取赎	比照强盗得财律，不分首从，皆斩。		

续表 3.4

坟冢类别	犯罪情节	刑罚	制定年代
贝勒、贝子、公夫人、历代帝王、名臣、先贤、藩王坟冢	开棺见尸	首犯斩立决，从犯绞立决。	康　熙
	发掘坟冢见棺	首犯绞立决，从犯绞监候。	
	发冢未至棺椁	首犯绞监候，从犯金妻俱发边卫永远充军，到配所各责四十板。	
	所掘金银交与该抚，地方官修葺坟冢，其玉带、珠宝等物仍放在坟内。		
发冢案件的追缉、审办	发冢抢夺窃贼事件，皆改限五月。		乾隆十五年（1750 年）
	邻境官弁，有能擎获发冢见尸为首凶犯，每名纪录一次，擎获四名以上者，加一级。		乾隆十七年（1752 年）
	各省地方。遇有发冢开棺见尸之凶犯在逃。武职、初参勒限六月缉擎。限满不获。将专汛承缉官停升。再限一年缉擎。限满不获。罚俸六月。再限一年缉擎。限满不获。罚俸一年。再限一年缉擎。如仍未擎获。罚俸二年。凶犯照案缉擎。傥有隐匿不报。及见尸捏作见棺。即照知情隐匿例革职。凶犯交与接管官勒限缉擎。地方遇有发冢止见棺椁之案。照例扣限六月查参。将武职专管官罚俸六月。人犯照案缉擎。如将刨乞见棺之案。匿不详报者。罚俸九月。凶犯仍扣限缉擎。		乾隆二十九年（1764 年）
	地方遇有发冢开棺见尸者。承缉接缉各官。照命案缉凶例、查参。傥隐匿不报。及见尸捏作见棺。即照杀死人命知情隐匿不报例、革职。 发冢止见棺椁之案。扣限六个月查参。将地方官、罚俸一年。人犯照案缉擎。匿不详报者。亦罚俸一年。 邻邑地方官、能擎获发冢开棺见尸案内为首凶贼者。每名、纪录一次。至擎获四名以上者。准其加一级。		乾隆三十年（1765 年）

需要注意的是，发冢开棺见尸，为首一次即应拟绞监候，如果发冢开棺多次呢？例没有明文规定，有个叫苏七的人连发了七个冢，剥窃尸衣，拟为绞监候，但声明开棺见尸至七次之多，凶残已极，请示刑部是否应改为绞立决。刑部依据对开棺见尸为从，及盗未殡未埋尸枢，开棺见尸为首为从一次，罪止军徒，若三次及三次以上者，拟绞。认为以此类比，对开棺见尸七次的首犯处以绞立决似乎合适。但最终

没有定论。①

该律对已经入棺埋藏、未埋藏的情况做了规定，在实践中还有介于两者之间的一种情况，即浮厝。"已有邱墓之形而实未埋于土，是为浮厝。"盗取浮厝，律文并未规定如何处罚。乾隆六年（1741 年）处理秋审案件中，定了一个通行："盗开凡人浮厝，见棺椁者，照发掘他人坟冢，见棺椁律减一等，杖一百，徒三年。盗开凡人浮厝见尸者，照发掘他人坟冢见尸律减一等，杖一百，流三千里，为从再各减一等。倘有浮厝，业已倾圮坍塌，有偷盗棺外器物者，仍照盗取器物砖石之律治罪。至奴雇盗开家长浮厝，亦应分别等差。凡奴婢雇工人盗开家长浮厝，见棺椁者，为首绞监候，为从杖一百，流三千里，开棺椁见尸者，为首绞立决，为从绞监候。其毁弃撒撒死尸者，仍照原例不分首从皆斩立决。至停柩在家或在野为砌砖石，有偷盗棺外器物者，仍照窃盗律定拟，不在此例。"②

从上述律例规定之内容，可以看出，发冢罪的处罚严厉，起点多为流刑，直至凌迟。在整部《大清律例》中，除全部承袭明律规定的十三种凌迟罪名外，发冢与丁劫囚、谋杀人、杀一家三人、威逼人致死、殴伤业师、殴祖父母父母、狱囚脱监、谋杀本夫等九条十三罪适用凌迟刑。田亮指出：在近代"文物"观念产生以前，有关反盗墓法律保护了大多数古墓葬免受侵害，这是中国成为世界上独一无二的文物大国的历史原因③。

二　典型案例

王张嘴发掘燕氏坟冢案④

雍正十一年（1733 年）十一月十三日，内黄县人王张嘴看见王维新殡葬儿媳燕氏，知道王家殷实，装殓必厚，就伙同王格、刘天恭，于二更时至王家坟，三人轮流刨掘，将坟掘开，王张嘴用木杠撬开棺盖，同刘天恭架起燕氏胳膊，王格

① ［清］祝庆祺等：《刑案汇览三编》（一），第 735 页。

② ［清］祝庆祺等：《刑案汇览三编》（二），北京：北京古籍出版社，2004 年，第 728～729 页。

③ 田亮：《中国古代反盗墓法述论》，《社会科学》1994 年第 3 期。

④ 中国第一历史档案馆藏内阁全宗题本，"为报明王张嘴发掘燕氏坟冢事"，雍正十二年三月二十一日，档案：02－01－02－2365－001。

抬燕氏两脚，拉出棺外地上，王张嘴剥取尸身袄衫手帕，刘天恭、王格剥其裙裤，将尸扔入棺内，用土封好。共盗得兰绸袄一件、兰绸衫一件、青缎敞衣一件、兰绸裙一条、乌绫首帕一个。次日，王张嘴等三人分别携带绸袄衫裤，赴楚王集典当银钱，被拿获。

判决结果为：

> 除伙贼刘天恭在按察司监病故不议外，王张嘴依发掘他人坟冢，开棺椁见尸者，绞监候律，拟绞监候，秋后处决，王格依发掘常人坟冢，开棺椁见尸，为从，发附近充军例，应佥妻发附近充军，至配所杖一百，折责四十板，已获赃物并典价银钱，分别给主领取。

程大爬窃程君锡之妻刁氏坟冢案①

程大爬窃程君锡之妻刁氏坟冢，开棺见尸。安徽巡抚将程大照亲属相盗无服之亲减一等拟流，案件上报到刑部刑部予以改判，判词为：

> 查律载：发掘他人坟冢，开棺见尸者，绞监候。若尊长发卑幼坟冢，开棺见尸者，缌麻杖一百，徒三年，小功以上各递减一等。又亲属相盗无服之亲减一等各等语。是亲属相盗，律虽有服亲减等之文，而发冢开棺，实惟有服尊长方得议减，难容牵混。今程大与刁氏虽系无服长亲，但发冢开棺，实与寻常盗窃财物者不同，自应依律科断。乃该抚将该犯以发冢开棺拟罪，复引亲属相盗之法议减，实属错误，应另行妥拟去后。旋据遵驳，改依发冢开棺见尸律拟绞，业已监毙，应毋庸议。

第五节　埋藏物

埋藏物，简言之，即埋于地下无主之物，《唐律疏议》《宋刑统》中称之为"宿藏物"，《大明律》《大清律例》中则称之为"埋藏之物"。

---

① ［清］祝庆祺等：《刑案汇览三编》（二），第 747 页。

一 历代法典关于埋藏物的规定

我国关于埋藏物的规定最早见于汉代，其后于唐宋元明各代的基本法典中均有规定。

《唐律疏议》《宋刑统》地内得宿藏物专条内容一致："诸于他人地内得宿藏物，隐而不送者，计合还主之分，坐赃论，减三等。若得古器，形制异而不送官者，罪亦如之。"元代法律规定，对于"古器钟鼎符印异常之物"，则要"限三十日内送官"，否则"违者杖八十，其物入官"。《大明律》得遗失物专条规定："若于官私地内掘得埋藏之物者，并听收用，若有古器、钟鼎、符印异常之物，限三十日内送官，违者，杖八十，其物入官。"①

二 《大清律例》的规定

"若于官私地内，掘得埋藏之物者，并听收用。若有古器、钟鼎、符印异常之物，限三十日内送官。违者，杖八十，其物入官。"② 这个规定说明了清代实行重要文物国家所有主义。这一点在"收藏禁书及私习天文"专条可以得到印证。该条规定了禁止民间收藏璇玑玉衡之类的元象器物、历代帝王图像、金玉符玺等物，违者，杖一百，官府没收器物。

元象器物与图谶之书，都可以用来推测休咎，预言治乱者，统治者害怕借此蛊惑民众，所以禁止民间拥有。至于帝王图像，与古制调兵之符，为历代所遗旧物，民间也不允许拥有。

三 典型案例

口外先农坛刨得古钱案③

雍正四年（1726 年）五月十六日，口外先农坛庙夫武政耕种先农坛地亩，地内

---

① 薛允升：《唐明律合编》，北京：中国书店，2010 年，第 281 页。
② ［清］沈之奇撰，怀校锋、李俊点校：《大清律辑注》（上），第 371 页。
③ 《宫中档雍正朝奏折》（第十九辑），台北：台北故宫博物院印行，1979 年，第 879～880 页。

刨得古钱一堆，共得古钱九十九挂，足钱五百文，约重三斤，系五铢、开元、天圣、景德、政和、熙宁、元祐、元丰、祥符等年号，不敢隐瞒，立刻上报。直隶总督刘于义给皇帝的奏折中这样描述："臣查古钱九十九挂，俱系汉唐宋钱文，得于口外先农坛内，适符阳九之数，皆由我皇上敬天勤民重农贵谷惠怀之德遍于遐，辄有此地不爱宝之应，庙夫武政以边鄙愚民，不自隐匿，抒诚禀报，亦属可嘉，除将古钱檄令宣化府贮库，及庙夫武政另行给赏奖励外，理合奏闻。"雍正的朱批为："何费如此谬大其辞，此钱文贮库何用？明白交付本人可也，不可令贪吏胥得中饱。"

第四章　《大清会典》之外的物质文化遗产保护谕旨

第一节　康熙时期

康熙皇帝下达谕旨明确保护物质文化遗产，主要集中于紫禁城、名山大川、历代寺庙、古昔帝王陵寝等领域。

一　紫禁城

顺治皇帝入住紫禁城时，面对的是烧毁、失修的紫禁城，到康熙朝时，紫禁城内的宫殿仍处于不断修缮中。康熙朝起居注曾记载了康熙十二年（1673年）三月，因宫殿修葺移居瀛台的情形：

> 初四日甲戌，上召达礼至懋勤殿，谕曰："今缘修葺宫殿，明日移驻瀛台，暂居数日。讲书之事最要，不可少间，尔等仍照常每日至瀛台进讲，今日暂停。"
>
> 初六日丙子辰时，上复御瀛台……谕曰："朕移驻于此，非图游逸，因宫殿楹柱损坏，每逢霖雨渗漏，难以居住，故令修葺，暂来驻此。"
>
> 初八日戊寅，召兵部尚书明珠，谕曰："朕初因修葺宫殿，暂驻瀛台。今天时亢旱，甚轸朕怀，修葺虽未告竣，即日回宫修省。"①

关于康熙皇帝修缮紫禁城的具体情况，第一章中的《康乾时期紫禁城建筑修缮

①　中国第一历史档案馆：《康熙起居注》（第一册），北京：中华书局，1984年，第85~87页。

一览表》已经列举了，在此不再赘述。本节主要说一下那些没有被收录进《大清会典》的修缮谕旨。

这个时期修葺紫禁城的谕旨来自康熙皇帝和太皇太后。在此选取几个为例：

康熙十六年（1677 年）正月二十八日，康熙皇帝谕内务府大臣海拉孙："上年曾谕暂停修理景仁宫、承乾宫，今停修景仁宫，承乾宫后面五间大殿之抱厦停止拆毁。将房山墙、槅扇等处俱拆毁，建抱厦，按满洲式建。按汉式建之处，画图二张，所用钱粮其后具奏。将东西二配殿北炕拆毁，其余地方勿动。钦此。"①

十二月初五日，针对修葺翻书房、上驷院，康熙皇帝下旨："两处正房俱各隔出两间，中间一间空出，两边厢房照例修理后刨炕等处，着内务府大臣与营造司官员商议后刨修。原有大门、房门勿堵死，房屋顶子、墙、台阶、院、井、净室修理时，俱用旧砖，南北长房房内新开小门俱砌死。钦此。"②

康熙二十年（1681 年）九月二十四日，针对修理宁寿宫内花园石山，康熙皇帝谕内总管大臣海拉孙、费扬古："宁寿宫内花园石山，处处开裂损坏，倘现今不修，渐渐损坏后再修，甚难。现趁修亭子之便，补修可也。再，前边井之台阶、沟等处，亦修之可也。倘今年不修，来年不可修。钦此。"③

太皇太后的谕旨如下：

康熙十六年（1677 年）有两道谕旨："两边厢房之天沟、偏殿之天沟，俱已朽坏，将此预备换修。再，供佛之房地面已铺金砖，可否油桐油之处，问工匠。衙门地面原用此处方砖铺，因年久，有漏孔之处，可否将此用桐油油之弄平，亦问工匠。钦此。"④"偏殿房檐漏雨，沟已朽坏，此俱系修理之人懒怠所致，修理之时务谨慎妥善。地面铺砖时，用饭水放矾浇灌。所修各项之物料，领去预备。花园供佛之房地面砖，亦油桐油，所修各项俱预备。再，海子所盖之庙，柁、柱、梁、椽子等木，务必做粗，倘做细，年未久必断，钦此。"⑤

---

① 故宫博物院：长编 70073，康熙帝谕停修景仁宫等事，康熙十六年正月二十八日己巳。
② 故宫博物院：长编 70078，康熙帝谕修理翻书房等处事，康熙十六年十二月初五日丁未。
③ 故宫博物院：长编 70080，康熙帝谕内务府大臣修理宁寿宫内花园石山等处事，康熙二十年九月二十四日癸酉。
④ 故宫博物院：长编 70076，太皇太后谕修理宫中厢房偏殿等处细节事，康熙十六年六月二十日乙丑。
⑤ 故宫博物院：长编 70077，太皇太后谕修理宫中偏殿务谨慎妥善等事，康熙十六年六月二十日乙丑。

康熙二十年（1681 年）的一道谕旨："西边偏殿之炕冒烟，九月初二日起开始修理。再，十月初六日修理内井时，井亭台阶开裂损坏处亦修，西库后面之井修完，亭子亦修。钦此。"①

二 历代寺庙道观

康熙皇帝对全国影响力较大的名山大川的寺庙均下达过谕旨，要求保护。本节选取五台山、泰山为例。

（一）五台山庙宇

康熙皇帝一生五次巡幸五台山。清实录记载，康熙二十二年（1683 年），"上幸五台山，命皇太子允礽随驾"。② 康熙三十七年（1698 年），"上以巡幸山西五台山，诣皇太后宫问安毕，命皇长子胤禔、皇三子胤祉随驾"。③ 康熙四十九年（1710 年），"上幸五台山，命皇太子胤礽、皇三子和硕诚亲王胤祉、皇八子多罗贝勒胤禩、皇十子多罗敦郡王胤䄉、皇十三子胤祥、皇十四子固山贝子胤禵随驾"。④ 他非常喜欢五台山的景色，《五台山县志》记载了康熙二十二年（1683 年）巡幸五台山时看到的景色及赞叹："三十余里龙泉以东，冈峦陵阜，皆处其下，远瞰沧瀛诸州，景光惝恍，俨若紫澜浩淼，与青颢之气混涵相接，记称旭日方升，望大海若陂泽，信有以哉，台有寺，榱栋榁桷，不蔽风雨，朕省方登此，命加修葺，复其初制，莲台法相，固极壮严，已四方之人得于，焉信宿纵睇溟渤之朝暾以视，夫岱宗日观又何多让耶？"⑤

康熙皇帝发帑修葺、重建五台山系列寺庙。诸如碧山寺、罗㬋寺、涌泉寺、白云寺、普济寺、栖贤寺、灵应寺、演教寺、广宗寺、法雷寺、殊像寺、显通寺、清凉寺、寿宁寺等寺庙均由内帑资助修缮。

---

① 故宫博物院：长编 70082，太皇太后谕修理偏殿之炕及井亭台阶等处事，康熙二十年九月二十四日癸酉。

② 《清圣祖实录》卷一百零七，康熙二十二年二月甲申。

③ 《清圣祖实录》卷一百八十七，康熙三十七年正月癸卯。

④ 《清圣祖实录》卷二百四十一，康熙四十九年二月丁酉。

⑤ 故宫博物院：长编 30060，康熙帝命修葺五台山望海寺事，康熙二十二年八月。

除了财力方面的资助，还给予人力的支持。康熙皇帝下旨从内地各省份，甚至宫廷派出工匠支援五台山寺庙的修葺。康熙三十年（1691年），五台山首领喇嘛达木巴格隆奏称，缺少烧制黄瓦的工匠。"先前所烧黄瓦，俱已脱落，去年漏雨，拟揭顶重修，既系主子之庙，具奏以闻。先前烧瓦时，系从宫中派官员、庄头看视烧制。今倘烧瓦，无会烧工匠。既已禁铅，私买铅难有。我处无工匠，由别处雇不来。"① 康熙的批示为："盖庙施工乃一善事，交付内务府大臣，给发五百两银带去，派闲员一员，与喇嘛一起遣往。银两跟随绿旗兵送去。买铅、雇工匠之票，照具奏施行。钦此。"② 为此，内务府派出了会烧琉璃瓦的工匠前往五台山。康熙三十一年（1692年），内务府又派出了好木匠头一名、万尺二名、达材二名等前往五台山修葺寺庙。③ 康熙三十七年（1698年）重修碧山寺、殊像寺时，先派去一名达材，后发现不够，又派去二名达材、木匠。"木匠、达材，先由部各给两名，今若木匠、达材各给一名，则不敷用，请仍照前各给两名。"④

（二）泰山庙宇

从秦始皇东巡开始，泰山为历代帝王所重视，康熙皇帝也不例外。据实录记载，康熙皇帝一生巡幸泰山三次，每次巡幸，都对泰山庙宇、盘道修葺一番。康熙二十三年（1684年），"壬寅，上至泰安州，登泰山极顶，又东至秦观峰，及孔子小天下处，东南至日观峰"。⑤ 后谕大学士明珠："朕夙夜孜孜，勤求治理，深宫宁处，轸念闾阎，诹吉时巡省官民隐，经行所至，登陟泰山，至圣遗迹，缅然可睹，一览众山，临眺九有，洵足揽天下之胜，察造化之奇，因书普照乾坤四字，可于孔子小天下处，建亭悬额，复书云峰二字，于极顶处，磨崖勒石，其本年泰山香税，免解。该部用以鸠工庀材处，修泰山顶上各庙。"⑥ 此次巡幸，免去了泰山寺庙该年的香火税银，用来修葺诸庙宇。

① 故宫博物院：长编70084，内务府咨行工部修理五台山庙事，康熙三十年正月三十日丙辰。
② 故宫博物院：长编70084，内务府咨行工部修理五台山庙事，康熙三十年正月三十日丙辰。
③ 故宫博物院：长编69981，内务府知会工部建造五台山庙派间匠役等事，康熙三十一年二月初七日丁亥。
④ 故宫博物院：长编69995，内务府知会工部为派匠役等往五台山修寺事，康熙三十七年十二月初四日甲辰。
⑤ 《清圣祖实录》卷一百一十七，康熙二十三年十月壬寅。
⑥ 《清圣祖实录》卷一百一十七，康熙二十三年十月癸卯。

康熙二十八年（1689 年），康熙皇帝携众臣登泰山，谕曰："朕巡历所至，再经岱麓，重瞻祠宇，询其庙祝，知香火荒凉，日用难给，岱顶诸庙亦复如之，念泰山为五岳之长，在祀典有功社稷，不宜使之渐就寥落，和将每岁香税钱粮内量给数百金，使上下岳庙与元君诸祠守祀者得有资赖，晓夜尽心，兼可特加修葺，以壮往来观瞻，示朕重祀之意。尔诸臣即与山东巡抚藩臬会议以闻，钦此。"① 根据该谕旨，众臣们议得："泰山祠宇原有每年贮备修葺银一千两，毋庸议外，今应于香税钱粮内每岁动支四百两，东岳神庙应分给二百两，泰山顶碧霞元君祠应分给二百两，俱给与各守祠庙祝，仍令山东巡抚稽查，毋使有司克扣虚冒，每岁注册奏销。"② 康熙皇帝认可该建议。该建议后来以谕旨的形式办法，并被收入大清会典。因此可以说，在这次巡幸中，康熙皇帝命将泰山庙宇的维修资金予以制度化。

康熙四十一年（1702 年），康熙皇帝命皇十三子胤祥祭泰山。康熙四十二年（1703 年），康熙皇帝亲自登泰山。康熙五十六年（1717 年），泰山大水，盘路倾圮，康熙皇帝命江南学臣林之浚、江西学臣鱼鸢翔修理，不仅修理了盘路，还修了碧霞灵应宫。③

三　历代帝王陵寝

康熙皇帝比较重视对历代帝王陵寝的保护。康熙二十二年（1683 年），刑部题盗发故明废藩坟墓事，康熙皇帝指示："至于盗发坟墓事，允各地方有历代帝王陵寝及先贤名臣坟墓，俱应责成该管官不时察视，如有毁坏，应即行修葺，其作何察视修葺事宜，着九卿詹事科道会议。"④ 康熙二十三年（1684 年），上谕福建浙江总督王骘："朕巡幸江表，缅怀禹德，躬率群臣展祭陵庙，顾瞻殿庑倾圮，礼器缺略，人役寥寥，荒凉增欢。愚民风俗崇祀淫祠，俎豆馨香奔走，恐后宜祀之神反多轻忽。朕甚慨焉！在昔帝王陵寝理应隆重陪护，况大禹道冠百王，身劳疏凿奠宁率土，至今

① 《清圣祖实录》卷一百三十九，康熙二十八年正月乙酉。
② 故宫博物院：长编 31873，康熙帝谕将每岁香税钱粮修葺泰山各祠庙事，清康熙二十八年正月。
③ 故宫博物院：长编 31874，林之浚等奉命修理泰山盘路告竣事，清康熙五十七年。
④ 故宫博物院：长编 06833，题名：康熙帝谕地方历代帝王陵寝等责成管官察视修葺事，康熙二十二年八月十三日壬子。

攸赖。特书'地平天成'四字悬之宇下，令地方官即加修理，详备仪物。守祀人亦宜增添，俾规模弘整，岁时严肃。兼赐白金二百两给守祀之人，此后益令敬慎。守土之臣亦须时为加意，副朕尊崇遐慕之怀，其各凛遵毋忽。"① 康熙四十一年（1702年），命令杭州织造处和地方官负责修葺禹陵："凡古帝王陵寝，地方官应不时修葺。今禹陵必颓坏已，极赵申乔始行题请，着杭州织造会同地方官动用历年节省钱粮即行修理，以称朕尊崇前代圣王之意。"②

在历代帝王陵寝中，尤其重视对明代皇陵的保护。从庭训格言到谕旨，均能看到他是如何强调对明代皇陵保护的。《昌平州志》记载了一条保护明陵的庭训格言："明朝十三陵，朕往观数次，亦尝祭奠，今未去多年，尔等亦当往观祭奠，遣尔等去一两次，则地方官、看守人等皆知敬谨，世祖章皇帝初进北京，明朝诸陵一毫未动，收崇祯之尸，特修陵园，以礼葬之。厥后亲往奠祭尽哀，至于诸陵亦皆拜礼，观此，则我朝得天下之正，待前朝之厚，可谓超出往古矣。"③ 从该格言中可以看出，康熙以身作则，亲自去十三陵扫墓，以此示范臣下，并明确强调大臣们也要去祭奠，扩大示范效应。康熙五十五年（1716年），刑部上奏了一件盗发明陵案，盗犯韩七等偷掘明朝陵寝，为首之韩七现在脱逃，获日另结，为从之王五等拟绞监候，秋后处决，康熙的批示为："偷掘明朝陵寝，即与掘伊祖父坟墓相同，韩七着该管官严缉务获，到日着即处斩，王五等着立绞。"④

康熙皇帝不但重视对皇帝陵墓的保护，还重视对妃嫔坟墓的保护。康熙十年（1671年）特谕工部："朕往西山祈雨，见明朝王子妃嫔等坟墓周围所栽树木俱被砍伐，房屋院墙俱皆毁坏，其砖瓦等项，或系看守不良之人折卖，或系恶棍盗窃、折取，亦为可知，从无毁坏坟墓之例，朕心殊为不忍，尔部通行严禁，特谕。"⑤

---

① 故宫博物院：长编21504，康熙帝谕浙江禹陵修理并御书匾额事，清康熙二十三年十一月。
② 故宫博物院：长编21505，康熙帝谕浙江巡抚赵中乔等禹陵修理事，清康熙四十一年十一月二十五日壬申。
③ 故宫博物院：长编21505，康熙帝谕浙江巡抚赵中乔等禹陵修理事，清康熙四十一年十一月二十五日壬申。
④ 故宫博物院：长编21506，康熙帝谕着严缉处决偷掘明朝陵寝之盗犯事，清康熙五十五年十一月二十九日乙酉。
⑤ 故宫博物院：长编27777，康熙帝特谕西山明朝王子妃嫔坟墓严禁毁坏事，清康熙十年四月十七日戊戌。

第二节 雍正时期

康雍乾三位皇帝中，雍正皇帝在位时间最短，不及另外两位皇帝在位时间的四分之一，但对物质文化遗产的保护却毫不逊色。赵广超在《紫禁城100》一书中引用了一则数据："专家根据《日下旧闻考》统计，康熙建寺庙1所，修9所，雍正建寺庙7所，修7所，乾隆建寺庙1所，修15所。"① 虽然作者没有进一步界定"寺庙"的范围，单从数据来看，足以说明问题。

一 孔 庙

冯尔康先生认为："雍正对孔子的尊崇，超越于前辈帝王，做人所未做，言人所未言。"② 雍正元年（1723年）即诏谕全国各地要兴修文庙。"直隶各省府州县卫所，一应祭祀，宜尽诚敬，诸坛庙、孔庙及从祀各神位，应悉照古志阙里等志修造，按次排定，其一应供献、祭器等项，俱宜精洁备美，逐一绘图，著为成式，厘为定数，颁示天下，礼部详议具奏。"③ 雍正十一年（1733年）六月给内阁发布谕令，强调文庙祭品不得缩减。"祀事修明，国家令典，孔子文庙，春秋祭仪，尤宜备物尽敬，闻外省州县中，有因荒裁剪公费者，朕思公费既减，必致祭品简略，或转派累民间。二者均未可定，着各省督抚查明所属，若有因荒减费之州县，即于存公银内拨补，以足原额，务令粢盛丰洁，以展朕肃将禋祀之诚，其各凛遵，毋忽。"④ 最大的一项工程是雍正二年至七年（1724~1729年）的阙里孔庙修复工程。

对阙里孔庙的修复是雍正皇帝在位时期的一件大事，该工程从雍正二年至七年（1724~1729年），花费了数十万两白银，耗时五年之久，超过了雍正皇帝在位时间

---

① 赵广超：《紫禁城100》，北京：故宫出版社，2015年，第226页。
② 冯尔康：《雍正传》，北京：人民出版社，1985年，第422页。
③ 故宫博物院：长编08714，雍正帝谕直隶各省府州县卫所孔庙悉照阙里等志修造事，雍正元年。
④ 《清世宗实录》卷一百三十二，雍正十一年六月庚午。

的三分之一。雍正二年七月（1724 年），山东曲阜阙里孔庙发生火灾，不少殿堂被烧毁。时任山东巡抚臣陈世倌在奏折中提到："初九日早上至文庙被灾处所，见大成殿广门楼、寝殿及圣启殿金丝堂尽毁，惟崇圣祠仅隔一垣，巍然独存。"① 得知孔庙遭受火灾，雍正皇帝决定立刻重修。从正项钱粮中拨付修复款项，派官员前往阙里勘估所需物料、银两等。从动工至结束，雍正皇帝一直非常关注，多次下达谕旨，过问工程的进度以及细节性问题，更换不称职的官员，处决侵蚀钱粮的官员。这在帝王对历史遗迹的保护方面是不常见的。

（一）对修复提出具体要求

"前闻孔庙被灾，朕即降旨，遣大臣前往，作速估计，动支正项钱粮，择日兴工，务期规制复旧，庙貌重新。"② 在恢复旧貌的基础上增添、加修。雍正七年二月（1729 年），发布上谕："此次修理文庙工程，务期巍焕崇闳，坚致壮丽，纤悉完备，焕然一新，倘旧制之外，有应行添设者，有应加修整者，俱着估计奏闻，添发帑金，葺理丹护，工成之日，朕当亲往瞻谒，以展尊礼先师，至诚至敬之意。"③ 该内容在同年三月初七日给通政使留保的谕旨中又被重复了一次。④

（二）亲自决定动工、上梁日期

阙里孔庙火灾的第二年，时任山东巡抚臣陈世倌、布政使臣布兰泰等人奏请雍正决定动工的日期。雍正皇帝的朱批为："八月十二日巳时上者，兴工好。"

（三）严密督察工程的进展情况

一是下达了多条谕旨。留保在一条奏折中提到"阙里文庙自雍正三年六月蒙皇上发帑兴修，谆谆训诲，至再至三"。⑤ 雍正六年（1728 年）二月初六日，上谕："阙里兴修工程已经三年，何以至今尚未告竣？大学士等可寄信与巡抚塞楞额，令董事诸臣实心料理，务使坚固，昭垂永久，毋得惜费省工，耽延时日，报竣之日，朕

---

①　中国第一历史档案馆：《雍正朝汉文朱批奏折汇编》（3），南京：江苏古籍出版社，1991 年，第 304 页。

②　故宫博物院：长编60268，雍正帝谕令动用正项钱粮重修阙里被灾孔庙及捐资修理各地孔庙事，雍正二年八月二十四日甲午。

③　故宫博物院：长编60332，阙里文庙工程迟滞钦差留保等前往督催事，雍正七年二月二十一日丙申。

④　《宫中档雍正朝奏折》（第二十六辑），台北：台北故宫博物院印行，1979 年，第 963 页。

⑤　《宫中档雍正朝奏折》（第二十六辑），第 962～963 页。

或亲诣展礼，或遣亲王大臣前往，俟再降谕旨。"① 雍正六年（1728 年）发布上谕："着塞楞额另委贤能之员督催办理，务期工程坚固，克期告竣，不得惜费省工，耽延时日，报竣之后，朕尚欲亲诣展礼，或遣王大臣前往恭代，并查勘工程，将此速行塞楞额遵旨奉行。"②

　　二是派亲信大员前往工地监督。负责、从事阙里孔庙修复工程的均为山东各级官员，雍正派出了较为信任的外部官员对其进行监督，主要有岳浚、完颜留保和田文镜三人。这三人不负使命，基本上把工程中存在的问题反映给了雍正，甚至还提出处理措施。以完颜留保为例，雍正七年（1729 年）正月上谕："遣通政史留保前往曲阜督率在工人员，尽心竭力敬谨办理，尅期竣事，以慰朕怀。"③ 二月二十一日，通政使留保同丁皂保自京起程，二十四日抵曲阜，即着手查看工程具体情况："现今启圣殿、金丝堂已经建造，尚未盖瓦，左右两庑各四十四间，南段每边建造二十七间，亦未盖瓦，北段各有未建十七间，因地基近大成殿，留为大工搭架处所，未便全造，其大成殿等六工、木石、砖瓦等料，凡可预办者，已经造办，除大木之外，小木料尚欠十分之三四，石料欠十分之四五，砖灰欠十分之二三，琉璃瓦已得一半，现在选择颜料、铜铁等项，尚未采办。"④ 经过此次考察，留保觉得该工程规模大，需要再派人来。"此工程甚大，需经过之人，现有续估，仍求皇上天恩，令彼来东，协臣办理，于大工必有裨益。"⑤ 此次考察之后，留保即派丁皂保先回京城了，现在又要求皇帝派人来，雍正对此不甚满意。"汝既欲留伊协办，即当具折奏留，不应令其先回，业既回京，又命来东，往返仆仆，殊不雅观，今不知丁皂保已曾起程否？如尚未动身，即传谕止之，若已束装在道，则不复令其来东矣。"⑥ 留保还及时地将相关官员在工程中的表现情况汇报给雍正："乃原任巡抚陈世倌经始无方，耽误于先，接任抚臣塞楞额，迟延玩惕，因循于后，辜负圣恩，违背圣旨，实名教之罪人，

---

① 故宫博物院：长编60317，雍正帝谕令务使阙里孔庙工程坚固永久事，雍正七年二月二十一日丙申。
② 中国第一历史档案馆：《雍正朝汉文谕旨汇编》（第七册），南宁：广西师范大学出版社，1999 年，第228 页。
③ 故宫博物院：长编27802，雍正帝谕遣通政使留保赴阙里督办孔庙修建工程事，清雍正七年正月。
④ 《宫中档雍正朝奏折》（第二十六辑），第962 页。
⑤ 《宫中档雍正朝奏折》（第二十六辑），第962 页。
⑥ 《宫中档雍正朝奏折》（第二十六辑），第962 页。

而王章所难宥者也，相应纠参，请旨交部，严加议处。再查，原任布政使布兰泰、张保、岳浚皆有协理承办之责，乃俱优游坐视，相率效尤，均属不合。至监督道员徐德伭、牟综元身任督修，较之布政司，尤亲切，乃敢怠玩苟且，诸事草率，贻误钦工，咎实难逭，相应附参，交部议处。"①

（四）及时更换不称职的官员，严厉惩罚贪污的官员

首先，将侵蚀钱粮的钮国玺秋后处决。"阙里文庙工程关系重大，朕屡谕陈世倌，遴委贤员，敬谨修造。陈世倌曾奏众人咸愿捐银数万两，以助工费，朕不允行，令其一切动用公帑，毋得减损草率，稽误大工。数年以来，降旨申饬，至再至三，乃陈世倌滥用劣员钮国玺，以致侵蚀钱粮，而采置木植不堪应用，贻误之罪，实不可逭，钮国玺应斩，着监候，秋后处决。钮国玺侵蚀银两，着勒限严追，如力不能完俱着落，陈世倌名下赔补还项。"② 其次，处理了此项工程中消极怠工的山东各级官员。

（五）借阙里孔庙修复工程，颁布谕旨，惠及孔林和其他地方文庙

雍正二年（1724 年）发布上谕："前闻孔庙被灾，朕即降旨，遣大臣前往，作速估计，动支正项钱粮，择日兴工，务期规制复旧，庙貌重新，览钱以垲所奏，内外大小臣工，幼业诗书，仰承圣泽，各宜捐资修建等语，虽为当理，今有旨，已令动支钱粮，不必再令臣工捐资，但朕亦不便阻儒士之私情，今直省府州县文庙学宫，或有应修者，本籍科甲出身现任之员及居家进士举人生员，平日读圣人之书，理宜饮水思源，不忘所自，如有情愿捐资，不必限以数目，量力捐出修理各该地方文庙学宫并祭器等项，其不愿者，不必强勒。"③

二 宗教寺庙

（一）佛教寺庙

关于雍正皇帝与佛教的关系，先看他写的一首题为《自疑》的诗："谁道空门最

---

① 《宫中档雍正朝奏折》（第二十六辑），第 962～963 页。
② 中国第一历史档案馆：《雍正朝汉文谕旨汇编》（第七册），第 228 页。
③ 故宫博物院：长编60268，雍正帝谕令动用正项钱粮重修阙里被灾孔庙及捐资修理各地孔庙事，雍正二年八月二十四日甲午。

上乘，谩言白日可飞升。垂裳宇内一闲客，不衲人间个野僧。"① 诗中，雍正皇帝将自己化作为僧人（图 4.1）。冯尔康先生将雍正皇帝视为"崇佛、用佛的精神教主"。雍正皇帝自号破尘居士、圆明居士，青年时期雇人代他出家，亲自说法，并收门徒十四人。在西山建大觉寺，亲自著述《拣魔辨异录》。组织刊刻的经史子集各书中，唯以佛经为突出。② 前文已经提及雍正皇帝在位期间修缮了大量的庙宇，本节以河南少林寺为例，分析雍正皇帝具体如何修缮佛教庙宇的。

图 4.1　雍正十二相图之僧

　　雍正十三年（1735 年），时任河东总督王士俊给雍正皇帝奏报少林寺年久失修，需要重加修建，并将具体拟修缮情况绘图上奏。雍正皇帝同意修建，并作出具体指示："朕阅图内有门头二十五房，距寺较远，零星散处，俱不在此寺之内，向来直省房头僧人类多不守清规，妄行生事，为释门败种，今少林寺既行修建，成一业林，即不应令此等房头散处，寺外难于稽查管束，应将所有房屋俱拆造，于寺墙之外左右两旁，作为寮房，其如何改造之处，着王士俊酌量办理。至工竣后，应令何人住持，候朕谕旨，从京中派人前往。钦此。"③ 王士俊遵旨执行，并将执行情况汇报："将现在二十五房头零星僧房，悉行拆造，紧靠墙边，改作两旁僧寮，东西各列五十间，左右墙垣各开门三处，悉从寺内出入禅堂，两厢如拱如翼，气局贯通，规模整密，二十五房僧人仍归为寺内之僧，二十五房斋田仍归为寺内之田，不复再存房头名色，良由天恩稠渥，是以合派归宗，现在木植砖瓦等项俱已渐次购办齐全，只候兴工开筑。再据河南府通判刘兆岁禀称，房头僧众俱择于五月十三日受戒，欢喜，口颂佛号顶祝皇慈，众口一声交称，幸逢圣世，仍归正道，不落旁门，各澄心洁虑，恭候寺竣之日，皇上拣发高僧住持，得以一律依皈，等语。仰见皇恩霶被，无不踊

①　冯尔康：《雍正传》，第 445 页。

②　杨玉良：《清代中央官刻图书综述》。

③　中国第一历史档案馆：《雍正朝汉文朱批奏折汇编》（28），南京：江苏古籍出版社，1991 年，第 256～257 页。

跃兴奋也,所有臣遵循圣训,即行办理,缘由理合敬谨绘图恭呈预览,伏候皇上训旨。"① 对于这个汇报,朱批为:"览所绘图,不甚妥协,照候原式样修造,可也。既为此一番善举,寺中一切工程务期坚固垂久,所委人员可择向来有些信心、知因果者办理,不可令谤佛祇僧之造孽辈,勉强从事,令招恶报。"② 随后,王士俊又将少林寺门头二十五房具体情况汇报给雍正皇帝:"臣查此项门头房屋原与寺相毗连,绘图之中虽觉距寺较远,其实总依寺界之内。臣遵奉谕旨细度形势,再于东西两边增筑缭墙一带,此二十五房零星住居之屋,悉圈在内,或改其方向,或易其门垣,使俱紧贴寺墙,作为两旁僧寮,皆从大门出入,规模弥觉殿整呼吸,倍觉周通矣。……"③

(二) 道教观址

雍正皇帝当皇子时,也和道士结交,谋求皇位时相信武夷山道士的算命,继位后,对道家依然有兴趣(图4.2)。雍正五年(1727年),白云观道士罗清山去世后,命内务府官员料理其后事,追封为真人。娄近垣、贾士芳、张太虚、王定乾等道士均受到他的宠信。

1. 派亲信大臣查访道教遗迹

图 4.2 雍正十二相图之道士

雍正六年(1728年),密派通政使臣留保谘访紫阳真人遗迹以及其法派子孙。雍正九年(1731年),又派浙督李卫察访紫阳真人。李卫将察访结果汇报:"窃臣钦奉谕旨查访天台山张紫阳真人及葛仙翁道场仙迹。桐柏观既为葛仙翁之首创道场,又为张紫阳真人仙踪楼真之所,诚相合为一事者矣,此观兴于唐而盛于宋,昔人记载殿宇之繁,基址之广,财产之多,他处无与为比,宣和中有道士王灵宝自宫中请有伯夷叔齐二石像归观,建九天仆射祠,以居之,

---

① 中国第一历史档案馆:《雍正朝汉文朱批奏折汇编》(28),第426~427页。
② 中国第一历史档案馆:《雍正朝汉文朱批奏折汇编》(28),第426~427页。
③ 中国第一历史档案馆:《雍正朝汉文朱批奏折汇编》(28),第256~257页。

后改为清风祠，明初毁于火，后复兴建。天启间魏忠贤羽党张天郁谋此地为风水，先令家奴充为道士，凌虐侣伴，悉皆星散，又借搜刮之名，将赐田二千余亩官卖归公，古碑毁坏，只存宋时乾道一碑，土埋复出者现在，清风祠正殿之基已为其子张若英占垄作坟，惟清圣二石像尚在，此仙翁真人道场消磨废坠，至今只有道士范青云一人苦守于此，其符篆归于何处，则俱不得而知矣。"①

2. 修缮道教场所

雍正皇帝下令修缮了全国各主要道教场所，以龙虎山上清宫为例，有清一代，对龙虎山上清宫最大规模的修缮是雍正皇帝主持进行的。雍正九年（1731 年），特赐帑银十万两，重修上清宫，至雍正十年（1732 年）八月竣工，除将原有殿宇修葺一新外，新建了碑亭、斗母宫、后堂、库房、厢房、斋堂、厨房、虚靖祠及二十四道院等。

下面是督修官通政使臣留保给皇帝汇报上清宫具体情况②：

> 上清宫去龙虎山二十里，在镇市之东，阁殿庑宇共八十六间，南北一百二十三丈，东西三十丈五尺，其最后三清阁已就倾颓，应增补重建，仍用绿琉璃瓦盖庑，大门外增建木牌坊一座，以肃观瞻，其余殿宇廊房酌量拆卸整理，再，看得上清宫西北隙地地基层累而上，实属天然位置，新建大门三间，进为前殿五间，接穿廊七间，随上斗尊殿七间，殿旁东西楚修住房各五间，前殿东西配殿各五间，回围墙垣南北三十三丈五尺，东西十六丈，其斗尊殿用黄琉璃瓦盖庑，前殿与穿廊用绿瓦，以黄瓦镶砌脊边，此两处工程，臣等估计共需银五万九千三百三十一两零。再，龙虎山之正一观、提点司、法坛、真人祠、炼丹亭等处，亦量加增修，共需银五千六百五十两零。现在采办物料，觅雇工匠，于五月二十五日动工，平筑地基，约于明年春夏之间可以告竣。再，原奉谕旨"动帑十万，将所余银两置买田亩，为上清宫香火之资，以垂永久了。钦此。"伏查，除估计工程需银六万四千九百余两，俟工程大局有定，臣等拟将余银内动用二万两，会同地方官陆续置买田亩，为合山道院香火地，其田租分派支用，

---

① 中国第一历史档案馆：《雍正朝汉文朱批奏折汇编》（21），南京：江苏古籍出版社，1991 年，第 371 页。

② 中国第一历史档案馆：《雍正朝汉文朱批奏折汇编》（32），南京：江苏古籍出版社，1991 年，第 549 页。

令真人总其大成，拣选谨厚法官，轮流掌管，自是以往所有香火田，应令该府县存案，永为修补庙宇、供给香火之资，真人不得视为己，橐私相售易，如此则上清庙殿香田，可以并垂永久，万古常新矣。

看到该奏折，考虑到当地的杉木不耐久固，不适合盖房，雍正皇帝批示用楠木、松木，不必赶工期。"若求速成，开得江西杉木，不可造盖房屋，不耐久固，倘就近觅取杉楠，另将就用松，如不可便，迟些时日不妨。"① 由此可见，工程质量是摆在第一位的。

竣工后，承办大臣尹继善将竣工后的视察情况报告给皇帝：

> 江西龙虎山庙工，臣不时留心，诸事帮助通政使留保，敬谨办理，甚属用心，且在地方亦甚安静，今已完工，臣委员细看，实属妥协。据留保以庙中住持需人寄信与臣，已觅得守分清雅道士 7 人，送往，分居道院，其与留保同来之浦文焯，自到工所，诸事诿卸，全不经意，员外郎色合立办事用心，于钱粮亦极节省，留保等现在起身回京，臣凡有所知，不敢隐讳，据实奏闻。②

（三）各地龙神、火神庙

1. 广西火神庙

雍正二年（1724 年）九月，广西巡抚李绂给皇帝汇报概念粤西的收成情况，提到时下久晴风烈，时有火灾。雍正皇帝御批："凡此灾异，惟以诚敬认过禳之，本省中访问有火神之庙修补，命老成僧道敬礼，可解此事，钦此。"③ 李绂遂行文九府六十州县地方，访问火神之庙，饬令各行设法修理。

2. 湖广等南方诸省江神庙宇

雍正七年（1729 年），谕礼部："古称江海为百川之长，而湖广境内、西南数省之水，汇入大江，又为川泽之总会。凡属地土民人，及舟楫行旅，皆仗江神默佑，保护安宁。允宜修建庙宇，按时致祭，以崇报享。著湖广总督、会同湖北湖南巡抚

---

① 中国第一历史档案馆：《雍正朝汉文朱批奏折汇编》（32），第 549 页。
② 中国第一历史档案馆：《雍正朝汉文朱批奏折汇编》（23），南京：江苏古籍出版社，1991 年，第 260 页。
③ 《宫中档雍正朝奏折》（第三辑），台北：台北故宫博物院印行，1977 年，第 564～565 页。

确查妥议，南北两省应于何处各建庙宇，或旧有祠庙，敬谨兴修，皆动支公帑办理。此朕虔祷神祇、护国佑民之意，并非谄媚以求一己之福也。并令该督抚晓谕居民，不得私结社会，妄事祈求，以滋亵慢。"①

3. 山东临清龙王庙

雍正九年（1731年）六月发布上谕，启动临清龙王庙的修缮。"岳浚曾奏临清州旧有龙神庙，应加修葺等语，朕谕以目前正办军务，此事从容举行。今思神灵福佑吾民，祠庙所在，自应急为整理，着岳浚适委能员监看修葺，其所需工费银两，若东省有存公之项，即行动支应用。倘公项不敷，着即动藩库帑金，办理，咨报户部，将内库银两拨补还项。钦此。"②

第三节 乾隆时期

一 物质文化遗产的调查与考证

乾隆皇帝经常要求各地官员调查、搜求本地区的历史古迹和古物。

（一）字画类

乾隆十二年（1747年）九月二十一日，发布上谕："苏轼凤翔八观诗中，有题开元寺王维、吴道子画壁一篇，可传谕徐杞，令按古迹查明开元寺画壁尚存否？如画尚未剥落，即觅高手摹取，以来，或彼中不得高手，随便奏闻，候派员前往，俟徐杞奏折之便寄去，钦此。"③ 时任陕西巡抚徐杞立刻前往查勘，并将具体情况汇报给皇帝："臣遵查凤翔县志载有王右丞画双竹，在开元寺东塔，及吴道子画，在普门寺，乃画佛在竹林下等语。与苏诗意指相同，即札行凤翔府知府孟昭亲往开元普门二寺查看。据覆称，开元寺建自有唐，普门寺创始秦穆，俱历年久远，今普门寺名

---

① 《清世宗实录》卷七十七，雍正七年正月庚申。

② 中国第一历史档案馆：《雍正朝汉文朱批奏折汇编》（20），南京：江苏古籍出版社，1991年，第753页。

③ 中国第一历史档案馆藏宫中档案朱批奏折，"奏为查明开元普门二寺画壁久已无存事"，乾隆十二年十月二十八日，档号：04-01-38-0003-036。

尚仍其旧，开元则又称为八角开元寺，询之寺僧及本地耆老等，俱未悉何年增此八角字样，其二寺画壁久已无存，俱无从稽考，惟查有圣朝顺治十八年捐修普门寺碑记。又，邑人高选等于前明隆庆六年捐葺八角开元寺碑记，止刊载捐葺者姓名及银粮数目，并未载有古迹原委，应无庸进呈，谨将我朝顺治十八年重修普门寺碑记装潢成帙，恭呈御览，所有查明缘由理合缮折恭奏，伏惟皇上睿鉴谨奏。"①

乾隆四十年（1775 年）三月，乾隆皇帝命令湖广总督文绶查明成都府学周公礼殿壁画情况："偶阅宋范镇东齐记事内载，成都府学有周公礼殿及孔子像，其上壁画三皇五帝及三代以来君臣，即晋王右军与蜀守帖，所求三皇五帝画像，一则其制相传始自秦汉，至北宋，阅一千五百余年，历久尚存范镇，此书作于宋元丰中，至今不过六百余年，不应迹竟淹没，著随便传谕文绶，令其就近查访，如该处画壁现存，即照样摹绘呈览，如或旧迹难稽，亦即据实覆奏，钦此。"② 湖广总督文绶调查汇报如下：

> 窃臣钦奉臣查周公礼殿遗址，即今成都府学之志书，礼殿之作，始于西汉蜀守文翁，东汉时殿焚，兴平初太守高眹兴复有礼殿记，刻柱上，壁画三皇五帝三代圣贤及七十二子，两汉君臣像，后又增画魏晋间人物，宋时王素席益并曾摹写，元时费著有礼殿圣贤图考，至明末遭张献忠之乱，学宫毁于火，康熙二年巡抚佟凤彩始率属重建，碑文有焦土，莫辨无片瓦尺椽之语。是殿既非旧画，亦泯没，即范镇所记石室碑柱，亦无一存留。臣详加查访，实无遗迹，谨按新旧志书所载，汉礼殿记，及元礼殿图考二篇恭录，进呈御览，伏乞皇上圣鉴谨奏。"③

江苏无锡县衙内的宝翰阁中藏有竹炉图卷四轴，该图卷上有乾隆皇帝的御题，乾隆四十五年（1780 年）二月初三，乾隆皇帝得知江苏无锡县署失火，命令江苏布

---

① 中国第一历史档案馆藏宫中档案朱批奏折，"奏为查明开元普门二寺画壁久已无存事"，乾隆十二年十月二十八日，档号：04－01－38－0003－036。
② 中国第一历史档案馆藏宫中档案朱批奏折，"奏为遵旨查明成都府学周公礼殿壁画无存情形复奏事"，乾隆四十年三月初五日，档号：04－01－38－0010－032。
③ 中国第一历史档案馆藏宫中档案朱批奏折，"奏为遵旨查明成都府学周公礼殿壁画无存情形复奏事"，乾隆四十年三月初五日，档号：04－01－38－0010－032。

政使吴坛前往查看县署书房里的竹炉图卷四轴是否已经毁失。吴坛将查看情况汇报：

> 臣恐各匠工或有揑词附会情弊，细加，隔别研讯，均各坚供如一，矢口不移，询问同时救火之金匮县知县何世珩、守备李发，均称救火时喧称烧毁图卷，无人不知，体访外间舆论，亦俱称图卷实系烧毁，似无遁饰所有，臣遵旨查询竹炉图卷被毁原委，并踏勘无锡县署内书房被火延烧各情形，理合，恭摺覆奏，至抚臣杨魁前请将臣等分别议处之处，虽经蒙恩宽宥，但无锡县知县邱涟以山寺传流名迹墨宝，本可毋庸装裱，乃辄请至署内装潢，致被全毁，实与寻常被火延烧者不同，抚臣杨魁及臣以属员禀报不明事件，未能亲往详查确切具奏，以致上烦，圣心实宽，愧悚无地，不能自安，应乃请交部分别严加议处。①

（二）名胜古迹、寺庙类

乾隆年间，山东巡抚刘统勋奉旨将核查鲁灵光殿的具体情况上奏乾隆皇帝：

> 臣谨查鲁灵光殿即鲁之太庙，为今周公庙，在曲阜城东北二里有余，载在通志显然可，据通志，又载，水经注云，孔庙东南五百步有双石阙，即灵光之南阙北百余步，即灵光殿基，似与前说互异，但查王延寿灵光殿赋云，周行数里，仰不见日，则其周庐别舍延茂甚广，以今步数考之，则通志所载二说，东南东北总在此数里之内，所谓距城二里有余者，以今周公庙所占鲁灵光之基址而言也，所谓南关之北，百余步者，以鲁灵光之周庐别舍所际之基址而言也，二说不相抵牾，则今周公庙为鲁灵光旧基，可无疑义。至鲁太庙之说，则又见于灵光赋序云，因鲁僖基兆而营焉，亦可互证。②

乾隆二十九年（1764 年）十月二十五日，山东巡抚崔应阶接到廷寄，内有上谕："崔应阶前奏该省魏家庄大营有四贤祠，陈家庄有晏子祠，其建祠时代始末，及诸贤姓氏事迹，并费县之万松山有无故实可稽，着即确查，详悉具奏，钦此。"

---

① 中国第一历史档案馆藏宫中档案朱批奏折，"奏为遵旨查明竹炉图被火毁原委并踏勘无锡县署内书房被火延烧各情形事"，乾隆四十五年二月十一日，档号：04 - 01 - 15 - 0013 - 008。

② 中国第一历史档案馆藏宫中档案朱批奏折，"奏为谨查曲阜城东北鲁灵光殿即鲁之太庙为今周公庙事"，乾隆朝，档号：04 - 01 - 15 - 0021 - 002。

崔应阶立马去查核并将情况上奏："四贤祠在泰安境内，山东通志内载，泰山西南麓有投书涧、上书堂，系宋儒胡瑗孙复石介讲学之地，旧有祠宇，今祠已废，后人于县境东南建祠，祀胡瑗孙复石介，又增祀孔道，辅为四贤祠，其建祠时代，无碑记可考。又谨按：晏子祠在齐河禹城交界之处，山东通志内载，齐河西北二十五里有晏城，系齐相晏婴采邑，后人立祠于晏城之北，祀齐相晏婴，其建祠时代亦无碑记可考。又谨按：万松山在蒙山之南，通志内载，费县北七十里有蒙山，山趾延互一百三十里，其前为阳口山，有玉皇观，老子故宫，又费县志载，阳口山近祊城山之北浚水出焉。今万松山即阳口山，其上多松，故土人咸呼为万松山。"①

乾隆四十年（1775 年），皇帝命东北三省的将军详查本地区的名山大川与历史古迹："札寄盛京、吉林、黑龙江将军等，各将省城为主，某地距省城几许，现今仍系旧名，或有更改，并有无名山大川、古人遗迹，逐一详查，三省会同，共绘一图呈览。"②

乾隆四十六年（1781 年），皇帝要求直隶总督袁守侗查清唐县、行唐县是否有无帝尧古迹。袁守侗将调查情况上奏："查行唐县并无帝尧古迹，惟唐县有唐山，一名唐岩山，去县八里，即尧所登之山也，山南有尧庙，又孤山，一名都山，汉书尧山在北，尧母庆都山在南，登尧山，见都山，即此山也。又封山在县北十八里，相传尧于此山下受封，故名。又完县西有伊祁山，昔帝尧诞生于此，故尧姓，伊祁氏人亦以为尧山。山上有尧母洞，常现瑞云，以为育圣之祥。"③

乾隆四十八年（1783 年），皇帝命令福康安在修缮成都城时，要留心访察成都的名胜古迹，详细汇报："至成都素称名胜，如王羲之帖内称、城池门屋楼观，皆是秦司马错所修，现在省城，是否尚系旧基，或经数次兵燹之后，遗迹渐湮，而此番兴筑，或于畚锸之中，重获有旧碑古碣，足资考证者，著福康安留心访察，遇便覆奏。至其余如诸葛亮庙，杜甫诗所称丞相祠堂者，庙内古柏，是否尚存，又如杜甫诗中

---

① 《宫中档乾隆朝奏折》（第二十三辑），台北：台北故宫博物院印行，1984 年，第 65~66 页。
② 《清高宗实录》卷九百九十六，乾隆四十年十一月壬午。
③ 《上谕档》，乾隆四十六年二月二十八，第一条。

浣花草堂、万里桥等处古迹，并著一并查明，绘图贴说呈览。"①

二 修茸历史古迹

（一）强调对古代寺庙的修茸

乾隆二年（1737 年）三月十一日，颁发上谕："……前年以民间喜建寺庙，而旧时寺庙倾圮者多，特谕止许修茸旧寺庙。近闻，旧址重修者少，间有新建寺庙者，地方官并不将朕谕旨宣布开导，此亦奉行不谨，怠忽从事之一端，并谕令直省督府知之，特谕，钦此。"②

乾隆五年（1740 年），朝廷确立了北京城定限十年后应碎修寺庙：东岳庙、嵩祝寺、后黄寺、大光明殿、德寿寺、天元阁、元灵宫、大西天经厂、仁佑庙、法渊寺、汉经厂、广仁宫、山神庙、宝藏寺、观音庵、慈寿寺、广慈寺、关帝庙、宁佑庙、四帅庙、斗母庙、至灵观、龙王庙、惠泽龙王庙。③

同年，皇帝发布谕旨，明确江西龙虎山庙宇的维护类别，庙宇负责人应区别哪些情况下报官修理，哪些情况下可以自行修茸。"朕思此项庙工，从前系奉世宗宪皇特恩，发帑兴修，工程颇称完备，并给有田亩，岁收租息。若随时加以粘补，何至数年之间，辄多倾圮？嗣后庙内工程，何项必应报官查办，何项应自行茸补，若不加以区别，伊等心无餍足，惟恃官为修理，则将来必至琐屑滋弊。可将此旨，一并密寄岳浚知之。"④

乾隆四十二年（1777 年），皇帝发内帑十二万两修缮陕西华岳庙，谕："陕西华岳庙，自三代以来，即为望秩之地，规模宏壮，体制尊崇。近岁风雨调匀，屡昭灵应。昨据该抚毕沅奏称因岁久倾颓，亟宜茸治，约估需银十二万余两等语。此项工程甚巨，理宜发帑兴修，著于内务府拨银十二万两，交毕沅核实办理，造报内务府

---

① 《清高宗实录》卷一千一百七十三，乾隆四十八年正月戊申。

② 《上谕档》，乾隆二年三月十一日，第十条。

③ 中国第一历史档案馆藏奏销档，"奏报理应碎修定限维修寺庙名称折"，乾隆五年六月初六日，档号：202 - 141。

④ 《清高宗实录》卷一百二十二，乾隆五年七月庚午。

核销。务俾工程坚固，庙貌鼎新，以妥神庥而昭秩祀。"①

乾隆四十三年（1778年），皇帝发内帑八万两修理嵩岳庙。"其捐款外所需银八万两，著用内务府库银，令郑大进、荣柱等核实办理，造报内务府核销。至此项银两，即著该抚、于应解户部正项内扣用，咨部备核，仍令内务府、照数拨还户部，以省解送之烦，该抚等务须实力查察，妥为经理，俾庙貌巍峨，工作巩固，以昭灵佑。"②

（二）禁止盗墓

雍正、乾隆时期盗墓盛行，根据实录记载，乾隆七年（1742年），"今年秋审册内、刨坟之案，奉天、江南、江西、陕西、山西、湖广、福建、云南、诸省皆有之。而山东、河南、较多，直隶为尤甚"。③ 雍正年间曾规定，凡盗墓为首一次者，俱行正法。乾隆也发布谕令，严惩盗墓行为："夫愚民即为饥寒所迫，不免作奸犯科，何遂以贪取财物，而残及枯骨，惨毒至于此极。此虽人心之无良，或亦由平素未知国法，视发掘为行窃之常，以至干犯严条，断无可贷。著奉天府尹及各该省督抚、通饬地方有司，留心开导，谆切劝戒，以感动其天良，并将律文于各处明白晓示。俾知刨坟之情罪，如此其重，一犯此律，即不免于死，则奸徒畏法，故习不敢复萌，而薄俗可因而止息。该部即传谕，各该督抚知之。"④ 乾隆十一年（1746年），刑部议覆旗人敏住、勇住、及民人周八、周四、王六等偷刨傅天和家坟墓案，按律应拟绞监候，上报皇帝。乾隆下旨："向来旗人犯案，从未有发掘坟墓之事。今敏住、勇住，伙同刨坟，为首为从，多至数次，情殊可恶。夫以旗人竟为此等残忍至极偷盗之事。朕览此本，实多抱愧，凡属旗人闻之，谅亦无不惭忿。掘墓之犯，将来秋审时，自必当在勾决之内。前康熙年间，互殴致死者，皇祖从重加以立决，嗣后旗人斗殴致死之案渐少，此正适轻适重，辟以止辟之义。敏住、勇住，着改为绞决，并将此旨通行八旗，及各省驻防不肖旗人等。俾共知所儆戒，其周八、王六、周四、俱依拟应绞，著监候秋后处决。"⑤

---

① 《清高宗实录》卷一千零四十二，乾隆四十二年十月庚子。
② 《清高宗实录》卷一千零六十二，乾隆四十三年七月乙丑。
③ 《清高宗实录》卷一百七十七，乾隆七年十月甲辰。
④ 《清高宗实录》卷一七七，乾隆七年十月甲辰。
⑤ 《清高宗实录》卷二七九，乾隆十一年十一月庚戌。

三　修缮紫禁城

清代对紫禁城宫殿规模最大的修建集中于乾隆朝，关于此，前面章节已有所交代，关于紫禁城宫殿修建的谕旨，《大清会典》中收录的已经在前面章节讲完，本节只涉及《大清会典》之外的关于紫禁城修缮的谕旨。重点讲一下乾隆四十四年（1779 年）十月二十七日的一道谕旨，这道谕旨确立了紫禁城岁修汇报制度，内容为："宫内等处现有渗漏，系节年递有渗漏，此皆承办司员办理不善，着承办官员赔修，并交总管内务府大臣议处，嗣后宫内凡有渗漏及各项粘修，着交派出值年内务府大臣率领司员，会同总管太监等踏勘修理，钦此。"①

为此，从乾隆四十五年至六十年（1780～1795 年）之间，内务府大臣每年都进行汇报。根据奏销档与奏案，整理出下表（缺少乾隆五十四（1189 年）、五十五（1190 年）两年的数据）。

表 4.1　乾隆四十五年至六十年（1780～1795 年）紫禁城各宫殿渗漏、粘修情况一览表

年　份	渗漏、粘修情况
乾隆四十五年（1780 年）	乾清宫等处共渗漏一百八十七处，内有上年粘修者十六处，应交原承修官员赔修，其余乾清宫等处新渗漏者一百七十一处，槛框门扇木植糟朽、油饰迸裂脱落者五十二处，慈宁宫等处新渗漏二十六处，槛框过木门扇糟朽、油饰迸裂者三处。
乾隆四十六年（1781 年）	乾清宫等处共渗漏九十五处，内有上年粘修者十五处，应交原承修官员赔修，其余乾清宫等处新渗漏八十处，槛框门扇木植糟朽、油饰迸裂脱落者四十四处，慈宁宫等处新渗漏十七处，槛框过木门扇糟朽、油饰迸裂者五处。
乾隆四十七年（1782 年）	乾清宫等处共渗漏七十处，内有上年粘修者十七处，应交原承修官员赔修，其余新渗漏者五十三处，油饰迸裂、木植糟朽四十七处，慈宁宫等处共渗漏十五处，内有上年粘修者六处，交原承修官员赔修，其余新渗漏者九处，油饰迸裂、木植糟朽三处。

---

① 中国第一历史档案馆藏奏销档，"奏报乾清宫等处渗漏情形及理应原承修官员赔修之处所等事折"，乾隆五十二年八月初三日，档号：403－083－1。

续表 4.1

年　份	渗漏、粘修情况
乾隆四十八年（1783 年）	乾清宫等处共渗漏四十六处，内有上年粘修者十三处，应交原承修官员赔修外，其余新渗漏者三十三处，油饰迸裂九处，木植糟朽二十五处，井口沉陷一处，慈宁宫等处共渗漏四处，内有上年粘修者三处，交原承修官员赔修，其余新渗漏者一处，油饰迸裂、木植糟朽二处。
乾隆四十九年（1784 年）	乾清宫等处共渗漏八十五处，内有上年粘修者八处，应交原承修官员赔修外，其余新渗漏者七十七处，油饰迸裂二十五处，木植糟朽三十四处，挂檐砖闪裂一处，慈宁宫等处共新渗漏三处，油饰迸裂六处，木植糟朽二处。
乾隆五十年（1785 年）	乾清宫等处共渗漏七十一处，内有上年粘修者十六处，应交原承修官赔修外，其余新渗漏者五十五处，油饰爆裂四十处，木植糟朽三十四处，挂檐砖闪裂四处，慈宁宫等处旧渗漏二处，木植糟朽一处，油饰爆裂二处。
乾隆五十一年（1786 年）	乾清宫等处共渗漏一百三处，内有上年粘修者十九处，应交原承修官员赔修外，其余新渗漏者八十四处，油饰爆裂三十六处，木植糟朽三十五处，挂檐砖闪裂二处，寿康宫等处新添漏十一处，木植糟朽一处，油饰爆裂五处。
乾隆五十二年（1787 年）	乾清宫等处，共渗漏三十三处，内有上年粘修者十二处，应交原承修官员赔修外，其余新渗漏者二十一处，油饰爆裂二十一处，木植糟朽二十六处，挂檐砖仙人脊瓦料闪裂四处，慈宁宫等处旧渗漏一处赔修外，新渗漏五处，油饰爆裂八处。
乾隆五十三年（1788 年）	乾清宫等处渗漏一百十八处，内有上年修饰过，今又渗漏者十三处，应着落营造司官员赔修外，其余新渗漏一百五处请交乾清宫内中一路工程处一体修整。
乾隆五十六年（1791 年）	乾清宫等处本年渗漏四十处，油饰爆裂、木植间有糟朽三十二处，逐一详细确核，均系中一路工程未经修理之项目，自应按例修整。
乾隆五十七年（1792 年）	乾清宫等处，本年渗漏四十一处，油饰爆裂，木植间有糟朽三十处，逐一详细确核，均系中一路工程未经修理之项目，自应按例修整。
乾隆五十八年（1793 年）	乾清宫等处共渗漏六十处，内有上年粘修者十四处，应交原承修官员赔修外，其余新渗漏四十六处，油饰爆裂，木植微有糟朽三十七处，慈宁宫等处新渗漏四处，油饰爆裂二处，逐一详细查，均系中一路工程未经修理之项目，自应按例修整。

续表 4.1

年　份	渗漏、粘修情况
乾隆五十九年 （1794 年）	乾清宫等处共渗漏七十三处，内有上年粘修者二十处，着落原承修官员赔修外，其余新渗漏五十三处，油饰爆裂、木植间有糟朽四十四处，慈宁宫、寿康宫新渗漏七处，油饰爆裂、木植间有糟朽四处。逐一详细确查，均系中一路工程未经修理之项目，自应按例修整。
乾隆六十年 （1795 年）	乾清宫等处共渗漏二十四处，内有上年粘修者十三处，着落原承修官员赔修外，其余新渗漏十一处，油饰爆裂、木植间有糟朽四十二处，均系中一路工程未经修理之项目，再，慈宁宫油饰爆裂、木植间有糟朽二处，逐一详细确查，亦系应修之工，自应按例修理。

经常的情况是，头年刚修过，第二年又渗漏，针对这种情况，乾隆五十三年（1788 年）曾发布谕旨规定了修补后三年之内又渗漏的，相关责任人员要负责赔修，朝廷不再出钱。"此项工程在上年粘修，本年即行渗漏者，固应着落营造司之员赔补，但承办工程如果妥为经理，何至逾年遽有渗漏之处？即两三年亦可无须修补，此次渗漏处所至一百十八处之多，自系办理不善所致，着总管工程大臣即行查明，应修各工程其在三年以上者，始准交中一路修理，其在三年以内者，俱着落赔修，嗣后俱照此办理，钦此。"① 乾隆五十七年（1792 年），内务府总管大臣永琅汇报完该年度宫中各处渗漏及粘修情况，乾隆皇帝发布上谕，再次强调赔修责任的落实："据永琅等查勘乾清宫等处渗漏糟朽处所，请率领司员妥协修理一折，此等渗漏糟朽各处所，如从前并未修理，自应准其按例修整，若曾经派员粘补，年份未远，复有漏损之处，即应着落承办司员赔修，着交内务府大臣再行确切查明奏闻办理。"②

除此之外，乾隆皇帝对于日常生活中发现的需要修缮之处也随时处理。比如，乾隆四十年（1775 年），他发现太和殿内金柱透露黑斑，遂让福隆安给内务府大臣刘浩传旨："太和殿内金柱透露黑斑，着刘浩查奏，钦此。"③ 刘浩查清楚了黑斑的原因

---

① 中国第一历史档案馆藏内务府奏案，"奏为养心殿等处渗漏着中一路工程处修理事"，乾隆五十三年八月初九日，档号：05 - 0415 - 068。

② 中国第一历史档案馆藏奏销档，"奏为派员再查宫内渗漏糟朽处所缘由事折"，乾隆五十七年八月初六日，档号：433 - 137 - 1。

③ 中国第一历史档案馆藏奏销档，"奏为修理太和殿金龙柱估需工料银两事折"，乾隆四十年七月二十五日，档号：335 - 094。

为"太和殿金柱黑斑系年久，地仗内贴金油透露之故"，乾隆皇帝又下旨，指示如何避免，"今岁五月后着收拾，务必上油时要匀，好好收拾，着派好监督监造，将来皇极殿亦必好好收拾，钦此钦遵"。① 乾隆五十四年（1789 年），太和殿后门槛油饰被发现碰损，内务府对相关官员作出处罚决定："值月员外郎文瑞、管领常恺各罚俸二年，值年内务府大臣金简、舒文各罚俸一年。并令将前三殿修饰完整，不准开销。"② 乾隆皇帝对此处罚结果并不满意，认为太轻："太和殿系朕临御朝正之所，该管大臣官员，理宜修饰严整，以肃观瞻。且朕每年御殿，不过数次，殿后门槛，平时无人出入，油饰何至碰损？该值年大臣及该管官员，并不随时查看，豫行修理，实非寻常玩忽可比。若仅议以罚俸，不足示惩。值月员外郎文瑞、内管领常恺，俱著革职，金简、舒文、俱著交内务府严加议处。"③

---

① 中国第一历史档案馆藏奏销档，"奏为修理太和殿金龙柱估需工料银两事折"，乾隆四十年七月二十五日，档号：335 - 094。

② 《清高宗实录》卷一千三百二十，乾隆五十四年正月乙未。

③ 《清高宗实录》卷一千三百二十，乾隆五十四年正月乙未。

第五章　地方的执行与推动

第一节　地方官

康雍乾三朝对物质文化遗产的法律保护中，各级地方官员都是中流砥柱。他们是政策的执行者，没有他们尽职尽责，甚或卓有创见的实施皇帝的命令和律典规定，全国各地物质文化遗产的保护将虎头蛇尾。同时，他们又是政策的建言者，提出了很多实行有效的措施被皇帝采纳，并付诸实施。他们是读圣贤书出身，儒家文化的践行者和传承者，有着崇高的历史使命感和深厚的传统文化积淀，在保护历史文化遗产方面有着自发的情感，而这正是物质文化遗产保护效果的深层次保障。

一　向朝廷汇报本地名胜古迹情况

一般情况下，各级地方官会将本辖区内名胜古迹的基本情况、毁损情况等信息逐级上报至中央，请求朝廷拨款修缮。

雍正八年（1730 年），山东巡抚岳浚将山东临清金龙神庙毁损情况汇报朝廷，希望发帑修建。"临清州砖闸东岸有金龙神庙一座，按神姓谢名绪宋末忠义之士，前明封为黄河主，载在祭典，此庙建于前明弘治二年，至国朝顺治十五年重修，屡着灵应，凡地方水旱灾害以及往来舟楫，无不应。去秋，河流涨溢湍悍异常，漕船过闸之时，数百人夫牵挽不定，每至危险，弁丁号神求济，立见安宁，旁观之人莫不骇异，神威显赫，福国佑漕，为功甚巨。今查此庙自重修以后，又历数十年，栋宇倾颓，亟消修葺。"① 雍正同意发内帑修建。

雍正九年（1731年）五月二十一日晚三更时分，江西省城章江门外居民失火，江西巡抚陈谢旻向皇帝汇报此事："当晚北风甚大，沿烧民房四百多间，并江边之滕王阁亦被烧毁，惟阁门之内有圣祖仁皇帝御书滕王阁序石刻碑亭，并无丝毫损坏。臣思滕王阁有御书石碑，为省会观瞻之所，容臣酌量设法另图重建，以复观瞻。"② 雍正皇帝命令立即修缮。

乾隆十年（1745年），河南巡抚硕色将本省上报的开垦荒地中被勘察为古代陵墓余地的情况上奏，恳请朝廷豁除，给予保护。"巩县雍正十二年报垦荒地，内有二顷十一亩，勘系宋陵四旁余地。郏县雍正八年报垦旱地，内有三顷六十五亩，勘系宋臣苏轼、苏辙、护坟余地。不便仍行耕种，其原报升科银米，并请豁除，陵旁坟旁余地，庶资遮护。"③ 该奏称经户部议准，皇帝批准。

乾隆十五年（1750年），山西巡抚阿里衮将五台山附近的古迹情况汇报给乾隆皇帝："自五台山至泽州一路，相近御道、可供观览者，如五台之台麓寺等一十三处沿途庙宇古迹，有狮子梁等六处，皆应粘补修整。"④ 乾隆皇帝的处理比较低调，认为需要修理的简单修理，不需要修理的可不必修理，"其各庙宇，上次未经修理者，既不必修理，至上次未经之沿途寺庙古迹，照军机处所定，略为修葺，不得上华丽，以滋靡费。"⑤

乾隆五十一年（1786年），时任河南巡抚毕沅奏报嵩山岳庙的情况，并对其中的布局提出改动建议："嵩岳庙中旧有配殿四所，塑泰华衡恒四岳帝像。窃思五岳并尊，今将四岳配享，典礼未协，且建在二门之外，尤为轻亵。查山门外迤南有空房一所，堂宇宽厂，拟移奉神像，改为五岳灵祠。其庙中旧有配殿，改塑风云雷雨四神配享。"⑥ 乾隆皇帝对该建议非常认可，准予施行。

乾隆五十六年（1791年），陕西巡抚秦承恩访查咸阳广教寺两壁绘天遵诸佛像相传为吴道子手笔，将此情况奏报皇帝，同时建议挑选画工，用墨笔勾出粗藁。"臣检

---

① 中国第一历史档案馆：《雍正朝汉文朱批奏折汇编》（20），第443页。

② 中国第一历史档案馆：《雍正朝汉文朱批奏折汇编》（20），第804页。

③ 《清高宗实录》卷二四九，乾隆十年九月庚寅。

④ 《上谕档》，乾隆十四年十月二十八日第一条。

⑤ 《上谕档》，乾隆十四年十月二十八日第一条。

⑥ 《清高宗实录》卷一二五五，乾隆五十一年五月壬申。

查西安府咸阳县志书内载，广教寺系秦宫遗址，唐时改为佛地，两壁绘天尊诸佛像，体貌丰伟，衣裳鲜洁，俨然有生气，相传为吴道子笔真入神之技等语，随饬该县查明，画壁尚属完好，现在挑选画工，用墨笔钩出粗藁，俟下次奏事之便进呈。"① 乾隆皇帝非常赞成。

二　提出保护文物古迹的建议

有清一代，不少历史古迹的保护措施是由本地官员提出、经朝廷认可而付诸实施的。本章以山东圣贤陵庙、五台山岁修、名胜古迹树木等为例说明这个情况。

（一）山东圣贤陵庙

乾隆元年（1736 年）正月初十日，时任都察院左副都御史的陈世倌奏请皇帝下令修缮山东圣贤陵庙。在奏折里，陈世倌首先摆出了修缮陵庙的依据，即雍正七年（1729 年）的那道谕旨（内容详见第二章）。其次，说明了山东历次修理圣贤陵庙的申请均被工部拨回，"经今七年未蒙部准与修"，② 建议"臣请皇上勒下山东抚臣委员确估，不必先限数目，务期坚固辉煌，堪垂永久，但严饬委员不许丝毫浮冒，管工官不许丝毫侵蚀动用存公银两，克期与工报完，则庙貌重新光昭奕世矣"。③ 提出子思没有专祠，康熙三十二年（1693 年）曾经着手建专祠，但后不了了之。"臣思子思首阐天人性命之理，以授孟子，孔子之道，始得传至今日，有功圣道匪小，而未有专祠，实为缺典。臣并请皇上敕下山东抚臣一并委员确佑修建，则四配并有专祠，实于祭祀有光矣。"④ 进一步建议给予先贤后裔中的博士祭田，增加从祀人员：

---

① 中国第一历史档案馆藏宫中档案朱批奏折，"奏为访查咸阳广教寺两壁绘天遵诸佛像相传为吴道子手笔挑选画工用墨笔钩出粗藁进呈事"，乾隆五十六年九月十二日，档号：04 - 01 - 38 - 0208 - 014。

② 中国第一历史档案馆藏宫中档案朱批奏折，"奏为请饬下山东巡抚修茸圣贤陵庙等事"，乾隆元年正月初十日，档号：04 - 01 - 01 - 0012 - 027。

③ 中国第一历史档案馆藏宫中档案朱批奏折，"奏为请饬下山东巡抚修茸圣贤陵庙等事"，乾隆元年正月初十日，档号：04 - 01 - 01 - 0012 - 027。

④ 中国第一历史档案馆藏宫中档案朱批奏折，"奏为请饬下山东巡抚修茸圣贤陵庙等事"，乾隆元年正月初十日，档号：04 - 01 - 01 - 0012 - 027。

①先贤之博士宜並给祀田也。"臣请皇上敕下抚臣，凡圣门诸贤裔博士，查有未给祀田者，并于附近州县入官田地内，照颜曾孟仲博士之例，一体拨与祭田，收其租粒，以备禋祀，不得给以硗瘠薄田，仍勒石开明亩数段落，并严禁子孙不许售卖。"① 请增从祀，以光盛典也。"臣闻河南徵士孙奇逢潜心圣学，身体力行，年至九十不倦，所著理学宗传，实得圣贤宗旨，原任工部尚书汤斌从学孙奇逢，反身实践体用兼备，所著遗书，实出躬行心得之言，今已蒙皇上命，给谥典，此皆海内所共宗仰，若以从祀两广，实可有光，俎豆其他，陕西则有徵士李颙刻苦力行，讲明圣贤经济之学，所著反身录一书，实从体验中来，又湖广则有大学士熊赐履品行端方，操守严正，所著学统一书，上自周孔，下至有宋诸贤，分别详晰统绪，籍以不紊，具有功于圣道，其他或尚有修身力学，实有裨于圣教者，并请敕下廷臣多方采访，详加论定，恭请睿裁入于从祀之末，则海内名儒咸知，生著芳型没登俎豆，将益笃志好修潜心圣绪矣。"②

（二）五台山岁修银两筹措方法

乾隆二十一年（1756 年）八月初四日，时任山西巡抚兼管提督臣明德向皇帝建议了一条筹措五台山岁修所需银两的方法，即山西省经费放贷所生的利息作为修缮五台山之用。

> ……五台地方环绕，皆山阴翳时发雨雪常作，是以殿宇墙垣，岁有坍塌，若随坍随葺，每年所需少则数十金，多亦不过二三百金，所谓事半而工倍，若任其坍颓不治，不惟日久大修，所费浩繁，且恐坍塌过甚，风雨飘摇，无以绥安佛座。臣与藩司蒋洲再四筹划，查司库存有无碍银二项，一系雍正十一年因应州等处民欠难征，奉旨于前任抚藩养廉内扣银一万两补项，嗣奉恩旨赦免，所存之银除拨修五台道路动用外，尚存银五千二百五十两，一系康熙雍正年间各官自雇考成代完民，欠银一万五千七百余两，嗣经提请豁免，所存之银除采买社谷动用外，尚存银八千九百余两，以上二共银一万四千二百三十九两零，

---

① 中国第一历史档案馆藏宫中档案朱批奏折，"奏为请饬下山东巡抚修茸圣贤陵庙等事"，乾隆元年正月初十日，档号：04-01-01-0012-027。

② 中国第一历史档案馆藏宫中档案朱批奏折，"奏为请饬下山东巡抚修茸圣贤陵庙等事"，乾隆元年正月初十日，档号：04-01-01-0012-027。

均系历久无所需用之款，应请将前项银两发商一分生息，每年可得息银一千余两，以为五台各行宫庙宇岁修之用。再查各省俱稍有生息及无碍之闲款，以为地方公用。晋省因并无闲款，其会城坛庙祠宇及省城内外满汉堆房救火器具，一切事务俱系藩司首县捐资办理，因前后更换，未能按时葺治，以致多有损坏不能修补整齐，今此项息银除岁修五台行宫庙宇外，尚有余剩，合无，仰恳皇上天恩俯准存贮司库，遇有地方一切公事，令藩司查明详请动用，臣务期核实批准办理。五台庙宇不致日久损坏多费，而省会一切亦俱整齐严肃矣。①

乾隆皇帝对该建议认可，"照此修理可也"。

（三）禁伐名胜古迹树木

乾隆三十一年（1766 年）六月十七日，时任安徽按察使闵鹗元就江南名胜古迹树木经常被砍伐，建议朝廷出台禁止砍伐的规定（图 5.1）：

> 窃查江南为山水名胜之区，古寺业林名贤胜迹所在多有，其间苍松翠柏，古干虬枝，点缀河山，悉成胜境，自应以时防护，禁止砍伐。或有不古僧徒及奸者地棍沟通，射利，盗砍盗卖，即应地方官查出，止不过照一杖了事……应严立科条，以杜戕贼。请立：凡有名胜，除四旁山木，本系祖产及朽质枯枝毋庸禁止外，僧道及地棍奸者砍伐之树松，及砍卖渔利，照子孙将祖父坟园树木砍伐私卖例十株以下枷杖发落，十株以上发边远充军，其知情故买者比照盗买他人坟园树木例，按计次数，分别枷责充发。地方有司尤需加意保护，不得借端侵凌。②

三　直接出资保护物质文化遗产

物质文化遗产的修葺与保护，除了国库开支外，相当一部分资金源自各级官吏

---

① 《宫中档乾隆朝奏折》（第十五辑），台北：台北故宫博物院印行，1983 年，第 100～102 页。
② 中国第一历史档案馆藏军机处录附奏折，"奏请立砍伐名胜古迹树木之禁事"，乾隆三十一年六月十七日，档号：03－0346－025。

图5.1　江南名胜图·惠济祠图

的捐纳。顺治十四年（1657年），从国库开支三万两修理文庙时，官吏也捐资，"诸王各官，并许捐助"。①

雍正皇帝曾令地方官从养廉银中出资修缮历史古迹。华山佛宇遭受火灾，命江南督抚提供钱财进修修葺。雍正十三年（1735年）修建江苏宝华山庙宇，雍正皇帝下旨动用当地各级官员的养廉银："此乃名利，朕原有意欲重修整，及有此事，汝可与高斌司道等，或于养廉公用项中重修此寺，问福聚，或有增添之处，并常住众僧用度香火之资，依其所说，汝等公同成此善举。务令庙貌焕然一新，众僧永远安心奉律处整齐，办理。奏闻福聚乃一高僧，不可轻视，钦此。"②

江南省各级官员的捐资如下：

总督赵弘恩捐银三千两，两淮盐政高斌捐银一千两，江宁织造李英报捐银

----

① 《大清五朝会典·康熙会典四》，第1721页。

② 中国第一历史档案馆：《雍正朝汉文朱批奏折汇编》（28），第73页。

二百两，江宁布政使李兰捐银四百两，署苏州布政使郭朝鼎报捐银一百两，升
任安庆按察使刘吴龙报捐银二百两，苏州按察使郭朝鼎报捐银二百两，两淮盐
运使尹会一捐银四百两，江安粮道王恕报捐银二百两，升任苏松粮道刘柏捐银
二百两，江宁驿监巡道孔傅涣报捐银二百两，安徽道梁需杞捐银一百两，凤阳
道范璨捐银一百两，苏松兵备道王澄慈捐银二百两，常州道王之锜捐银一百五
十两，淮徐道吕维炳捐银二百两，淮扬道夏建德捐银二百两，河库道张师载捐
银二百两，太通道漓山捐银一百两，盐务道曾弘绪捐银一百两。①

乾隆时期曾禁止地方官从养廉银中出资。乾隆十四年（1749 年）十二月，下达
一道谕旨，规定为皇帝巡幸修葺古迹的支出从各省公项拨付，而不用地方官的养廉
银。"鄂容安因豫备朕来年巡幸中州，整葺丛林古迹，奏称需费无多。臣等养廉，尽
足敷用等语。此等修饰豫备之处，理应动公项，盖公项存留，本为公务而设，巡幸
正公务之大者，此而不用，更于何事支销耶？ 至养廉以资大小官员日给，如期关领，
方可责以洁己奉公岂得移充公用？ 此端断不可开，且豫省存留公项颇多，无藉动及
养廉，著传谕鄂容安知之。"② 第二年，又下达谕旨，为直隶、河南二省的公项银两
内，各赏银一万两，弥补古迹修葺之用，"惟是经过地方，偶遇古迹名区，不无随时
量加修葺，或将来未必尽入额销之数，恐致稍有拮据，著于直、豫、二省公项钱粮
内，各赏银一万两，交与总督方观承、巡抚鄂容安，令其通融筹酌，妥协办理，以
示体恤办差人员之意"。③

乾隆四十三年（1778 年），在修建嵩岳庙工程中，河南各级官员表示从养廉银中
捐款，共计十一万八千两。乾隆为防止因捐资而引起进一步的贪腐，遂采取区别对
待政策，知府以上的官员由于养廉银多，可以捐，州县官员则不准。"该省敬修岳
庙，仰报神庥，抚藩大吏及前任抚臣，自应首先出资修葺，其现任知府以上，身为
方面大员，所得养廉亦厚，自可听其损资，以襄盛举。至各州县，请分别缺分大小
摊捐之处，既非政体，且牧令非大员可比，每岁所得廉俸，本属无多，若因公扣捐，

① 中国第一历史档案馆：《雍正朝汉文朱批奏折汇编》（28），第 74～75 页。
② 《清高宗实录》卷一二五四，乾隆十四年十二月乙卯。
③ 《清高宗实录》卷一二七三，乾隆十五年九月乙卯。

所余不敷赡给，必致藉端扰累闾阎，与其整饬于事后，毋宁防之于未然，所有州县公捐之请，不准行。"①

四　作出突出贡献的地方官

有清一代，地方官员中多有嗜好考古金石之士，在任期内一方面出于个人爱好，一方面也为了增加政绩，在客观上也为文物保护管理做了一些工作，其中比较著名的是乾隆朝的毕沅。

毕沅（图5.2），字纕蘅，亦字秋帆，因从沈德潜学于灵岩山，自号灵岩山人。江苏太仓人，精通经史、书画、小学、金石、诗文、地理之学。乾隆二十五年（1760年）进士，廷试第一，状元及第，授翰林院编修。乾隆五十年（1785年），累官至河南巡抚，第二年擢湖广总督。嘉庆元年，赏轻车都尉世袭。病逝后，赠太子太保，赐祭葬。死后二年因案牵连，被抄家，革世职。

在任陕西巡抚期间，毕沅曾考察了陕西境内12个州府77个县的名胜古迹，并登记建档，计有宫阙殿堂遗墟136处，名人宅第苑囿150处，祠宇寺观190座，帝王陵寝53座，著名墓冢120余座等。乾隆三十七年（1772年），主持整修了西安碑林，收集清理碑石，重新编排陈列，并开辟专门房舍收藏陈列，同时还成立了直属巡抚衙门的碑林管理机构，制定了保护管理和碑文拓印

图5.2　毕沅像

① 《清高宗实录》卷一零六二，乾隆四十三年七月乙丑。

制度，编印了《关中金石记》。乾隆四十一年（1776 年），编印了《关中胜迹图志》凡 30 卷，记述了陕西重要文物古迹的概况及历代保护维修情况。乾隆四十二年（1777 年），主持对礼泉县昭陵进行了保护维修，修筑了护陵围墙 3000 余丈，碑亭 10 余座，同时还公告全县民众保护陵园。乾隆四十八年（1783 年），亲自题写碑文，在昭陵前树立了"大清防护昭陵之碑"。

另外，毕沅酷爱藏书、刊刻书籍。家有"经训堂""灵岩山馆"，是藏书之所，藏书印有"毕沅审定""秋帆珍赏""经训堂珍藏印""秋帆书画图章""毕沅鉴藏""毕沅一字湘蘅"等。编撰有《经训堂书目》，辑刊《经训堂丛书》，收书 21 种，由洪亮吉、孙星衍等共同校理，因名家所校，刻印质量高，被藏书家称为善本收藏。其中《山海经》《吕氏春秋》《释名疏证》等校本，尤为精善。乾隆五十三年（1788 年），毕沅升任湖广总督，章学诚到武昌署投入他的幕下，毕沅在武昌水陆街择一公馆，出其私人藏书 20 万卷，让章学诚编书修志。修成有《麻城通志》《湖北通志》《史籍考》等。

第二节　商　人

这里的商人指的是与政府关系密切、获得某项特许经营权的商人，比如盐商。他们与朝廷的关系休戚相关，朝廷有工程类的事情，他们一般都会捐资，每逢各种节庆，也会给皇上、各级官员进贡。不少历史遗产的修缮赖于他们的捐资，好多的宫廷收藏来源于他们。

康熙五十九年（1720 年），康熙皇帝准备修葺扬州天宁寺，其大多数费用源于两淮盐商。修缮总费用为一万四千二百多两，三织造处共出一千五百两，其余的由商人捐资。当时康熙皇帝的批示为："览料顾奏折，其数不多，虽商人情愿公捐，亦当用库银方是。苏州江宁杭州三处存库银，每处出五百，其余依商人听捐，或有人出布施者，亦准，断不可料顾之外余剩分毫。"[1]

---

① 中国第一历史档案馆：《康熙朝汉文朱批奏折汇编》（8），北京：档案出版社，1985 年，第 697 页。

雍正十三年（1735 年），修建江苏宝华山庙宇，雍正皇帝下旨动用当地各级官员的养廉银。江南省各级官员予以捐资，但不惟此，当地的商人也予以捐资。具体如下：

> 扬商黄仁德捐银一千两，汪勤裕捐银五百两，程履大捐银五百两，张树德捐银四百两，汪晋德捐银四百两，江助周捐银四百两，吴世昌捐银四百两，闵德裕捐银三百两，刘晋元捐银三百两，徐尚志捐银三百两，黄成德捐银三百两，黄元德捐银三百两，黄申德捐银三百两，吴起昌捐银二百两，汪启元捐银二百两，罗振裕捐银二百两，马裕捐银二百两，程谦六捐银二百两，江广达捐银一百五十两，汪日初捐银一百五十两，程崔捐银一百两，程谦德捐银一百两，程德大捐银一百两。①

乾隆三十年（1765 年），安徽省青阳县九华山寺庙和彭泽县小孤山寺庙的修缮费用来自于商人。

> 安徽省青阳县九华山之天台石路、藏经楼、甘露庵圮坏已久，僧众亦向商人募修，奴才伏惟我皇上如天圣德，怀柔百神，凡广谷大川，莫不有神持佛佑，仰赞圣主好生之仁，普施行旅无边之福，惟兹大江数千里，贾舶民船千樯万舳，既皆同占利涉，无不共赖神庥仰歌盛泽，缘商人等遇有善举，向皆踊跃助成，但虑过于费用，奴才因查勘各处，惟小孤山峙江心风涛，最险山形翠峰，庙踞其巅，往来舟楫无不虔诚奉祀，修造约需万金，至于九华天坛为地藏王菩萨示现之地，真身常住胜迹昭垂，修费只需千余两，其余不过数百两而止，奴才除自捐养廉外，随谕各商，无论赀力厚薄，总以各自心愿为布施，毋稍勉强，亦并不以多为贵，如果力不从心，即数钱亦可。历今一年有余，据通河各商陆续捐积，已足敷用。②

---

① 中国第一历史档案馆：《雍正朝汉文朱批奏折汇编》（28），第 74～75 页。
② 《宫中档乾隆朝奏折》（第二十五辑），第 246 页。

第六章 物质文化遗产保护法律的继承与发展

第一节 康乾时期对物质文化遗产保护法律传统的继承

康乾时期物质文化遗产保护法律制度并非凭空产生，而是历代相传的结果。具体来说，这种继承性体现在以下几个方面：

第一，以立法方式将物质文化遗产的保护纳入国家行为，给予普遍性保护。与前代一样，康乾时期也是在国家基本法典中规定了物质文化遗产保护，而且具体条款在法典中的位置基本一致。《九章律》《唐律疏议》《宋刑统》《大明律》《大清律例》等历代基本法典中有对盗窃、毁损历史文化遗产的惩罚规定。这些法典彼此之间具有承袭性，体例结构基本一致，所以盗窃、毁损历史文化遗产的条款在法典中的特定位置也基本一致，比如《唐律疏议》里的盗窃大祀神御之物属于名例律中的十恶，《大明律》《大清律例》的规定与之完全一致。

第二，具体保护对象大致相同。历代法典对历史文化遗产的保护均为名胜古迹、历代寺庙道观、历代帝王陵寝、先贤名士陵墓、埋藏物、典籍、古玩、字画、器皿等，大致范围基本类似，只是不同历史时期有些细微差别。比如《唐律疏议》中有毁损天尊佛像条款，这一条款没有被后世法典所继承，明清两代的法典中没有此条款。

第三，保护措施或方法大致相同。禁止盗墓，对历代帝王陵寝设立陵户进行日常维护，禁止樵牧，对历代祠庙进行修缮，对可移动文物的保护以收藏为主，收藏历史典籍、古代器物等等，这些系列做法为历代所实践，成为物质文化遗产保护的常规方法，这些措施、方法为康乾时期所继承。

　　第四，与祭祀、宗教有着密切的关系。康乾时期以法律的形式对物质文化遗产进行保护，不仅仅出于对古物的尊敬与喜爱，更重要的在于这些物质文化遗产或为祭祀的场所、器皿，或为宗教建筑。古代社会中，祭祀是人与神沟通的途径，扮演着重要的角色，"国之大事，在祀与戎"，国家的法律规定了祭祀的等级、场所、程序、参加人员的礼仪等等，基于此，用于祭祀的坛庙以及各种器皿才受到重视与保护，从而得以流传至今。同祭祀一样，我国有着悠久的宗教信仰传统，佛教、道教一直有着深厚的民间基础，信徒众多，不少帝王也是虔诚信徒，历朝历代都会新建、修缮宗教活动场所，久而久之，这些宗教活动场所成为重要的历史建筑，对它们的保护，也被视为是对宗教信仰的保护。雍正皇帝、乾隆皇帝都是佛教、道教的信徒，在位期间对全国各主要佛教、道教圣地进行了修葺。另一方面，修缮、保护这些宗教建筑还具备一定的政治功能，起到团结各族人民、维护社会秩序的作用，因此，宗教建筑自然受到重视。

　　第五，并非现代意义上的物质文化遗产法律，但在客观上保护了物质文化遗产。与前代一样，康乾时期对物质文化遗产进行法律保护出于德政、认同并维护传统文化、敬天法祖、祭祀等因素，并非现代意义上的物质文化遗产保护意识。因此，也不会诞生现代意义上的物质文化遗产保护法。但通过法律条文、谕旨、成案来打击毁坏物质文化遗产的各种行为，客观上实现了对物质文化遗产的保护。

第二节　康乾时期物质文化遗产法律保护的特点及原因分析

一　特　点

　　在继承前代立法经验和自身传统做法的继承上，康乾时期形成了自己的特点：

　　第一，在物质文化遗产保护的法律中，技术法规占有一定的比例。这个主要体现在建筑遗迹的修复上。比如《大清会典》中的营建通例、工程作法，工部制定的《工程做法》《内庭工程做法》《乘舆仪仗做法》以及《九卿议定物料价值》等，这些技术法规确立了行业标准，在客观上保证了建筑遗产修复的质量。

第二，特别重视保护儒家文化相关的历史遗迹。一个明显的体现为康雍乾三位皇帝均重视孔庙的保护。康熙二十八年（1689 年）发内帑兴修阙里孔庙，康熙三十二年（1693 年）落成，诏遣皇子诣阙里告祭。雍正二年至八年（1724～1730 年），修葺阙里孔庙，兴修了孔林。乾隆四年（1738 年），命内务府制造孔庙祭器，送往阙里。乾隆十三年（1747 年），将御制阙里孔庙碑文勒石于大成门外，不止一次地前往阙里孔庙致祭，其他各地的孔庙也受到保护。《清稗类抄》曾记载了一例：

> 衢州孔氏，世称圣裔南宗，而江苏青浦县城北亦有孔宅。考孔宅志，孔子二十二代孙潜，字景微，先居梁国，为汉太子太傅，避地会稽，遂为郡人。至三十四代正，为苏州长史，隋末乱离，奉先圣衣冠宝玉葬于大盈浦上，立家庙以祀，子孙家焉。康熙乙酉三月，巡幸江浙，途经青浦，贡监生员孙铉等请御书，匾云"圣迹遗徽"，联云："泽衍鲁邦，四海人均化育；裔分吴会，千秋世永蒸尝。"雍正甲寅，诏立五代王祠。乾隆丙寅，礼部题准奉祀生。己亥，巡抚杨魁疏奏估修，嗣后多请帑重修，沿为故事。①

第三，将物质文化遗产的法律保护与吏治结合起来。物质文化遗产的法律保护的实施者是各级官吏，在预估、采买、施工、核销等环节中容易出现浮冒钱粮、侵占挪用、以次充好、拖延窝工、摊派等腐败行为。比如雍正时期阙里孔庙工程中的钮国玺贪污案，乾隆时期的陈辉祖抽换王亶望抄没字画案。为防止这些贪腐，皇帝特别是重视监督，修缮工程实施过程中派人前往察看，竣工后派人查核账目。当然，对发现的贪腐行为予以严惩，雍正时期最为明显。

二　原　因

第一，物质文化遗产，特别是建筑遗产，多为木质材料建成，处于露天状态，所以易受地震、火灾破坏以及岁月侵蚀。以地震为例，康熙十八年（1679 年）的京

---

① 徐珂：《清稗类抄》（一），第 340 页。

师地震较大，破坏严重。有人记录了当时的情况：

> 七月二十八日庚申，京师地震。自巳至酉，声如轰雷，势如涛涌，白昼晦
> 暝，震倒顺承、得胜、海岱、彰仪等门，城垣坍毁无数，自宫殿以及官廨、民
> 居，十倒七、八。压伤大学士勒得宏，压死内阁学士王敷政、掌春坊右庶子翰
> 林侍读庄问生、原任总理河道工部尚书王光裕一家四十三口，其他文武职官、
> 命妇死者甚重，士民不可胜纪。二十九、三十日，复大震，通州、良乡等城俱陷，
> 裂地成渠，流出黄黑水及黑气蔽天。有总兵官眷经通州，宿于公馆，眷属八十七
> 口压死，只存三口。直至八月初二日方安。朝廷驻跸煤山凡三昼夜，臣民生者露
> 处枵腹，死者秽气熏蒸，诏求直言，严饬百僚，同加修省，发帑金量给百姓，修
> 理房屋。自是以后，地时微震。惟初八、十二、三日，复大震如初。①

第二，维护、传承中华传统文化之需。文化是民族的命脉，文化的发展、传
承是每个人的使命与责任。作为"中华之主"的皇帝，更是责无旁贷。既为中华
之主，必然要维护中华的历史文化遗产。中国历史上的每位皇帝均为中华文化的
发展与传承进行了努力，昏君也不例外。因此，对于康雍乾这三位英明、有所作
为的皇帝来说，发展与传承中华文化自然是其施政的重要事项。另一方面，作为
少数民族政权的清朝，更意欲证明自己的正统性，在文化保护方面做得更为突出。
作为天子的皇帝自然为一国之主，这在西周、汉代等汉族建立的朝代中自然无可
争议，可是对于像清朝，由少数民族建立的全国性政权来说，并非如此。武力上
虽然统一了中原大地，但做到思想或意识形态上的统一，并不简单。雍正、乾隆
时期发生的华夷、正统的论争即可见一斑。以吕留良为代表的明朝遗民认为清灭
明，属于"夷狄窃夺天位"，华夷之别高于君臣之义，雍正皇帝则提出了"天下一
统、华夷一家"，乾隆皇帝则进一步提出了以入主中华作为正统的标准，而不论统
治者的民族与出身。这场持续了几十年的论争从思想上确立了清为中华正统的合
法性。而且，清朝皇帝为了证明这一点，对于中华历史文化的发展与传承不遗余力，
甚至做得比汉族皇帝更好。文物、物质文化遗产是传统文化的直接体现与主要载体，

---

① ［清］叶梦珠：《阅世编》，上海：上海古籍出版社，1981年，第19页。

传统文化的传承与发展便是体现于对物质文化遗产的保护中。康乾时期，对于山西、陕西、四川、河北、山东、江苏等名胜古迹较多的省份，皇帝经常询问地方督抚这些古迹的状况。比如，乾隆四十二年（1778年），时任陕西巡抚毕沅给皇帝的一份关于修缮华山岳庙的奏折中提到"去秋入觐天颜，仰邀睿询，臣将急须修理，并一切筹办缘由据实陈奏"①。

第三，重视传统文化学习。康乾时期用作读书、编刊、藏书的紫禁城宫殿比明代为多，除了上书房、南书房等专门学习场所之外，顺治皇帝在弘德殿举行祭先师孔子之礼，在保和殿开经筵。文华殿自康熙朝成为皇帝举行经筵的地方。懋勤殿是康熙读书或召对入值词臣的便殿。武英殿在康熙十九年（1680年）成为专门编刻宫廷书籍的地方，文渊阁、摛藻堂、昭仁殿、景阳宫、养性斋等处是大型藏书库。康熙二十五年（1686年）在北上门两旁设立满汉官学。雍正六年（1728年），设立咸安宫官学，专门培训八旗子弟和选拔景山官学中优秀者深造，学子吃穿均由官费开支，毕业合格者由吏部安排官职。

第四，皇帝的个人爱好。清代严格的皇子教育制度使得康雍乾三位皇帝的文化修养很高。根据法国传教士白晋的描述："这些皇子的教师都是翰林院中最博学的人……皇子们都能流利地讲满语和汉语。在繁难的汉文学习中，他们进步很快。那时连最小的皇子也已学习四书的前三部，并开始学习最后一部了。"②《庭训格言》中也有康熙重视孔孟经书的话："凡人养生之道无过于圣人所留之经书，故朕惟训汝等熟习五经四书性理，诚以其中凡存心养性立命之道，无所不具故也。"在儒家文化熏陶下成长的三位皇帝认同、崇尚中华传统文化，发自内心地崇古、好古。康熙皇帝自幼喜欢儒家文化，一生孜孜不倦。写了千余首诗，怡情翰墨。"自幼好临池，每日写千余字，从无间断，凡古人之墨迹石刻无不细心临摹。"③雍正皇帝也喜欢古物的收藏。雍正五年（1727年）的一道谕旨中提及"在藩邸数十年，所蓄器玩颇有，及即位后，见宫中传留古玩器皿，皆质朴之物，实无奇异，为人所罕见者"④。乾隆皇帝

① 《宫中档乾隆朝奏折》（第三十八辑），台北：台北故宫博物院印行，1985年，第509页。

② 转引自冯尔康：《雍正传》，第5～6页。

③ 《钦定热河志》卷14《巡典二》，清乾隆武英殿刻本。

④ 《清世宗实录》卷五十五，雍正五年三月乙酉。

更甚，对汉文化的热爱远远超出了其父祖，"嗜好苏菜，喜听昆曲，陶醉江浙山水，
迷恋南国园林"。① 在处理朝政之余，便是谈经论道、题诗作画、把玩古玩、游览美
景。在他的诗文中，对于古物的吟咏，随处可见。尤其喜欢古玉，他一生御制诗文
共四万余首，其中涉及玉器的篇目即达八百余。目前故宫收藏的上万件古玉，多数
是在乾隆时期由各直省督抚一级官员进贡的。他的御制诗文显示出，他经常一个人
蹲在玉库里摆弄玉玩，挑出一些古玉，命人刮垢清理后，亲自评出甲乙丙级。他还
酷爱书画，乾隆朝是历史上宫廷收藏字画最多的一个朝代，有学者统计过，乾隆一
生治印玺1800余方，钤盖在古今书画上的有千余方，是中国历史上在书画作品上留
下印迹最多的一位皇帝。② 珍妮特在自己的书中提到有人把乾隆皇帝描述成一个"精
力过人、不知疲倦、不知餍足的艺术收藏者，一个小气的、武断的艺术鉴赏者，一
个不停地在书画上题字、盖章，决心要在中国的艺术史上留下抹不去的痕迹的人。
他的印章几乎彻底毁了皇家收藏中一些最好的绘画作品，只有极少数的艺术杰作没
被他揽入紫禁城的高墙之内。在高墙内的作品则被掌握在皇帝一己之手，使一代又
一代本该好好研究它们的画家无缘得见"。③ （图6.1）

图 6.1　乾隆皇帝青玉螭纽"古稀天子之宝"

---

① 郭成康：《也谈满族汉化》，《清史研究》2002 年第 2 期。

② 郭福祥：《清宫书画上的乾隆印玺》，《紫禁城》2006 年第 9 期。

③ ［美］珍妮特·埃利奥特：《中国皇家收藏传奇》，当代中国出版社，2007 年。

　　第五，当时经济社会情况为这些法律政策的实施提供了较好的环境。康乾时期是清代走向繁荣的时期，虽有边疆战事，但总体上来说，经济发展，社会稳定，太平盛世为文化遗产的传承与保护提供了非常好的环境。连外国观察家都能看出"乾隆时期国家相对稳定，乾隆皇帝便有了沉迷于收藏的条件。他像祖父康熙皇帝一样，一生六次南巡。通过这些巡游，他也像康熙皇帝一样，利用自己的政治特权搜罗了不少重要的艺术品"。①

---

① ［美］珍妮特·埃利奥特：《中国皇家收藏传奇》。

结　论

康乾时期对物质文化遗产的法律保护是以大清会典、大清律例、会典之外的谕旨的立法形式实现的。《大清会典》中的保护制度主要集中于历史建筑的修缮、内府收藏等领域，指的是相关机构的职责以及违反这些规定的法律责任，侧重于刑事责任和民事责任。《大清律例》规定了盗窃、毁坏文物、盗墓等犯罪行为的定罪与量刑，以及发现埋藏物的处理方式，侧重于刑事责任。会典之外的谕旨是针对某个特定对象的，不具备普通适用性。

除了制度性的规定，康乾时期物质文化法律保护情况较好的另一重要因素在于人，这点在人治模式下尤为重要。首先是皇帝，康雍乾三位皇帝均有着较高的历史文化修养，重视传统，对历史遗产的保护不遗余力。其次是各级地方官，在这些规则的实施中，各级地方官的积极参与起了重要作用，皇帝甚至将历史文化遗产的保护纳入地方官政绩的考核中，尤其是陕西、河南等文物大省。地方官无论出于主动还是被动，客观上较好地执行了保护制度。最后是商人，所有的保护制度的实施离不开经费，这些经费不仅仅源于国库，还有地方官和商人的捐款，尤其是商人，因为地方官的捐款最终也以各种形式由商人负担。

保护的对象集中于两大类：历史建筑和内府收藏。历史建筑包括古城、宗教圣地、名山大川、历代帝王陵寝等，内府收藏种类繁多，今天故宫所藏的康乾时期宫廷收藏即是例证。

与今日相比，康乾时期对物质文化遗产的法律保护虽然没有今天文物法律保护的特定语词、机构、制度、法律责任等，但仍有一些理念和做法是相同的。比如，把物质文化遗产的保护纳入国家基本法典，从法规层面确立了历史遗产的定期修缮制度，对地下文物实行国家主义，禁止私人拥有等等。需要指出的是，康乾时期没有今天文物保护的专门性法律与机构，与当时的国家政治制度有关。国家机构职能高度合一，州县衙门负责基层的各种管理事务，没有形成今天的机构分工，法律也是诸法合体，民刑不分。这种环境下，自然也无法诞生出专门性的文保机构。另一方面，古人亦有所长，康乾时期保护物质文化遗产的一些制度与做法亦为今天所不具备。最典型的是祭祀制度，完整的祭祀制度客观上较好地保护了历史文化遗产。其次是皇帝直接过问，出于多种原因，皇帝特别关心历史遗产，经常以上谕、密旨、廷寄等方式要求各地方官探寻、查访、修缮本辖区内的历史遗迹，过问具体情况，这也促进了千年的物质文化遗产得以保护与传承。

参考文献

一　论　著

1. 常建华：《清代的国家与社会研究》，北京：人民出版社，2006 年。

2. 鄂尔泰、张廷玉等：《国朝宫史》，北京：北京古籍出版社，1994 年。

3. 故宫博物院：《光影百年》，北京：故宫出版社，2015 年。

4. 郭成伟：《大清律例根原》，上海：上海辞书出版社，2012 年。

5. 郭成伟、肖金泉：《中华法案大辞典》，北京：中国国际广播出版社，1992 年。

6. 刘海年、杨一凡：《中国珍稀法律典籍集成》，丙编，第三册，北京：科学出版社，1994 年。

7. ［清］乾隆官修：《清朝文献通考》（1－2 册），杭州：浙江古籍出版社，2000 年。

8. 祁美琴：《清代内务府》，沈阳：辽宁民族出版社，2009 年。

9. 《清实录》（第 4－27 册），北京：中华书局，2008 年。

10. ［清］沈家本著，张全民点校，《历代刑法考》，北京：中国检察出版社，2003 年。

11. ［清］沈之奇撰，怀校锋等点校：《大清律辑注（上、下）》，北京：法律出版社，2000 年。

12. 睡虎地秦简整理小组：《〈睡虎地秦墓竹简〉之法律答问》，北京：文物出版社，1978 年。

13. ［英］S. 斯普林克尔著，张守东译：《清代法制导论》，北京：中国政法大学出版社，2000 年。

14. 苏亦工：《明清律典与条例》，北京：中国政法大学出版社，2000 年。

15. 王庆成：《稀见清世史料并考释》，武汉：武汉出版社，1998 年。

16. 王玉哲：《中国古代物质文化史》，北京：高等教育出版社，1990 年。

17. 王子今：《中国盗墓史》，北京：九州出版社，2007 年。

18. 杨鸿烈：《中国法律发达史》，北京：中国政法大学出版社，2009 年。

19. 张晋藩、郭成康：《清入关前国家法律制度史》，沈阳：辽宁人民出版社，1988 年。

20. 郑秦：《清代法律制度研究》，北京：中国政法大学出版社，2000 年。

21. 中国第一历史档案馆：《雍正朝汉文朱批奏折汇编》，南京：江苏古籍出版社，1989 年。

22. 中国第一历史档案馆：《康熙朝满文朱批奏折全译》，北京：中国社会科学出版社，1996 年。

23. 中国第一历史档案馆：《雍正朝满文朱批奏折全译（上、下册）》，合肥：黄山书社，1998 年。

24. 中国第一历史档案馆：《清宫御档》（第三函，御批两浙名臣奏议．文教卷），杭州：华宝斋古籍书社，2001 年。

25. 中国第一历史档案馆：《乾隆帝起居注》，南宁：广西师范大学出版社，2002 年。

26. 中国第一历史档案馆、香港中文大学文物馆：《清宫内务府造办处档案总汇》（29、36、41、46、52、54、55），北京：人民出版社，2007 年。

27. 中国第一历史档案馆：《雍正朝汉文谕旨汇编》（一、二、三、四），南宁：广西师范大学出版社，2008 年。

28. 中国第一历史档案馆：《明清宫藏档案图鉴》，北京：人民出版社，2016 年，第 113 页。

29. 中国国家博物馆：《文物中国史》（1－8 册），北京：中华书局（香港）有限公司，2004 年。

30. ［清］祝庆祺：《刑案汇览三编》（1－4 册），北京：北京古籍出版社，2004 年。

二、论　文

1. 蔡靖泉：《文化遗产析义》，《中国文化遗产》2007 年第 8 期。

2. 陈伟玲：《埋藏物的法律制度研究》，华侨大学，硕士论文，2014 年。

3. 成积春：《走向盛世的政治思维——康熙治道研究》，中央民族大学，博士论文，2006 年。

4. 郭成康：《清朝皇帝的中国观》，《清史研究》2005 年第 4 期。

5. 郭名询：《清代金石学发展概况与特点》，《学术论坛》2005 年第 7 期

6. 郭胜：《乾隆时期历史文献编纂研究》，南昌大学，硕士论文，2007 年。

7. 李晓东：《略谈文物法律体系与法治文化》，《中国文物科学研究》2011 年第 6 期。

8. 李莹：《清代康熙朝制瓷业发展述评》，内蒙古大学，硕士论文，2010 年。

9. 李玮：《清代发冢罪》，华南理工大学，硕士论文，2012 年。

10. 鹿军：《浅析宋人的文物保护意识》，《乐山师范学院学报》2004 年第 7 期。

11. 陆勇：《传统民族观念与清政府——以“中国观念”为视角》，上海师范大学，博士论文，2007 年。

12. 毛宪民：《雍正帝重视宫中防火措施》，《紫禁城》1990 年第 12 期。

13. 秦国经、高换婷：《乾隆时期皇宫苑囿的修建》，《中国紫禁城学会论文集（第二辑）》，紫禁城出版社，1997 年。

14. 沈大明：《〈大清律例〉与清代的社会控制》，华东政法学院，博士论文，2004 年。

15. 沈厚铎：《康熙十九年〈刑部现行则例〉的初步研究》，《法律史论集》第一卷，北京：法律出版社，1998 年版。

16. 孙晓松：《清中期书画收藏热潮研究》，辽宁师范大学，硕士论文，2010 年。

17. 王峰：《从〈石渠宝笈〉初编看乾隆朝前期宫廷书画收藏》，首都师范大学，硕士论文，2007 年。

18. 王小丹：《清代“发冢”犯罪类型研究——以〈刑案汇览〉为中心》，《经济师》2010 年第 9 期。

19. 王云霞：《文化遗产的概念与分类探析》，《理论月刊》2010 年第 11 期。

20. 吴向红：《中国古代遗失物制度的法律运行与观念流变》，《法学》2006 年第 1 期。

21. 许光县：《清代物权法研究》，中国政法大学，博士论文，2009 年。

22. 杨春君：《清康熙朝之强盗案及其司法实践——以档案为主要史料》，西南大学，硕士论文，2011 年。

23. 杨志刚：《试谈遗产概念及相关观念的变化》，《文化遗产研究集刊》第 2 卷，上海：上海古籍出版社，2002 年。

24. 喻学才：《中国古代遗产保护制度研究》，《东南大学学报》（哲学社会科学版）2012 年第 1 期。

25. 喻学才：《孔子的遗产观》，《华中建筑》2008 年第 4 期。

26. 喻学才：《中国古代的遗产登录原则》，《旅游学刊》2012 年第 6 期。

27. 喻学才：《遗址论》，《东南大学学报》（哲学社会科学版）2001 年第 2 期。

28. 张柄生：《遗失物拾得研究》，《法律科学》1995 年第 1 期。

29. 张培田：《我国古代对器物的珍藏和防护》，《中国文物报》1991 年 9 月 5 日，第 1 版

30. 赵杰：《中国历代文物保护制度述略》，《考古与文物》2003 年第 3 期。

31. 郑胜明：《宋朝保护名胜的政策与措施研究》，河北大学，硕士论文，2011 年。

后　记

　　2019 年 1 月，我从故宫博物院博士后科研工作站出站，留院工作，工作之余不忘修改出站报告。出站答辩时，各位答辩老师对我的报告提出了宝贵的修改意见，根据这些意见，我重新搜集资料，将出站报告修改并完善。

　　我非常珍惜博士后在站期间的学习与工作。这是博士毕业之后唯一的一次系统性脱产学习。我硕博期间的专业都是法律史，博士后期间的专业是历史文献学，从法学跨到历史学，对自己来说是个不小的挑战。虽说法律史学与历史学联系较多，但毕竟属于两个学科，学术训练并非一致，学术研究的着眼点也不同。法学长在思辨，而史学胜在考据。所以三年的博士后生涯里，我把主要精力放在阅读史料文献上。故宫博物院是一个非常好的学术研究平台，在这里，我阅读、摘抄了大量的清代宫廷档案，开始了对清代宫廷史的研究。

　　回忆在站期间的生活，有着太多的感动与感谢。

　　感谢合作导师朱诚如教授，他长期从事清史、宫廷史的研究，著作丰硕，对学生热情负责，从选题、课题框架的确定到具体的行文表述，一一指导。先生虽已进入古稀之年，但仍保持着浓厚的研究热情与兴趣，笔耕不辍，他是学人的楷模。故宫里有很多敬业的专家，任万平、章宏伟、王子林、吕成龙、于庆祥、郭福祥、左远波等宫廷史领域的诸位老师给了我很多专业上的指点与帮助，填补了我的知识空白。从研究主题到语言表达、基本概念、标点符号用法等方面予以指导，提出了中肯的意见。出站报告与在站期间论文的完成离不开他们的帮助。

　　感谢故宫博物院院刊主编张露、编辑宋仁桃两位老师，承蒙不弃，录用小文一篇，这篇文章是我关于宫廷审判研究的第一篇核心期刊论文。

　　感谢赵国英副院长、宋玲平处长，提供政策上的支持，使得我在站期间职称顺利转评。

感谢故宫博物院对博士后的支持，感谢我的师姐多丽梅，为初来乍到、并不熟悉故宫的我提供了各方面的便利与帮助。感谢 2015 级故宫博士后，张帆、翟毅、段莹、徐斌、刘净贤、李延彦，我们一路走来，已经结下了深厚的友谊。

2020 年 1 月 27 日于山东临沂家中